TRAITÉ

SUR LES SUCCESSIONS

ET LES DONATIONS

AU POINT DE VUE

DU DROIT ET DE L'ENREGISTREMENT COMPARÉS

MIS AU COURANT DE LA JURISPRUDENCE LA PLUS RÉCENTE

PAR L. DE LAURENS,

RECEVEUR DE L'ENREGISTREMENT, DES DOMAINES ET DU TIMBRE.

TOME PREMIER.

Prix : 4 Fr.

PARIS,

A. DURAND, Libraire,

RUE DES GRÈS, 7.

1865.

TRAITÉ

SUR LES

SUCCESSIONS

ET LES

DONATIONS

AU POINT DE VUE DU DROIT
ET DE L'ENREGISTREMENT COMPARÉS,

PAR

L. DE LAURENS,

Receveur de l'Enregistrement, des Domaines et du Timbre.

Deux vol. in-8°, broché. Prix : 9 francs.

Cet ouvrage, qui se compose de deux volumes in-8°, contient l'exposé précis et complet des principes particuliers à l'importante matière des Successions et des Donations. L'auteur a signalé avec soin la raison d'être des différentes dispositions du Code ; pour en faire une judicieuse appréciation dans la pratique, n'est-il pas évident qu'il importe de savoir pour quel motif le législateur les a dictées ? M. de Laurens s'est inspiré de l'opinion des maîtres illustres de la doctrine; mais, dans les questions controversées, il lui a paru convenable de s'attacher de préférence aux décisions de la Cour de cassation ; il ne manque jamais de présenter le dernier état de la jurisprudence. Son ouvrage se recommande autant par l'élégante clarté du style que

par l'exactitude juridique des solutions ; les hommes
d'affaires et les employés de l'enregistrement y trouveront des indications utiles, en présence des difficultés qu'ils sont souvent appelés à résoudre.

EXTRAIT DU CATALOGUE
DE LA LIBRAIRIE DE A. DURAND.

RÉPERTOIRE BIBLIOGRAPHIQUE des ouvrages de
Législation, de Droit et de Jurisprudence en matière civile,
administrative, commerciale et criminelle, publiés spécialement
en France depuis 1789 jusqu'à la fin de novembre 1865, accompagné de quelques comptes-rendus extraits des principaux
recueils judiciaires, et suivi d'une Table analytique et raisonnée
des matières. Mis en ordre, par M. Ernest Thorin. Nouvelle
édition, revue, corrigée et considérablement augmentée. 1866,
in-8. 5 »

CLEVETTE (F.), principal clerc de notaire à Orléans. — Arbre
généalogique pour la supputation des degrés de parenté successibles. Une feuille grand-aigle. 1 50
— *La même feuille*, collée sur toile, dans un étui. 2 50
— Tableau résumant tous les principes du droit sur la Dévolution
des successions. Une feuille grand-aigle. 1 50

DEMANTE (Gabriel), professeur à la Faculté de droit de Paris.
— Exposition raisonnée des principes de l'Enregistrement en
forme de commentaire de la loi du 22 frimaire an VII, avec l'explication des lois postérieures jusqu'à ce jour, 2e édition, revue
et corrigée. 1862, 2 vol. in-8. 12 »

DEMOLOMBE (C.), doyen de la Faculté de droit de Caen, etc.
— Cours de Code Napoléon. Tomes I à XXII, in-8. 176 »
Chaque volume se vend séparément : 8 »

ELOY (Henry), docteur en droit, substitut à Louvres. — De la
responsabilité des notaires d'après les lois, la doctrine, la jurisprudence et les circulaires ministérielles. 1863, 2 vol. in-8. 16 »

GÉRAUD (Ch.), rédacteur à l'Administration de l'enregistrement
et des domaines. — Traité élémentaire d'Enregistrement et de
Timbre, augmenté de notions sur la législation, les pouvoirs publics, les services financiers, les attributions de l'Administration
de l'enregistrement et des domaines, et d'un commentaire de
quelques titres du Code Napoléon, avec une Préface par M. de
Veyrière, chef à l'Administration de l'enregistrement et des domaines. 1862, in-8. 7 50

Livre indispensable à tous ceux qui s'occupent de jurisprudence.

VERDIER (F.). Transcription hypothécaire. Explication théorique
et pratique de la loi du 23 mars 1855 mise en rapport avec la
législation, la doctrine et la jurisprudence, précédée d'une introduction historique et des documents législatifs. 1865, 2 vol.
in-8. 14 »

N. B. — *Les personnes qui désireraient se procurer quelqu'un des
ouvrages annoncés ci-dessus sont priées de vouloir bien en indiquer le
titre exact.*

Paris. — Imprimerie de E. Donnaud, rue Cassette, 9.

BULLETIN DE SOUSCRIPTION.

Je soussigné

demeurant à

département de

déclare souscrire à   exemplaire de l'ouvrage intitulé : **Traité
sur les Successions et les Donations au point de vue du
droit et de l'enregistrement,** *par* **M. L. de LAURENS,**
au prix de 9 francs (franco).

A   le   1866.

Signature :

Monsieur

Monsieur A. DURAND, libraire,

rue Cujas, 7,

A PARIS.

TRAITÉ

SUR LES SUCCESSIONS ET LES DONATIONS

AU POINT DE VUE DU DROIT

Et de l'Enregistrement comparés.

TRAITÉ
SUR LES SUCCESSIONS
ET LES DONATIONS

AU POINT DE VUE

DU DROIT ET DE L'ENREGISTREMENT COMPARÉS

MIS AU COURANT DE LA JURISPRUDENCE LA PLUS RÉCENTE

PAR L. DE LAURENS,

RECEVEUR DE L'ENREGISTREMENT, DES DOMAINES ET DU TIMBRE.

TOME PREMIER.

PRIX : 4 FR.

PARIS,

A. DURAND, Libraire,

RUE DES GRÈS, 7.

1865.

ABRÉVIATIONS.

Art.	Article.
Cass.	Arrêt de la Cour de cassation.
C.	Arrêt de la Cour impériale de....
D. A.	Recueil alphabétique de M. Dalloz.
D. P. 63. 1. 50.	Recueil périodique de MM. Dalloz, volume 63, 1re partie, p. 50.
D. M. F.	Décision du Ministre des Finances.
Dev.	Recueil de MM. Devilleneuve et Carette.
I.	Instructions générales de l'administration de l'enregistrement, des domaines et du timbre.
Rap.	Rapprochez.
V°	Voyez.

PAU, IMPRIMERIE ET LITHOGRAPHIE E. VIGNANCOUR.

PRÉFACE.

De toutes les matières du droit, il n'en est point
de plus importante que celle des successions et des
donations. Les chefs de l'école ancienne, Lebrun, Pothier,
Ricard ; sous le droit nouveau, Delvincourt, Duranton,
Troplong, Demolombe, tant d'autres, ont jeté de l'intérêt sur ce sujet.

Après ces illustres légistes, initiés à tous les secrets
de la science, que peut-on dire encore de nouveau ?

Réunir des monuments épars de jurisprudence, s'appesantir sur quelques cas difficiles, et mettre en relief
certains rapports que la législation sur l'enregistrement
soutient avec la science du droit, tel est le but que
je me suis proposé, sans oser cependant me flatter de
l'avoir atteint.

Dans cette œuvre surtout consciencieuse, je me suis
efforcé de n'émettre aucune opinion hasardée ; je dois
ajouter que dans les questions controversées, il m'a
paru convenable de suivre les principes régulateurs de

la Cour de cassation; j'ai cru devoir, dans certains cas, citer quelques arrêts des Cours impériales, ce sont aussi de précieuses sources d'autorité.

Du milieu élevé où elle siège et qui est inaccessible aux influences extérieures, la Cour de cassation tient d'une main impartiale la balance de la justice; elle voit les choses sous un point de vue supérieur aux espèces particulières, la vraie doctrine prévaut, tôt ou tard, auprès d'elle; le démenti qu'elle vient récemment d'infliger à sa jurisprudence de près d'un tiers de siècle dans la question célèbre du cumul, nous en fournit une preuve éclatante.

Les questions d'enregistrement sont presque toujours dominées par les principes du droit civil, alors elles grandissent et prennent un caractère élevé. La législation sur l'enregistrement, je le dis avec un légitime sentiment d'orgueil, s'élève donc véritablement à la hauteur d'une science. En effet, de la spécialité de la matière mise en contact avec la loi civile, naissent souvent des points de vue intéressants et même originaux, quelquefois, de saisissants contrastes.

Si je me suis plu à m'appuyer parfois sur les témoignages des anciens auteurs, c'est qu'il m'a paru utile de ne point laisser de côté les fortes traditions du passé.

Je me suis attaché, avant tout, à bien préciser les principes. Entre deux espèces en apparence identiques, il existe presque toujours une nuance que seul un œil exercé peut saisir. Le tarif est essentiellement variable, il est sans cesse exposé à subir les exigences du Trésor, il n'est même pas à l'abri du courant des influences sociales et politiques; mais les principes sont immuables.

Vainement, l'on s'ingénierait à faire de son esprit

un vocabulaire de décisions ; ce serait pour ainsi dire élever un édifice sur un sol mouvant. La perception n'est point une affaire de mémoire , c'est bien plus une œuvre d'appréciation intelligente et raisonnée.

Il est donc du plus grand intérêt de s'initier à la connaissance approfondie de la législation civile, et chaque jour cet intérêt devient plus manifeste, en présence de la tendance bien visible de la jurisprudence civile, surtout dans ces derniers temps, à s'assimiler davantage la législation sur l'enregistrement.

J'ai touché à des points en apparence étrangers à l'enregistrement ; il n'en pouvait être autrement. Dans cette belle science du droit, tout se lie, tout s'enchaîne dans un ensemble harmonieux et méthodique qu'il convient de respecter, que l'on s'habitue à résoudre quelques questions, en les raisonnant, et, par ce mode de procéder, l'on aura implicitement trouvé la clef de bien d'autres difficultés.

L'étude sérieuse du droit nous découvre des horizons inconnus, elle révèle des difficultés dont on ne soupçonnait même pas l'existence.

Il m'a paru utile de présenter le tableau aussi fidèle que possible de la jurisprudence depuis 1791 ; souvent, en effet, un arrêt ancien contient des considérants plus fortement motivés qu'une décision nouvelle, il convient donc de pouvoir s'y référer.

Dans les successions, j'ai plus particulièrement insisté sur le retour légal, les successions irrégulières , les rapports ; dans les donations, sur les questions de réserve et de quotité disponible.

Quel que soit le sort réservé à mes efforts, je serai suffisamment récompensé du fruit de mes veilles, si, dans des cas donnés, cet ouvrage peut être de quelque utilité.

Je me suis attaché à rester dans les bornes d'une juste réserve. Ne point céder à l'entraînement de vues exclusives et préconçues, saisir la vérité partout où elle se trouve, et, dans le doute, se ranger du côté du nombre le plus imposant de suffrages, tels sont les sentiments sous l'empire desquels j'ai constamment procédé, et qui me vaudront, je l'espère, l'indulgence.

Il se conçoit difficilement comment l'étude de la législation sur l'enregistrement a été de nos jours si longtemps délaissée. Il n'en était pas ainsi autrefois; les légistes du droit coutumier étaient également les glorieux interprètes du droit fiscal, et l'on en vit un surtout, l'illustre Dumoulin, se signaler par la profondeur de ses théories. La matière de l'enregistrement a même ceci de remarquable qu'après le point de vue civil envisagé, l'examen d'une question sous le rapport de la loi fiscale provoque parfois un retour salutaire de l'esprit vers les vrais principes.

Je dois, en terminant, constater que les principes répandus dans les publications du rédacteur en chef du répertoire périodique de l'enregistrement, et des savants auteurs de la Jurisprudence générale, MM. Dalloz, m'ont souvent éclairé et soutenu, au milieu de ma tâche.

TITRE PREMIER.

DES SUCCESSIONS.

CHAPITRE Ier.

De l'ouverture des successions et de la saisine des héritiers.

718. La succession est la transmission universelle des droits et actions du défunt à la personne ou aux personnes survivantes que la loi désigne.

Les successions s'ouvraient autrefois par la mort naturelle ou par la mort civile, mais depuis la loi du 31 mai 1854 qui a aboli la mort civile, elles ne s'ouvrent plus que par la mort naturelle.

720. Il suffit qu'une personne survive à une autre une seconde d'intervalle, un instant de raison pour qu'elle ait un droit acquis à sa succession, et l'on se dirige alors pour la dévolution des biens d'après les règles tracées par le Code, mais l'absence des témoignages ou des circonstances du fait ne permet pas quelquefois de fixer le moment précis de l'ouverture

de la succession; quand la mort de deux ou de plusieurs personnes *appelées à se succéder réciproquement* se produit pour ainsi dire instantanément dans le même évènement, la loi y a pourvu par des présomptions tirées de la force de l'âge ou du sexe.

721. Lorsque les comourants ont moins de quinze ans, la présomption de survie s'applique au plus âgé, s'ils ont tous plus de soixante ans, au moins âgé; si les uns ont moins de quinze ans et les autres plus de soixante, aux premiers. La vie de l'homme se divise en plusieurs périodes; jusqu'à soixante ans, ses forces augmentent généralement; après cet âge, elles vont en déclinant. L'appréciation du législateur est donc rationnelle.

722. Lorsque les comourants ont quinze ans accomplis et moins de soixante, la présomption de survie s'attache à celui qui est du sexe masculin, s'il y a égalité d'âge ou seulement différence d'une année; s'ils sont du même sexe, le plus jeune est présumé avoir survécu au plus âgé.

720, 721, 722. Comme les présomptions légales sont de droit étroit, il convient de ne pas invoquer celles dont je viens de parler, en dehors des cas de vocation héréditaire réciproque. (1).

Il faut encore supposer que les deux personnes dont la succession s'est ouverte ont succombé dans le

____

(1) Rap. Merlin, répert. vo mort, chap. 1er, § 2, art. 2; Chabot, art. 720, no 7; Favard, répert. vo succession, sect. 1, § 1, no 6; Marcadé, sur les art. 720 et s., no 6; Demolombe, art. 720 et s., no 112.

même évènement. (1). Dans ce cas comme dans le précédent, si la preuve de survie ne peut pas être faite par celui qui est intéressé à la produire (art. 135), la dévolution des biens suit son cours légal, c'est-à-dire que chaque succession, passe aux héritiers légitimes.

Il convient de ne point appliquer les présomptions légales de survie aux transmissions qui prennent leur origine dans une libéralité contractuelle ou testamentaire. En la matière qui nous occupe, je le répète, les dispositions de la loi ne sauraient être étendues d'un cas à un autre, elles sont de droit strict. De sérieuses considérations militent d'ailleurs en faveur de cette solution. Lorsqu'il s'agit d'une succession *ab intestat*, les biens restent dans la famille; au contraire, l'institution contractuelle ou la disposition testamentaire dépouille presque toujours les héritiers légitimes, pour enrichir des étrangers, et il y a plus, c'est que la présomption de survie profiterait aux parents du donataire qu'il n'a pas été ordinairement dans l'intention du défunt de gratifier. Ici, encore, il faut déférer chaque succession aux représentants légaux du *de cujus*, si on ne peut pas prouver quel est celui des comourants qui a survécu à l'autre. (2).

(1) Rap. Marcadé, art. 720 et s., n° 3 ; Massé et Vergé sur Zachariæ, t. 2, p. 357, note 3; Demolombe, art. 720 et s., n° 114.

(2) Rap. C. Bordeaux, 20 janvier 1849, D. P., 50, 2, 180 ; Paris, 30 mars 1850, D. P., 51, 2, 108 ; Merlin, répert., v° mort, § 2, art. 2; Chabot, art. 720, n° 7 ; Delvincourt, t. 2, p. 13, note 4 ; Duranton, t. 6, n° 48 ; Marcadé, art. 722, n° 7, 8, 9 ; Demolombe, art. 720, n° 117.

De deux jumeaux quel est l'aîné ? c'est celui qui le premier a vu le jour ; cette appréciation est la plus sûre, les données scientifiques sont impuissantes à découvrir le point de départ du mystérieux phénomène de la conception (1).

Si l'acte de l'état civil ne fait pas connaître l'ordre des naissances, et que les deux jumeaux soient de différent sexe, les présomptions de survie font alors complétement défaut, il faut supposer la simultanéité des décès, et décider que chaque succession passera aux héritiers légaux. (2).

723. Le Code distingue deux classes d'héritiers : les héritiers réguliers, ou légitimes ou du sang, et les héritiers irréguliers ; les premiers sont les parents légitimes du défunt ; les seconds les enfants naturels *légalement reconnus*, le conjoint survivant et l'Etat.

Les enfants naturels sont les seuls des héritiers irréguliers qui jouissent du droit de concourir avec les héritiers légitimes ; ils excluent le conjoint survivant, et le conjoint survivant prime l'Etat.

724. Les héritiers légitimes sont les continuateurs, les représentants de la personne du défunt, le mort revit en eux ; ils sont saisis des biens, droits et actions du défunt, sous l'obligation d'acquitter toutes les charges de la succession ; la saisine s'o-

(1) Rap. Chabot, t. 1, p. 48 ; Favard, sect. 1, 51, n° 5 ; Duranton, t. 6, n° 52 ; Demolombe, sur l'art. 720, n° 105.

(2) Rap. Marcadé, art. 722, n° 4 ; Mourlon, répét. écrit., t. 2, p. 15 ; Demante, t. 3, n°° 22 bis, 8 ; Massé et Vergé sur Zachariæ, t. 2, p. 258 ; Demolombe, sur l'art. 720, n° 115.

père à leur insu, par la seule puissance de la loi ;
ils sont saisis de plein droit, dit le Code. C'est l'idée
que notre ancien droit rendait si énergiquement en
ces termes : « *le mort saisit le vif.* »

Les héritiers irréguliers, eux aussi, ont l'investiture légale des droits actifs et passifs du défunt,
mais il existe entre eux et les héritiers réguliers une
différence essentielle et radicale, les derniers ont
seuls l'investiture de fait de la possession, seuls ils
sont saisis de la faculté d'exercer les actions du *de
cujus* ; les premiers ne jouissent pas d'un privilège
aussi complet, aussi étendu ; ils doivent, en ce qui
concerne l'exercice des droits actifs et passifs de la
succession, se faire envoyer en possession par la
justice.

Quelques auteurs enseignent que la saisine judiciaire
est nécessaire pour faire acquérir le droit même de
la possession, aux successeurs irréguliers. Je ne puis
adhérer à cette doctrine. Pour quel motif suspendre
la prescription acquisitive qui courait au profit du
de cujus ? D'ailleurs si l'héritier irrégulier ne possède pas, est-ce que la succession, cette personne
juridique, ne continue pas la chaîne de la possession ? La possession, en effet, ne comporte pas de
lacune, pas la moindre interruption de temps, c'est
un fait continu et de tous les instants ; il faut, dès
lors, en conclure que la saisine, investiture abstraite,
s'ouvre immédiatement, comme le droit héréditaire
lui-même. Mais, on objecte ; les héritiers irréguliers
n'ont point la saisine, puisqu'ils doivent se faire

envoyer en possession par la justice. Le Code le dit formellement (art. 724). Or, qu'est-ce que la saisine, sinon l'investiture instantanée de la possession. Donc, les héritiers irréguliers ne possèdent pas avant la formalité judiciaire de l'envoi en possession (1).

Ce raisonnement manque de justesse, il est seulement vrai de dire : ce que la loi refuse en principe aux héritiers irréguliers, ce n'est point la possession, c'est uniquement l'exercice des droits attachés à la possession, qui est suspendu jusqu'à l'envoi en justice (2).

La différence que je viens de signaler est la seule qui sépare les deux ordres d'héritiers ; de même que les héritiers légitimes, les héritiers irréguliers sont tenus d'acquitter toutes les dettes de la succession, lors même que le passif excéderait l'actif.

Les partisans du système contraire généralement accrédité, invoquent les précédents de l'ancien droit, où les héritiers irréguliers étaient considérés comme les successeurs, non de la personne, mais des biens du défunt ; oui, il en était ainsi autrefois mais pour le roi, pour le seigneur haut justicier ; en ce qui concerne l'époux survivant, écoutons Pothier :

« Le conjoint survivant, disait-il, est un *vrai* » *héritier* succédant à tous les droits actifs et passifs

(1) Rap. Bugnet sur Pothier, t. 8, p. 114 ; Duvergier sur Toullier, t. 2, n° 82 ; Marcadé, art. 724, n° 3.

(2) Rap. Demante, t. 3, n°ˢ 24 bis, I ; Demolombe, art. 724, n°ˢ 157 et s.

» du défunt. » (Introd. au tit. 17 de la cout. d'Orléans.), et Lebrun écrivait « qu'il doit obtenir des
» lettres de bénéfice d'inventaire , s'il veut s'exempter
d'être tenu des dettes au delà des forces de la succession. » (liv. 3 , chap. 4 , n° 79). D'où il faut
conclure que ce dernier auteur eût indubitablement
décidé la même chose relativement à l'enfant naturel,
si les enfants naturels, de son temps , eussent été
appelés à la succession comme ils le sont d'après le
Code. (Duranton , t. 7 , n° 12).

L'article 724 qui pose le principe de la contribution indéfinie des héritiers aux dettes n'aurait trait
qu'aux héritiers légitimes , il laisserait donc à l'écart
les successeurs irréguliers.

Tel est le pivot , la base de l'opinion adverse;
mais cette base est peu solide. Tout ce qui ressort
des termes de l'art. 724 , c'est l'institution de deux
saisines , l'une légale , l'autre judiciaire; et si les
rédacteurs du Code ont négligé de reproduire à la
fin de cet article le membre de phrase placé au
commencement , cette lacune me paraît avoir une
tout autre signification ; elle conduit logiquement à
une conclusion opposée à la précédente.

En effet , une fois la saisine judiciaire accomplie,
il y a parité de situation , d'avantages pour les deux
ordres d'héritiers , ne convient-il point alors de les
assujettir à un mode uniforme de participation aux
charges de la succession ? Maintenant examinons la
valeur des considérations morales que l'on invoque
pour motiver une exception à l'égard des héritiers

légitimes. On fait valoir la solidarité du nom qui ne s'impose pas au même degré aux successeurs irréguliers; mais ce n'est point là le motif unique, ni même dominant de la contribution au passif *ultra vires successionis*. En effet, c'est qu'entre la transmission universelle des biens d'une succession et l'obligation d'acquitter l'intégralité des charges héréditaires, la loi a vu une corrélation étroite et rationnelle; cette corrélation, la Cour de cassation la fait ressortir par un arrêt fortement motivé dont voici l'un des considérants : « que le droit à une » quotité de succession implique l'obligation de » supporter une quotité proportionnelle des dettes; » que ce droit et cette obligation sont des consé- » quences corrélatives de tout titre successif uni- » versel; et que l'obligation personnelle, dont le » successeur à titre universel est ainsi tenu, existe » avec toutes ses conséquences légales, du moment » où il est saisi des biens de la succession, soit » que la saisine procède immédiatement de la loi, » soit qu'elle procède de la délivrance », (13 août 1851, D. P. 51.1.281).

La jurisprudence de cet arrêt ne s'applique textuellement qu'au légataire à titre universel; mais il y a lieu de l'étendre, par voie de conséquence rigoureuse, aux successeurs irréguliers appelés à recueillir l'ensemble ou une partie de l'ensemble des biens de l'hérédité; les liens de la parenté naturelle, les liens de sympathie engendrés par le mariage ne sont-ils point, en effet, de nature à créer des engagements aussi impérieux que les dispositions émanées accidentellement d'une volonté privée (1)?

S'il est cependant vrai de dire que l'Etat ne soit pas tenu d'acquitter les dettes au delà de la valeur des biens, le motif de cette exception se conçoit facilement; l'Etat n'est point à proprement parler un successeur irrégulier, il recueille les biens, à titre de vacance, à titre d'épaves, plutôt qu'en la qualité d'héritier (art. 539 et 713).

L'ouverture d'une succession suffit pour rendre un droit de mutation exigible au profit du Trésor; l'Administration des Domaines n'est pas tenue de justifier de l'existence des faits matériels qui accompagnent la saisine, elle n'a point à établir l'acceptation par les héritiers qu'elle a le droit de présumer jusqu'à preuve contraire. Ce principe est juridique; en effet, l'impôt de l'enregistrement a pour base dans son application l'idée abstraite de la transmission de la propriété, il saisit les biens dans leur passage d'une tête sur une autre.

Un grand écrivain a de nos jours magnifiquement défini la nature de cet impôt, en un langage que tout le monde connaît : « La loi sur l'enregistrement » a dit M. Troplong, est pour nous autres légistes, » la plus noble, ou pour mieux dire, la seule noble » entre toutes les lois fiscales.... Dans ses investi-

(1) Rap. Maleville sur l'art. 724; Vazeille, art. 795; Demolombe sur l'art. 725, nº 160, qui développe cette doctrine avec une grande force de logique.

2

» gations pour asseoir la perception, elle s'enquiert
» moins de la chose que du droit sur la chose.
» Que les contrats à titre onéreux ou à titre gratuit
» fassent changer les immeubles de mains; que les
» successions s'ouvrent pour les héritiers testamen-
» taires et légaux, dans tous ces cas, la source de
» l'impôt n'est que dans la mutation du droit de
» propriété, dans son passage d'une tête sur une
» autre ».

Plusieurs décisions expriment la même pensée. (1).

Le dispositif du dernier arrêt est conçu en ces
termes : « Les droits dus pour les mutations par
» décès, sont une contribution à laquelle sont
» soumis personnellement les héritiers, sans égard
» à l'appréhension de *fait*, à partir de la saisine
» qui s'opère par le décès du précédent propriétaire,
» il s'ensuit que pour exercer contre eux son action,
» l'administration n'a point à prouver qu'ils ont
» pris qualité ».

La valeur de la propriété est déterminée, quant
à l'assiette de l'impôt : 1° pour les transmissions
entre-vifs, à titre gratuit, de biens meubles, et
celles qui s'opèrent par décès, par la déclaration
estimative des parties, *sans distraction des charges*.
(Loi du 22 frimaire, an 7, art. 14, n° 8);

2° Pour les transmissions de propriété entre-vifs,
à titre gratuit, de biens immeubles, et celles qui

____

(1) Rap. Cass., 11 février 1807; Dalloz, Enreg., n° 4007, et 7 mars
1842, I. 1675, § 5.

s'effectuent par décès, par l'évaluation qui sera faite et portée à vingt fois le produit des biens ou les prix des baux courants, *sans distraction des charges*. (Art. 15, n° 7 de la loi précitée).

Si l'on s'est souvent élevé contre cette disposition, c'est qu'on n'en a pas assez apprécié l'esprit, il faut moins se préoccuper de l'enrichissement du redevable que du fait de la transmission de la propriété. Envisagée à ce point de vue, la loi organique sur l'enregistrement se dépouille de sa physionomie rigide, elle ne laisse plus apercevoir que la perfection de son plan, ses harmoniques proportions, et son ensemble de règles merveilleusement appropriées au jeu de la perception.

Ce qui doit le plus frapper dans ce beau monument législatif, c'est la savante unité que l'on voit poindre au sein des ramifications infinies de l'impôt qui enlace dans ses réseaux multiples toutes les conventions humaines.

Semblable à un édifice qui résiste à toutes les injures du temps, la loi de l'an 7, héritière de certaines traditions du régime coutumier et fruit d'une sérieuse élaboration, a conservé son cachet presque séculaire à travers les changements successifs de législation, c'est encore aujourd'hui le Code de l'enregistrement.

Le mode d'évaluation des immeubles transmis par acte entre-vifs à titre gratuit ou par décès ne se résout point en une alternative; si les biens à déclarer ont été l'objet d'un bail, il n'y a point lieu d'admettre les parties à une évaluation facultative (1).

Pour ne pas être destitué de son utilité, il faut, d'après la loi, que le bail soit *courant*, peu importe d'ailleurs la période à courir, ne fût-elle que de quelques jours.

L'administration ne saurait se prévaloir contre le redevable d'un bail, continué par tacite réconduction, elle n'y trouverait point, en effet, la preuve certaine d'une insuffisance (2).

Le texte de la loi ne doit pas être interprété d'une manière judaïque, la contexture de l'acte n'est point à considérer, pourvu qu'il offre les éléments d'une évaluation de l'immeuble; ainsi, le déclarant serait tenu de ne point s'écarter de la valeur constatée par un rapport d'experts. (3). Mais cette obligation est subordonnée à la réalisation de deux conditions : 1° la base estimative renfermée dans le document produit doit toujours représenter le revenu existant au moment de l'ouverture de la succession ; 2° l'estimation en valeur vénale, il va sans le dire, ne

(1) Rap. Cass., 7, germinal an 12, 18 février 1807, 15 février et 14 juin 1809, 23 mars 1812, 7 février 1821, 19 août 1829, I. 1393; § 8; 9 décembre 1835, I. 1515, § 3; 5 mars 1840, I. 1618, § 5; 17 février 1852; I. 1920, § 1.

(2) Rap. Cass. 2 juin 1847, I. 1796, § 10; 19 novembre 1850, I. 1885, § 4.

(3) Argument de l'art. 19 de la loi du 22 frimaire. Rap. Cass. 31 décembre 1825; 18 janvier 1825, I. 1106, § 3; 1er décembre 1835, I. 1515, § 4.

pourrait être invoquée qu'à titre de simple présomption d'insuffisance.

Il est du reste indifférent que le bail émane du *de cujus* ou d'un tiers usufruitier ou sous-bailleur ; toujours la même force probante s'y trouve attachée (1).

Il peut arriver que, par suite de contestations, des héritiers soient forcés de rendre public un bail jusqu'alors enseveli dans le secret, il convient, le cas échéant, de suivre, attentivement, les différentes phases de la procédure pour y saisir les indices révélateurs de la fraude.

Les reprises de la femme renonçant à la communauté devenue ainsi le patrimoine exclusif du mari en constituent une charge, il n'y a point lieu de les déduire des valeurs de la succession pour la liquidation du droit de mutation par décès ; si, en l'acquit de ses reprises, la femme reçoit des valeurs qui provenaient de la communauté, cet abandon opère une dation en paiement passible du droit proportionnel au taux déterminé pour la nature des valeurs transmises (2).

Ce grand principe de droit, on a voulu le faire déserter ; l'on a prétendu que la femme qui renonce à la communauté exerce ses reprises sur les biens de cette communauté à titre de propriétaire et non

(1) Rap. les motifs de l'l. 1618, § 4.

(2) Rap. D. M. F., 18 juillet 1817, l. 809, § 4 ; Cass. 18 mai 1824, 10 août 1830, 12 novembre 1837, 28 août 1838, l. 1146, § 4 ; 1347, § 5 ; 1502, § 28 ; 1577, § 17.

de créancière. La Cour de cassation avait elle-même adopté la nouvelle doctrine, mais l'éclipse de la vraie jurisprudence n'a pas été de longue durée. Aux termes d'un arrêt rendu le 16 janvier 1858, la Cour suprême, chambres réunies, a fait un retour éclatant vers les principes consacrés par ses anciens arrêts ; elle a jugé que dans les deux situations la femme prélevait ses reprises sur la communauté à titre de créancière (1).

Cette décision est restée sans influence, au cas de l'acceptation, sur la perception ; l'on n'a point cessé de considérer le prélèvement des reprises comme une opération préliminaire du partage exempte d'un droit particulier (2).

Lorsque le vendeur décède après avoir délégué le prix de la vente à l'un de ses créanciers, y a-t-il lieu de comprendre cette valeur dans la déclaration de sa succession ? Deux hypothèses se présentent. La délégation est-elle acceptée par le créancier ? Le vendeur est dessaisi de la créance du prix, c'est une valeur qui est irrévocablement sortie de son patrimoine pour se fixer dans celui de son créancier ; le lien de droit, *vinculum juris*, est formé d'une manière indissoluble, il s'est opéré novation ; dès lors, point de droit proportionnel de mutation exigible dans l'espèce.

(1) Rap. Cass., 3-24 août 1858, t. 2157, § 12 ; 24 décembre 1860, t. 2190, § 4.

(2) Rap. un considérant des arrêts précités du 3 août 1858.

Au contraire, la délégation ne s'est-elle point consommée faute d'acceptation? Le vendeur s'est borné à faire une simple indication de paiement qu'il lui était loisible de révoquer ; en réalité, la créance du prix a continué de reposer sur sa tête, partant, elle donne ouverture à la perception du droit de transmission par décès (1).

Nonobstant un règlement *provisoire* d'ordre le débiteur saisi conserve la propriété de la créance du prix de la vente de l'immeuble ; dès lors, s'il meurt pendant cet état de choses, ses héritiers sont tenus de faire figurer cette valeur dans la déclaration de sa succession (2).

Je ne m'occuperai pas des formalités de la procédure en expertise, cet exposé m'entraînerait hors du cadre que je me suis tracé ; l'on peut consulter avec fruit, sur ce point, les instructions de l'administration et les traités spéciaux sur la matière.

Aux termes de l'art. 32 de la loi du 22 frimaire, an 7, la nation a action sur les revenus des biens à déclarer, en quelques mains qu'ils se trouvent, pour le paiement des droits de mutation par décès dont il faut poursuivre le recouvrement.

Ces mots, *en quelques mains qu'ils se trouvent*, ont une grande énergie, ils démontrent que le gage est assis sur les revenus, sans considération de la

____

(1) Rap. Cass., 17 février 1857, I. 2090, § 7.

(2) Argument de l'art. 14, n° 8, de la loi du 22 frimaire an 7, Rap. Cass., 15 juillet 1856, I. 2090, § 6.

personne du débiteur originaire, ce n'est pas seulement une simple action, c'est encore un véritable privilège que le législateur de frimaire a voulu créer en faveur de l'administration pour la perception de l'impôt (1).

Ce privilège affecte les revenus de toute nature, les fruits naturels et industriels comme les fruits civils, malgré même la compensation du prix de ferme avec une créance sur la succession, dont le fermier voudrait se prévaloir (2); il ne s'étend pas au capital des valeurs mobilières héréditaires; la Cour de cassation a formellement consacré ce principe par plusieurs arrêts (3).

En cas de vente de l'immeuble, le privilège du Trésor reçoit une importante limitation; l'avis du Conseil d'État du 4 septembre 1810, transmis par l'I. 495, dispose, en effet : « que ni pour le droit » principal dû à cause d'une mutation par décès, » ni conséquemment pour le droit et le demi-droit » en sus, dont la peine est prononcée par l'article » 39 de la loi du 22 frimaire an 7, l'action accordée » par l'article 32 de cette loi ne peut être exercée » au préjudice des tiers-acquéreurs ».

(1) Rap. Cass., 9 vendémiaire an 14, D. P. 6, 2, 85; 2 décembre 1862, I. 2314, § 3; C. Paris, 23 mai 1833, D. P. 33, 2, 98; décision du grand juge, 23 ventôse an 12; Grenier, t. 2, n° 418; Favard, v° Privilège, sect. 2, 2; Troplong, t. 1, n° 97 bis.

(2) Rap. Cass., 3 janvier 1809, D. P. 9, 2, 58.

(3) 23 juin 1837, I. 2114, § 8; C. Dijon, 3 février 1848, D. P. 48, 2, 176; Amiens, 11 juin 1853, D. P. 54, 3, 311.

Cette décision ne s'applique qu'aux tiers-acquéreurs qui ont fait transcrire leur titre (1).

Pour les meubles, la base de la perception, en ce qui concerne les transmissions de l'usufruit, soit entre-vifs à titre gratuit, soit par décès, est la déclaration estimative des parties, *sans distraction des charges*, et le droit se liquide sur la moitié de la valeur entière de l'objet (2); pour les immeubles, c'est l'évaluation portée à dix fois le produit des biens ou le prix des baux courants, aussi *sans distraction des charges* (3).

Il n'est rien dû pour la réunion de l'usufruit à la propriété, lorsque le droit d'enregistrement a été acquitté sur la valeur entière de la propriété (4), et cette règle domine la réunion de l'usufruit, de quelque manière qu'elle s'opère, soit qu'elle ait lieu entre les mains du légataire lui-même ou de son acquéreur, soit que la consolidation survienne par le décès de l'usufruitier ou la cession de son droit à titre onéreux ou gratuit (5).

L'immunité de l'impôt provient, en pareille circonstance, de ce que la transmission originaire par décès de la nue-propriété supporte le droit sur la

(1) Rap. Cass., 29 avril 1807, D. P. 7, 1, 232; D. M. F., 14 juillet 1817, 1. 809, n° 2.

(2) Loi 22 frim. an 7, art. 14, n° 8 et 11.

(3) Art. 15, n° 8 de la loi précitée.

(4) Même loi, 2e alinéa, n° 7 de l'art. 15.

(5) Rap. Cass., 10 mai 1848, 1. 2188.

valeur entière, comme la mutation de la pleine propriété. (1).

La raison de la perception anticipée imposée au nu-propriétaire se trouve dans la nature même de l'usufruit.

L'usufruit est le droit de jouir d'une chose dont un autre a la propriété, comme le propriétaire lui-même, mais à la charge d'en conserver la substance, *salva rerum substantia*. Il paralyse momentanément l'exercice de la propriété, mais, lors de son extinction, le nu-propriétaire entre dans la plénitude de son droit.

Qu'est-ce donc que la substance ? C'est la matière revêtue par les soins de l'homme d'une forme déterminée et embellie d'un ensemble de certaines qualités, ainsi, la matière première subit sous la touche du peintre, la coupe du statuaire, une magique transformation ; alors, la substance, c'est le tableau, c'est la statue, œuvre du génie créateur de l'artiste.

L'usufruitier ne peut, sous peine de déchéance, porter la moindre atteinte à la substance de la chose soumise à son droit ; ainsi, il n'a point la faculté de démolir un bâtiment pour en faire un champ, ni même de changer le mode de culture en convertissant, par exemple, un pré en labour, etc.

La création d'un usufruit a pour effet d'isoler les deux éléments constitutifs de la propriété, le droit

(1) Rap. Cass., 13 floréal an 9 ; 11 septembre et 18 décembre 1811 ; 3 juillet 1813.

à la substance et le droit à la jouissance de l'objet, ces deux droits résident désormais dans des mains différentes : le possesseur de la substance s'appelle *nu-propriétaire*, parce qu'il retient une propriété nue, c'est-à-dire privée de son principal attribut, la personne investie du droit de jouir prend le nom d'*usu-fruitier*, dénomination qui donne une juste idée de son privilège. La nue-propriété et l'usufruit se limitent réciproquement, mais ne peuvent jamais se confondre.

La définition du Code offre une lacune qu'il convient de combler par l'addition de ces mots : l'usufruitier a le droit de jouir, comme le propriétaire lui-même jouissait à l'époque de l'ouverture de l'usufruit; aussi, les mines, les carrières dont le propriétaire n'avait point l'exploitation, le trésor découvert pendant l'usufruit, sont-ils des objets sur lesquels le droit de l'usufruitier ne saurait s'exercer. (art. 598.)

L'usufruit procède soit de la loi, soit de la volonté de l'homme, il est *légal ou conventionnel*.

L'usufruit légal a lieu dans deux circonstances :

1° « Le père, durant le mariage, et, après la
» dissolution du mariage, le survivant des père et
» mère, auront la jouissance des biens de leurs en-
» fants jusqu'à l'âge de dix-huit ans accomplis, ou
» jusqu'à l'émancipation qui pourrait avoir lieu avant
» l'âge de dix-huit ans. (art. 384.) »

Cet usufruit est plutôt constitué à titre onéreux qu'à titre gratuit, c'est un attribut de la puissance paternelle, c'est un dédommagement accordé par la loi aux père et mère sur les biens de leurs enfants, en retour des sacrifices que l'éducation impose (1).

Tel est le motif pour lequel il n'a point paru convenable au législateur de l'an 7 d'assujettir à l'impôt cette branche d'usufruit (2).

2° L'ascendant du premier degré, en concours avec des collatéraux autres que des frères, sœurs ou descendants d'eux, a le droit de jouir du tiers de leur part de biens. (art. 754.) Cet usufruit est improprement appelé légal, c'est un démembrement réel de la propriété, c'est un véritable ordre successif, il encourt, à juste titre, le droit proportionnel de transmission par décès.

L'usufruit légué à l'ascendant sur des biens dont la nue-propriété est en même temps léguée à son fils mineur, ne saurait se confondre, pendant la durée de l'usufruit légal, avec ce dernier usufruit, attendu que l'un et l'autre procurent des avantages distincts et entraînent des charges différentes. Je me bornerai à signaler une différence caractéristique, c'est que, nonobstant la mort de l'enfant, l'usufruit conventionnel doit subsister jusqu'à la limite du terme apposé à l'extinction de la jouissance (1). Par suite, il ne participe point à l'exemption du droit accordé à l'usufruit légal, et la perception doit s'établir d'après le nombre d'années pendant lesquelles

(1) Proudhon, de l'Usufruit, n° 214; Duranton, n°° 484, 486.

(2) Même auteur, de l'Usufruit, t. 2, p. 531.

l'usufruit durera, mais sans que jamais ce calcul puisse former une base supérieure au mode légal d'évaluation de l'usufruit (1).

Le legs des revenus d'un immeuble et le legs d'usufruit diffèrent essentiellement l'un de l'autre; le premier n'a point pour résultat de mettre le tiers gratifié en communication directe avec la chose, le légataire reçoit les revenus des mains de l'héritier ou du légataire universel, il paie les droits de mutation par decès, mais à la charge de faire imputer le capital du legs sur la valeur des biens de la succession (2). L'usufruit, au contraire, est, comme je l'ai déjà dit, un démembrement de la propriété, le droit de l'usufruitier s'exerce directement sur la chose qu'il a pour objet (Proudhon n° 50). L'usufruitier est soumis à l'acquittement du droit de transmission, sans que cette perception puisse profiter au nu-propriétaire.

L'usufruit peut être constitué soit purement et simplement, c'est-à-dire sans terme ni condition, et alors l'usufruitier entre immédiatement ou au décès du testateur, en possession de son droit; soit à terme, c'est-à-dire pour commencer ou finir à compter d'une certaine époque, soit avec conditions, c'est-à-dire

(1) Cass., 15 juin 1842, I. 1085, § 5; 30 décembre 1850, I. 1885, § 9.

(2) Cass., 27 mai 1806; 8 septembre 1808, D. P. 2, 12 et 8, 2, 182; 23 septembre 1811, D. P. 2, 15; 23 novembre 1811, D. P. 12, 1, 184; 17 mars 1812, D. P. 2, 14; D. M. F., 14 avril 1812, I. 374.

pour naître, si tel évènement se réalise, la condition est suspensive, ou pour s'éteindre si tel évènement vient à s'accomplir, il s'agit, dans ce cas, d'une condition résolutoire.

Lorsqu'un usufruitier est constitué jusqu'à un évènement incertain, par exemple jusqu'au jour où une personne reviendra d'un voyage d'outre-mer, le retour de la personne marque la cessation de l'usufruit; mais si elle meurt avant d'avoir accompli son voyage, l'usufruit doit subsister comme s'il avait été établi pour la vie de l'usufruitier (1).

La disposition par laquelle un testateur lègue l'usufruit d'un objet à deux personnes pour en jouir *alternativement* l'une une année, l'autre l'année suivante, etc., constitue deux legs distincts, de telle sorte que le prédécès de l'un des légataires ne donne pas ouverture au droit d'accroissement en faveur de son colégataire, c'est l'héritier qui est appelé dans cette circonstance à bénéficier de la caducité du legs (2).

Le pouvoir conféré par le testateur à l'usufruitier d'un immeuble, de *vendre* le bien imprime à la disposition le caractère d'un legs de la pleine propriété; le disposant remet, en effet, entre les mains du légataire un droit qui dépasse les attributs d'un simple usufruit (3).

Tant que l'usufruit pour lequel le droit a été ac-

(1) Duranton, n° 509.

(2) Proudhon, n°s 422, 455, 460.

(3) Rap. Merlin, Quest. v° Condition; Troplong, des Donat. et test., t. 3, n° 1908.

quitté reste séparé de la propriété, les transmissions de la nue-propriété soit entre-vifs à titre gratuit soit par décès n'encourent le droit proportionnel que sur la moitié de la valeur des biens meubles ou immeubles transmis. Dans ce cas, c'est la réunion de l'usufruit à la nue-propriété qui forme, dit la Cour de cassation, *la seule mutation réelle quant audit usufruit*. Après une longue controverse, une décision solennelle de la Cour suprême a fait prévaloir cette jurisprudence (1).

Voyons comment, dans un cas donné, la déduction de l'usufruit doit être accomplie.

L'auteur d'une succession échue à quatre enfants a légué par le même acte à son fils aîné la nue-propriété du quart par préciput de ses biens et à son conjoint l'usufruit de la moitié, l'un des puînés décède ensuite avant le conjoint; il est essentiel, pour la liquidation des droits de cette deuxième succession, de prélever l'usufruit d'abord sur le quart par préciput, puis subsidiairement sur les trois quarts (art. 913, 1094); si l'imputation se faisait uniformément sur l'ensemble des biens, la réduction imposée à la succession de l'enfant serait trop forte et le Trésor se trouverait lésé par ce mode de procéder.

Autre est l'hypothèse où le testateur a disposé que l'usufruit légué s'ouvrirait seulement à partir du

(1) Rap. Cass., 2 avril 1845 ; 27 décembre 1847 (chambres réunies) 1. 1816 ; 10 mai 1848, 1. 2188 et 1. 2025, § 3.

décès du légataire universel; les héritiers de ce légataire doivent acquitter les droits de mutation par décès sur la toute propriété des biens de sa succession. (1).

Lorsque l'usufruitier qui a acquitté le droit d'enregistrement pour son usufruit acquiert la nue-propriété, il doit payer le droit sur sa valeur, sans qu'il y ait lieu d'y joindre celle de l'usufruit. (2).

Exemple : La valeur de la pleine propriété est de...................................... 20,000ᶠ

Celle de l'usufruit est représentée par la moitié, soit...................... 10,000

L'usufruitier est encore tenu d'acquitter les droits de transmission par décès de la nue-propriété sur...................... 10,000

L'usage est le droit de jouir d'une chose jusqu'à concurrence de ses besoins et de ceux de sa famille; c'est un droit personnel intransmissible et non susceptible d'accroissement (3). Il est passible du droit de mutation par décès. « Ces expressions *ou de* » *jouissance*, dit le même auteur, à propos de » l'art. 4 de la loi du 22 frimaire, sont très- » remarquables, parce qu'il en résulte que, quoi- » que les droits d'usage et d'habitation ne soient » pas nominativement signalés dans cette loi, » comme celui d'usufruit, ils sont néanmoins su-

(1) Rap. Cass., 3 avril 1864, I. 2288, § 4.

(2) Loi 22 frim. an 7, 2ᵉ alinéa du n° 8 de l'art. 15.

(3) Proudhon, n°ˢ 33, 46 et s.

» bordonnés au même principe, pour la perception
» de l'impôt, qui est dû à raison de la mutation
» qu'entraîne leur constitution. » La base de la perception repose sur la déclaration estimative de la
valeur de l'objet soumis à l'usage. (1)

La déclaration de succession est un acte d'administration, c'est en quelque sorte le contrat qui lie
la partie vis-à-vis du Trésor ; mais c'est à la condition d'émaner d'une personne revêtue de la qualité
suffisante. Dans le cas contraire, le lien juridique
ne saurait se former ; il y a lieu de considérer la déclaration comme non avenue. (2)

Il faut donc examiner avec soin si le comparant
possède la capacité nécessaire pour remplir la formalité prescrite par la loi.

Les droits de mutation par décès doivent être acquittés : 1° Personnellement par l'héritier, le donataire ou le légataire, majeur et capable (3).

La demande en délivrance du legs n'est point suspensive de l'exigibilité des droits de mutation par
décès. En effet, le légataire pourrait se concerter
avec les héritiers, de manière à ne former sa demande en délivrance qu'après l'échéance de la prescription. D'autre part, tout legs, même particulier,
donne, à partir du décès, un droit à l'objet légué
transmissible aux héritiers ou ayant-cause du léga-

(1) L. 1388, § 6.
(2) L. 445, n° 5, 1318, art. 201, 1551.
(3) Loi du 22 frimaire an 7, art. 27, 32 et 59.

taire. Le texte précis de la loi est de nature à prévenir toute équivoque. Rien n'autorise, d'ailleurs, à interpréter le silence du légataire dans le sens d'une renonciation ; c'est l'acceptation du legs qu'il convient de présumer jusqu'à preuve contraire (1).

2° Par le tuteur ou le curateur pour le compte du mineur ou de l'interdit dont ils sont les représentants dans tous les actes de la vie civile (2).

3° Pour son compte personnel par le mineur émancipé, puisqu'il a pris en mains l'administration de ses biens. (Art. 481.)

4° Par le mari au nom de la femme, sous les régimes soit de la communauté légale ou conventionnelle, soit d'exclusion de la communauté, ou le régime dotal, quand les biens transmis sont dotaux. (Art. 1421, 1531, 1549.)

5° Par la femme personnellement sous le régime de la séparation de biens, soit conventionnelle, soit judiciaire (art. 1536, 1449), ou le régime dotal en cas de paraphernalité des biens recueillis (art. 1574).

6° Par les maires, les administrateurs au nom des communes, des établissements publics, etc.

7° Le seul fait de la conception de l'enfant suffit pour motiver l'exigibilité des droits de mutation par décès et la déclaration de succession doit être faite par un curateur au ventre (art. 393), dans les six

(1) Rap. Cass., 16 janvier 1811, 4 février 1812, 10 mars 1820 ; I. 1307, § 9.

(2) Code Napoléon, art. 450, 509 ; art. 27, 39 de la loi du 22 frimaire ; D. M. F., 7 juin 1808 ; I. 586, § 54.

mois à partir du décès du *de cujus* et non de la naissance de l'enfant. En effet, du moment que l'enfant simplement conçu est réputé habile à succéder, il doit être satisfait en son nom au paiement des droits de mutation qui est la conséquence et comme le corollaire de cet avantage (1). Si l'enfant ne naît point viable, l'administration use d'ailleurs d'un tempérament équitable, elle fait restituer les droits perçus (2).

8° L'obligation de passer la déclaration de la succession des biens échus à un débiteur incombe à ses créanciers, quand ils obtiennent la rescision de la renonciation faite par ce débiteur en fraude de leurs droits; cette déclaration doit être souscrite dans les six mois à partir de l'évènement qui fait rentrer les biens dans l'hérédité, et il y a lieu de liquider les droits d'après le taux fixé pour le degré de parenté existant entre le renonçant et ses héritiers.

Aux termes de l'art. 24 de la loi du 22 frimaire an 7, les délais accordés aux héritiers, donataires ou légataires pour la déclaration des biens qui leur sont dévolus par décès sont, savoir : de six mois, à compter du jour du décès, lorsque celui dont on recueille la succession est décédé en France; — de huit mois, s'il est décédé dans tout autre partie de l'Europe; — d'une année, s'il est mort en Amérique; — et de deux années, si c'est en Afrique ou en Asie.

(1) D. M. F., 9 octobre 1810.

(2) Rap. l. 1307, § 10.

Le délai de six mois ne court que du jour de la mise en possession pour la succession d'un absent, d'un condamné, si ses biens sont séquestrés ; celle qui aurait été séquestrée pour toute autre cause, ou celle d'un militaire, s'il est mort en activité de service hors de son département.

Les délais ont été gradués à raison des distances, mais le bénéfice de leur prorogation cesse quand les héritiers sont instruits du décès du *de cujus*, et qu'ils ont pu ainsi prendre connaissance des forces de la succession ; aussi, l'article précité ajoute-t-il : si avant les six derniers mois des délais fixés pour la déclaration d'une succession ouverte hors de France, les héritiers *prennent possession* des biens, il ne reste d'autre délai à courir pour passer la déclaration que celui de six mois à compter du jour de la prise de possession.

La prise de possession peut s'induire, non seulement de tous actes d'adition d'hérédité, mais encore du seul fait de l'inscription du décès du *de cujus* sur les registres de l'état civil du lieu de son domicile, et, surtout s'il s'agit de la succession d'un militaire, ce lieu est ordinairement celui de sa naissance. (1).

Dans les délais légaux pour la souscription des déclarations de succession, le jour du décès ne doit pas être compté ; si le délai expire un dimanche ou

____

(1) Cass., 22 brumaire an 14, 25 juin 1806, 8 mai 1826 ; I. 1200, § 13.

un jour de fête légale, il y a également lieu de faire abstraction de ce jour, de telle sorte que le terme fatal pour l'accomplissement de la formalité se trouve reporté au lendemain. (1).

Quand, à défaut de parents au degré successible, une succession est tout entière dévolue à un enfant naturel ou au conjoint survivant, le délai pour le paiement des droits de mutation par décès court-il seulement à compter de l'époque de l'envoi en possession ? L'affirmative a été quelquefois soutenue, mais l'opinion qui fait partir le délai du jour même du décès paraît devoir être préférée. La saisine de la possession, ne l'oublions pas, est instantanée ; d'autre part, l'envoi en possession judiciaire rétroagit à l'ouverture de la succession, pour ce double motif j'estime que le jour du décès est le point de départ du délai légal pour la déclaration.

Remarquez, au surplus, et cette observation me semble décisive, que l'héritier irrégulier n'a point à faire la preuve de la non-existence des parents au degré successible ; cette preuve serait la plupart du temps bien difficile, pour ne pas dire impossible à établir, si l'on songe que la détermination de l'état de famille du de cujus exige, le plus souvent, de longues et pénibles investigations ; l'opinion contraire de Toullier n'est point soutenable. Une seule justification est imposée au successeur irrégulier, il doit produire au Tribunal un acte de noto-

_____

(1) Loi du 22 frimaire an 7, art. 25.

riété constatant qu'il ne s'est présenté aucun héritier du sang habile à succéder (1).

Quand des biens font retour à une succession par suite de l'annulation d'une vente, du gain d'un procès, d'une renonciation à la communauté, d'une déclaration d'indignité, etc., le délai pour la déclaration court à partir de l'acte ou de la décision judiciaire, en vertu desquels s'opère la dévolution (2).

S'il a été interjeté appel du jugement, le délai part à dater du jour de l'arrêt confirmatif (3).

Il importe de faire observer que, dans ce cas, la prescription serait acquise au préjudice du Trésor, si aucune déclaration de succession n'avait été faite dans le délai de dix ans à compter du décès. Il semble donc prudent d'inviter, au besoin, les héritiers à faire une déclaration négative (4).

De quelle époque part le délai pour la déclaration d'une succession ouverte en pays étranger ? On ne peut le faire courir du jour du décès, ce serait, en effet, enfermer l'Administration dans une impasse, on lui ferait une position insoutenable. Comment

(1) Rap. C. Paris, 30 mars 1855; D. P. 55, 2, 105; Cass., 17 août 1840; D. P. 40, 1, 275; Demante, t. 3, nᵒ 89 bis; Vazeille, art. 770, nᵒˢ 2, 3; Mourlon, répét. écrit., t. 2, p. 90; Aubry et Rau d'après Zachariæ, t. 4, p. 555, Demolombe sur l'art. 770, nᵒ 212.

(2) L. 215, D. M. F., 7 juin 1808; I. 586, nᵒ 57; Cass. 59 mars 1815.

(3) Cass. 20 août 1810, 24 août 1841.

(4) Rap. Cass. 8 germinal an 11, 20 frimaire an 14, 5 septembre 1810 et 8 mars 1826; I. 1189, § 5; 20 août 1827, L. 1229, § 5.

s'établit la preuve du décès ? c'est par l'inscription du décès sur les registres de l'état civil du lieu du domicile. Or, dans l'espèce, l'inscription ne peut pas évidemment être contemporaine de l'époque du décès ; le délai doit donc seulement courir à partir du jour où cette formalité a été remplie ou de celui de la prise de possession par les héritiers des biens de la succession. N'arriverait-il autrement que bien souvent l'action du Trésor se trouverait éteinte, avant même d'avoir pu s'exercer ? (1)

On entend par absent celui dont l'absence a été déclarée par jugement, ses héritiers présomptifs ont qualité pour provoquer en leur faveur l'envoi en possession provisoire des biens de la succession.

D'après l'art. 40 de la loi du 28 avril 1816, les héritiers légataires et tous autres appelés à exercer des droits subordonnés au décès d'un individu dont l'absence est déclarée, sont tenus de faire, dans les six mois du jour de l'envoi en possession provisoire, la déclaration à laquelle ils seraient tenus s'ils étaient appelés par l'effet de la mort, et d'acquitter les droits sur la valeur entière des biens ou droits qu'ils recueillent.

C'est *au jour de la disparition de l'absent ou de ses dernières nouvelles*, qu'il faut se placer pour apprécier quels sont ses véritables héritiers et cette appréciation est très-importante à faire.

Ainsi, par exemple, l'absent avait, au moment

(1) Rap. Cass., 7 mai 1835 ; 1. 1437, § 11.

de sa disparition ou de ses dernières nouvelles, deux frères, l'un d'eux meurt avant l'envoi en possession provisoire et cependant il transmet à ses propres héritiers le droit de provoquer cette investiture. C'est donc aux deux frères qu'est légalement dévolue, dans l'espèce, la succession de l'absent.

Le jugement d'envoi en possession provisoire des biens de l'absent est le point de départ du délai pour le paiement des droits de mutation, c'est donc le tarif en vigueur à l'époque de ce jugement qui doit déterminer la quotité des droits à payer (1).

La formalité judiciaire de l'envoi en possession provisoire ne fait pas d'ailleurs obstacle à ce qu'en vertu d'une prise de possession des biens, l'Administration ne puisse poursuivre contre les héritiers de l'absent le paiement des droits de sa succession; on rentre alors sous l'empire du droit commun (2).

La demande des droits de mutation ne pourrait pas être paralysée, même quand les *héritiers se seraient engagés à faire raison à l'absent, en cas de retour, de la portion dans les biens partagés* (3).

» Attendu, dit l'arrêt du 12 mai 1834, que la
» loi établit des présomptions qui, si elles ne suffi-
» sent pas pour servir de preuves légales du décès
» d'un absent, sont suffisantes pour légitimer la

(1) Cass., 8 décembre 1856; I. 2096, § 5.

(2) Rap. D. M. F., 7 juin 1808; I. 386, § 52; Cass., 27 avril 1807, 22 juin 1808, 30 avril 1821, 2 juillet 1823; Dalloz, enreg., nos 2989 et s.

(3) Cass., 26 juillet 1814, 12 mai 1834; Dalloz, *loc. cit.*

» perception des droits d'enregistrement ; Que, d'a-
» près ces dispositions, les droits de mutation par
» décès sont dus par les cohéritiers d'un absent,
» lorsqu'ils se mettent en possession de la part qui
» lui revient dans la succession à laquelle les uns
» et les autres sont appelés ; que l'art. 40 de la
» loi du 28 avril 1816 n'a pas eu pour objet de
» prohiber cette perception, mais seulement de
» rendre le droit de mutation exigible après l'envoi
» en possession provisoire des biens des absents,
» lorsque jusqu'alors il n'avait été exigible qu'après
» l'envoi en possession définitive ; que cet article
» n'a, dès lors, rien innové pour le cas où il y
» a eu prise de possession de fait des biens d'un
» absent, sans envoi en possession judiciaire pro-
» visoire ou définitive. »

En cas de retour de l'absent, l'art. 40 de la loi
du 28 avril 1816 porte que les droits de succession
acquittés seront restitués aux héritiers, sous la seule
déduction de ceux auxquels leur jouissance aura
donné ouverture, et ce mode de restitution a été
réglé d'après l'L. 290 n° 72, conformément aux bases
fixées par l'art. 127 du Code Napoléon, conçu en
ces termes :

« Ceux qui, par suite de l'envoi provisoire ou
» de l'administration légale, auront joui des biens
» de l'absent, ne seront tenus de lui rendre que le
» cinquième des revenus, s'il reparait avant quinze
» ans révolus depuis le jour de sa disparition ; et
» le dixième s'il ne reparait qu'après les quinze ans.

» Après trente ans d'absence, la totalité des revenus
» leur appartiendra. »

Nuls droits de mutation par décès ne sont à retenir par le Trésor, à raison de la jouissance des héritiers, si les droits ont été acquittés par suite d'une prise de possession de fait, et il en est ainsi parce que les héritiers ayant possédé sans titre, la restitution doit porter sur la totalité des fruits (art. 549).

D'après l'art. 27 de la loi du 22 frimaire an 7, les transmissions de propriété ou d'usufruit par décès doivent être déclarées pour les immeubles, au bureau de la situation des biens; pour les meubles, au bureau du lieu où ils se trouvent au décès de l'auteur de la succession, et pour les meubles sans assiette déterminée, tels que rentes, créances, etc., au bureau du domicile du décédé.

Remarquons la distinction que le législateur a pris soin d'établir entre les meubles corporels ou par nature, et les meubles incorporels ou par la détermination de la loi; il semblait pressentir la classification faite par le Code (art. 527); les premiers doivent être déclarés au bureau de leur siège matériel, les seconds, à celui *du dernier domicile* du défunt, c'est-à-dire de leur siège fictif et juridique.

L'art. 529 du Code contient une nomenclature des objets réputés meubles par la détermination de la loi, je ne m'arrêterai qu'aux actions dans les compagnies de finance, de commerce ou d'industrie; elles sont réputées meubles pendant la durée de la société, alors même que des immeubles en dépendent. La loi mobilise ces valeurs, à l'aide d'une fiction, afin de favoriser le crédit et l'essor des transactions. Toutefois, à l'époque de la dissolution de la société, l'être moral, la personne juridique, cette création du droit, s'évanouit pour laisser place à la réalité de la situation; les biens de l'actif social reprennent leur nature propre, leur caractère immobilier. C'est donc sur des valeurs immobilières que la perception des droits de succession doit être assise, quand la société se dissout par le décès de l'un des associés. (1).

Mais, une société peut continuer malgré la mort de l'un des associés, cela dépend des statuts du contrat (art. 1868); alors, la fiction de la personne civile ne disparaît point, les actions conservent leur caractère mobilier, et la perception des droits de mutation par décès doit être faite en conséquence. (2).

L'art. 27 de la loi du 22 frimaire an 7 dispose qu'à défaut d'un inventaire dressé par un officier public, les héritiers sont tenus de produire à l'appui de leur déclaration d'effets mobiliers un état sous-seing privé détaillé et estimatif.

Le mot, meubles, doit être pris ici dans un sens général, il s'entend des meubles incorporels comme des meubles meublants, et, quand il s'agit de meubles de la première espèce, la constatation faite article par article dans l'inventaire où l'état ne dis-

(1) L. 1362, § 20.

(2) D. M. F., 19 février 1810; 1. 520. Cass., 14 août 1833; 1. 1446, 16.

peuse point de reproduire le détail estimatif des valeurs
dans le corps de la déclaration.

L'obligation de fournir à l'appui de la déclaration
un état des valeurs mobilières n'est imposée qu'aux
héritiers qui savent signer ; dans le cas contraire,
la déclaration de succession doit contenir l'évaluation article par article. (L. 1400.)

Une observation très-essentielle se présente à l'occasion du commentaire de l'art. 27 : les immeubles
par destination ne constituent pas une valeur distincte
du fonds auquel ils appartiennent, leur revenu grossit
celui de l'immeuble, mais il ne doit jamais être l'objet
d'une évaluation séparée (1).

Aux termes de l'art. 39 de la loi du 22 frimaire
an 7, les successions, les dons éventuels et les legs
doivent être déclarés dans les délais légaux, sous
peine du demi-droit en sus ; les omissions et les in-
suffisances dûment constatées dans les estimations
des biens déclarés sont soumises au droit en sus.
Cette double peine pèse, le cas échéant, sur les
tuteurs et les curateurs *personnellement*.

Je ne distinguerai pas d'ailleurs entre le père *administrateur légal* de ses enfants mineurs et le *tuteur*
proprement dit ; revêtus de la même mission, ils doivent encourir la même responsabilité.

Le législateur a usé, à juste titre, de plus de sé-
vérité pour une réticence par elle-même suspecte
de fraude que pour un retard qui est presque tou-

(1) Cass., 20 juillet 1812 ; D. M. F., 4 mai 1815.

jours le résultat de la négligence ou de l'ignorance.

Les peines sont personnelles, elles ne peuvent être transportées d'une tête sur une autre; il en résulte que le décès de l'héritier passible d'un droit ou demi-droit en sus a pour effet d'éteindre la peine (1).

Examinons un moment l'hypothèse suivante : une succession est recueillie par une femme sous puissance de mari; le droit de mutation par décès encouru n'a pas été acquitté dans le délai légal; le mari est-il personnellement responsable du demi-droit en sus ? Nonobstant l'objection tirée de ce que les dispositions légales, surtout en matière de peine, sont de droit strict, je crois devoir assimiler le mari au tuteur; en effet, la position du mari vis-à-vis de sa femme n'est-elle point identique à celle du tuteur à l'égard du mineur ? Mandataire légal, il est tenu d'accomplir le mandat tant qu'il en demeure chargé, il *répond des dommages-intérêts qui pourraient résulter de son inexécution*, ainsi que des *fautes* qu'il peut commettre dans sa gestion (art. 1991, 1992).

Ces dispositions ont trait, il est vrai, au mandat conventionnel, mais qu'importe si l'obligation du mari résulte de la loi elle-même, et cette obligation consiste pour lui dans l'acquittement du droit de succession pendant le délai légal; s'il n'y satisfait point, il répond du retard qui provient de son fait et que la loi punit du demi-droit en sus.

De ce que cette peine est à la charge personnelle

____

(1) D. M. F., 15 juillet 1806.

du mari, il s'ensuit qu'elle s'éteint par son décès, mais qu'elle subsiste, malgré celui de la femme.

La justification des omissions s'établit par tous les actes présentés à la formalité; les documents les plus utiles à consulter sont les liquidations, les partages, les procès-verbaux de vente de meubles, les inventaires.

La comparaison du prix exprimé dans les actes de cession de droits successifs *mobiliers* avec la déclaration des forces mobilières de la succession est un moyen de contrôle qu'il convient de ne jamais négliger.

Cependant, l'estimation des meubles faite dans un inventaire doit être prise pour base de la déclaration de succession, préférablement au prix de la vente aux enchères, si du moins il ne s'élève aucune contestation sur l'exactitude et la sincérité de l'évaluation contenue dans l'inventaire (1).

Dans ses investigations pour asseoir l'impôt, l'Administration ne peut recourir aux voies si souvent périlleuses et toujours délicates de la preuve testimoniale, du serment et de la commune renommée (2). Mais, dans certains cas, elle est fondée à invoquer les présomptions légales, il en est ainsi quand elle prétend qu'une créance non échue à l'époque du décès du *de cujus* aurait dû être comprise dans la déclaration de sa succession, la libération anticipée

(1) Rap. Cass., 23 février et 10 mai 1858; I. 2105 § 4.

(2) Rap. Cass., 29 février 1860; I. 2183, § 4; 19 mars 1862; I. 2225, § 4.

du débiteur ne se suppose point, si cependant elle a eu lieu, il appartient aux héritiers d'en rapporter la preuve (1).

Les fonds publics, les actions et les obligations des compagnies ou sociétés d'industrie et de finances étrangères échappaient anciennement à l'impôt établi pour les transmissions entre-vifs à titre gratuit et les mutations par décès. Les art. 7 de la loi du 18 mai 1850 (1. 1852) et 11 de celle du 13 mai 1863 (1. 2245), ont fait cesser cette double immunité.

Observons, néanmoins, les termes restrictifs de ces articles : la transmission entre-vifs à titre gratuit n'est soumise à l'impôt que si *elle s'opère au profit d'un Français* ; pour l'exigibilité du droit de mutation par décès, il faut que les valeurs dépendent *d'une succession régie par la loi française*. Et dans quel cas cette circonstance existe-t-elle ? C'est quand l'auteur de la succession avait son domicile en France.

Le législateur n'a point exigé ces conditions de nationalité ou de domicile, lorsqu'il s'agit de la mutation par décès ou de la transmission entre-vifs à titre gratuit d'inscriptions sur le grand livre de la dette publique (2).

La loi du 18 mai 1850 n'a point été promulguée dans les colonies, il en résulte qu'il n'est dû aucun

(1) Art. 1315. Rap. Cass., 8 février 1854; 1. 2015 § 4.

(2) Loi du 18 mai 1850, art. 7, 1er alinéa.

droit de mutation par décès à raison de rentes sur l'Etat dépendant d'une succession ouverte dans l'une ou l'autre de nos colonies. (1)

Avant la promulgation de la loi créatrice de l'impôt, en matière de rentes sur l'Etat, une inscription sur le grand livre de la dette publique a été recueillie en nue-propriété par l'héritier naturel, et en usufruit par un légataire. Il importe de rechercher si le décès de l'héritier survenu depuis la loi du 18 mai 1850 avant l'extinction de l'usufruit, peut donner ouverture au droit de mutation sur un capital formé de vingt fois le cours de la rente; l'on ne doit pas se préoccuper de ce que l'impôt n'ait pas été acquitté lors de la création de l'usufruit, car l'affranchissement du droit produit l'effet du paiement, comme la prescription; l'action du trésor ne peut point naître, et, en effet, il s'agit uniquement de savoir si le fait auquel on veut rattacher la perception de l'impôt emporte mutation de la matière imposable; évidemment non; la transmission ne porte plus que sur la nue-propriété; quant à l'usufruit, il en a été détaché en vertu d'un titre que le principe de non-rétroactivité de la loi protège contre toute perception. S'il est vrai d'ailleurs que, dans l'espèce, les termes de l'art. 15 n° 7 de la loi du 22 frimaire ne vont pas jusqu'à atteindre la réunion de l'usufruit à la propriété, comment admettre une règle de per-

____

(1) Rap. Cass., 12 août 1857; 1. 2114, § 9.

ception différente, quand la nue-propriété est transmise, avant que l'usufruit ne soit éteint (1).

Si l'impôt atteint tous les objets situés en France, il ne peut s'exercer à l'extérieur, tel est le motif pour lequel les créances payables en pays étranger et le mobilier corporel qui s'y trouve, à l'époque de l'ouverture d'une succession, doivent échapper à la perception du droit de mutation par décès (2).

Mais, réciproquement, quand une succession se compose de créances hypothéquées sur des immeubles situés à l'intérieur ou seulement payables en France, l'exigibilité de l'impôt ne saurait être contestée. En effet, du moment que les héritiers jouissent de la protection des lois françaises pour le recouvrement de leurs créances, n'est-il pas juste qu'en retour ils en supportent les charges? Voilà, en pareil cas, la raison d'être de l'impôt, l'idée juridique qui préside à sa perception. Il n'y a point, d'ailleurs, à se préoccuper du domicile de l'auteur de la succession (3).

« Considérant, dit le Conseil d'État, qu'aux termes » de l'art. 4 de la loi du 22 frimaire an 7, le » droit de mutation est établi pour toute transmis-

(1) Rap. les considérants de l'arrêt de la Cour de cassation du 27 décembre 1847, 1. 1816.

(2) Rap. D. M. F., 14 pluviôse, 21 messidor, 12 thermidor an 12 ; 10 floréal et 25 thermidor an 13 ; 1. 290, n°. 36, et 1. 1498, § 6.

(3) Rap. 1. 1229, § 4, avis du Conseil d'État du 11 mars 1829, 1. 1282, § 6 ; Cass. 27 juillet 1819; 16 juin et 10 novembre 1823; 29 août 1837, 1. 1562, § 18 ; 20 janvier 1858, 1. 2118, § 5 ; 29 novembre 1858, 1. 2142, § 7 ; D. M. F., 10 mars 1855, 1. 2003, 1. 2148, § 5.

» sion de propriété de biens meubles ou immeubles,
» soit entre-vifs, soit par décès;

» Que ladite loi ne fait dépendre la perception de
» cet impôt, ni de l'état, ni de la qualité des per-
» sonnes entre lesquelles la transmission s'opère;

» Qu'il suffit pour qu'il soit exigible, que le bien
» transmis soit assujetti à la législation française,
» en raison de sa situation locale;

» Considérant que, si les créances et autres biens
» incorporels n'ont précisément nulle part de si-
» tuation matérielle, il a toujours été permis de
» leur assigner, pour l'application des lois, une
» situation fictive;

» Considérant que la garantie des droits du cré-
» ancier étranger sur le sujet français repose prin-
» cipalement sur la protection que leur accorde la
» loi française;

» Que, tant que l'obligation subsiste, sa matière
» est censée se trouver, en France, au domicile du
» débiteur français;

» Que c'est, en effet, au lieu et sous l'autorité
» des magistrats de ce domicile que le créancier
» vient, en cas d'inexécution du contrat, réclamer
» la somme promise, exercer ses poursuites et re-
» cevoir son paiement;

» Que, par conséquent, c'est audit domicile, plus
» que partout ailleurs, qu'il est raisonnable de fixer
» la situation de la créance dont il s'agit; d'où il
» suit, ainsi que l'ont décidé les arrêts de la Cour
» de cassation des 27 juillet 1819, 16 juin et 10

» novembre 1823, que la transmission qui s'opère
» à l'égard de ladite créance doit être assujettie au
» droit de mutation, quoique le titre 4 de la loi du
» 22 frimaire an 7 ne charge spécialement aucun
» bureau de recevoir en pareil cas la déclaration. »

Certaines actions *mobilières* peuvent être *immobilisées* par une déclaration formelle. Telles sont les
rentes sur l'État, les actions de la Banque de France,
celles des canaux d'Orléans et du Loing (1).

Toutefois l'immobilisation d'une action ou d'une
rente ne lui imprime pas le caractère d'un immeuble
réel et territorial ; une valeur étrangère, par exemple,
conserve sa nature mobilière dans la succession ouverte en France, et, dès lors, elle est soumise à la
perception des droits de mutation par décès, attendu
que, sous ce rapport, la loi du 18 mai 1850 ne distingue pas les fonds publics restés meubles des fonds
publics immobilisés (2).

Les valeurs françaises immobilisées doivent être
généralement déclarées à Paris, siège le plus ordinaire de leur administration (3).

Il y a prescription pour la demande des droits,
après deux ans, à compter du jour de l'enregistrement, s'il s'agit d'un droit non perçu sur une disposition particulière dans un acte, ou d'un supplément
de perception insuffisamment liquidée, ou d'une

____

(1) Décrets des 16 janvier 1808, 1ᵉʳ mars 1808 et 16 mars 1810.
(2) Cass., 28 juillet 1862, I. 2239, § 7.
(3) Rap. les motifs de l'I. 2005, § 7.

fausse évaluation dans une déclaration, pour la constater par voie d'expertise.

Les parties sont également non recevables, après le même délai, pour toute demande en restitution de droits perçus (1).

Les prescriptions de trois et de cinq ans établies par les n°s 2 et 3 de l'art. précité de la loi de frimaire, pour la demande des droits concernant les omissions de biens dans les déclarations de succession et les mutations par décès non déclarées, ont été étendues, la première prescription, à cinq ans, à partir du jour de la déclaration, et la seconde, à dix ans, à dater du jour du décès (2).

Le même évènement qui fait courir le délai relativement à la déclaration de succession constitue le point de départ du délai pour la prescription de la demande des droits de mutation par décès. Cette règle de réciprocité est fondée sur un principe d'équité, c'est le cas d'invoquer la maxime : *contra non valentem agere non currit prescriptio* (3).

Je ferai toutefois remarquer que si un militaire en activité de service décède hors de son département, mais *en France*, la prescription décennale des droits de mutation court à compter du jour de l'ouverture de la succession et non de celui de l'inscription du décès sur les registres de l'état civil

(1) Loi du 22 frimaire an 7, art. 61, n° 4.
(2) Loi du 18 mai 1830, art. 11, I. 1852.
(3) Rap. Cass., 20 frimaire an 14, 5 septembre 1810, 8 mars 1826, I. 1189, § 5; 20 août 1827, I. 1229, § 3.

de la commune où le décès a eu lieu ; l'on ne doit pas, en effet, dans un cas pareil, supposer la tardiveté de l'inscription (1).

Aux termes de l'art. 26 de la loi du 8 juillet 1852 (I. 1933), les droits de mutation par décès des inscriptions de rentes sur l'État et les peines encourues, en cas de retard ou d'omission de ces valeurs dans les déclarations de succession, ne se prescrivent que par trente ans.

Pour les mutations par décès et les transmissions entre-vifs à titre gratuit d'inscriptions sur le grand livre de la dette publique, de fonds publics, d'actions et obligations des compagnies ou sociétés d'industrie et de finances étrangères, le capital servant à la liquidation du droit d'enregistrement est déterminé par le cours moyen de la bourse au jour de la transmission, et s'il s'agit de valeurs non cotées à la bourse, par la déclaration estimative des parties, conformément à l'art. 14, n° 8, de la loi du 22 frimaire an 7, sauf l'application du droit en sus, en cas d'insuffisance de l'estimation (2).

Les récoltes sont immeubles par suite de leur adhérence au sol, elles ne se mobilisent qu'après en avoir été détachées ; elles peuvent, seulement alors, faire l'objet d'une évaluation distincte de celle à asseoir sur l'immeuble qui les a produites, ce sont

(1) Rap. Cass., 24 juillet 1851, I. 1900, § 3.
(2) Lois du 18 mai 1850, art. 7, et du 13 mai 1863, art. 11.

là les fruits naturels et industriels que l'on acquiert par la perception. (Art. 585.)

Les fruits civils, tels que les loyers des maisons, les prix des baux à ferme, les intérêts des capitaux, les arrérages des rentes, s'acquièrent jour par jour (art. 586); ils doivent être déclarés, indépendamment du bien à l'occasion duquel ils sont nés, depuis le jour de la dernière échéance jusqu'à celui du décès du *de cujus exclusivement*. Ainsi, un héritier est tenu d'acquitter les droits de mutation sur les *intérêts d'une créance*, courus à l'époque de l'ouverture de la succession; son absence de déclaration, à cet égard, constitue, à la rigueur, une omission passible de la peine du droit en sus, car l'employé qui liquide les droits ne peut pas savoir si le paiement des intérêts n'a point eu lieu par anticipation; mais, ici, entre l'omission et l'insuffisance de perception, la ligne de démarcation est moins nettement accusée que dans un autre cas, de là la nécessité d'éclairer les parties en dirigeant leur déclaration. (I, 1263, § 5.)

Les créances même d'un recouvrement douteux doivent être intégralement déclarées, à moins que les héritiers *ne déclarent d'une manière expresse y renoncer par suite de la prescription ou de l'insolvabilité absolue des débiteurs*; il appartient à l'administration seule, eu égard aux circonstances de l'affaire, d'accepter ou de rejeter cette renonciation. Il est à remarquer que la renonciation ne saurait être partielle; le recouvrement d'une partie des créances fait supposer la possibilité de l'entier acquittement des débiteurs (1).

Si les créances sont plus tard recouvrées, les droits de mutation par décès redeviennent exigibles.

Les baux ordinaires où la perception des fruits est le prix du travail du fermier ne sont point passibles des droits de mutation par décès; mais il n'en est pas ainsi de l'emphytéose.

Le bail emphytéotique est un contrat par lequel le propriétaire concède, pour une longue période de temps, un terrain ordinairement improductif, à la charge par le preneur de l'améliorer, d'acquitter, en retour de sa jouissance, une modique redevance, et sous la condition de ne pouvoir être dépossédé par le bailleur ou ses héritiers, tant que la redevance sera exactement servie (2).

La loi du 22 frimaire an 7 et le Code Napoléon sont muets sur cette convention qui avait été permise par la loi des 18-29 décembre 1790, mais sans que la durée du bail pût néanmoins excéder trois générations, ou quatre-vingt-dix-neuf ans (le terme ordinaire de la vie de l'homme n'étant pas présumé dépasser en moyenne trente-trois ans).

L'effet du bail emphytéotique est, pendant sa durée, de créer, au sein de la propriété, une sorte de propriété nouvelle attributive d'un droit réel au profit du preneur, et ce droit, le preneur peut

(1) Rap. D. M. F., 12 août 1806 ; Cass., 24 avril 1861, I. 2201, § 5.
(2) Troplong, du louage, n° 32.

l'aliéner et l'hypothéquer, sauf l'exercice des droits du bailleur, à l'expiration de l'emphytéose.

Il faut dès lors en conclure que la propriété temporaire concédée au preneur donne ouverture au droit de transmission à titre onéreux et engendre à son décès une mutation passible de l'impôt proportionnel ; la base de la perception est la suivante : Il y a lieu, après avoir déterminé la valeur totale de l'immeuble, de fixer celle du domaine direct, en imputant sur la valeur totale, celle du domaine utile transmis à l'emphytéote, eu égard au temps pendant lequel il doit durer (1). C'est en un mot une déclaration estimative imposée à la partie, en conformité de l'art. 16 de la loi du 22 frimaire an 7.

A quel signe reconnait-on le bail emphytéotique ? Il n'est guère possible d'indiquer, à cet égard, une règle fixe. A mes yeux, la concession du droit d'hypothèque au profit du preneur forme le trait dominant et le plus caractérisque de ce contrat ; on peut aussi subsidiairement le préjuger de certaines stipulations particulières, comme la modicité de la redevance, la longue durée du bail, une assez grande latitude conférée à l'emphytéote, relativement à l'administration et à la culture du bien (2).

Arrêtons-nous un instant sur le bail à convenant ou à domaine congéable usité aux termes de la loi

(1) Rap. Cass., 1er avril 1840, 21 juillet 1843 ; Dalloz, Enreg., nos 3033, 3034 ; 6 mars 1850, I. 1857, § 7 ; 17 novembre 1852, I. 1986, § 7.
(2) Rap. Cass., 26 janvier 1864 ; D. P., 64, 1. 83.

des 30 mai-6 août 1791, dans trois départements de l'ancienne province de Bretagne, le Finistère, le Morbihan et les Côtes-du-Nord (1). Ce bail se présente sous un point de vue complexe ; il renferme deux stipulations distinctes : une transmission de la jouissance du fonds et une vente des édifices et superficies au profit du domanier ou fermier, mais sous la réserve, en faveur du bailleur, de congédier le preneur en lui remboursant la valeur à dire d'experts desdits édifices et superficies.

Si la résolution de la vente n'a point eu lieu avant l'ouverture de la succession du domanier, il s'opère alors, au profit de ses héritiers, une transmission de biens meubles, passible du droit de mutation par décès.

CHAPITRE II.

Des qualités requises pour succéder.

Art. 725. La capacité consiste dans la réunion des qualités nécessaires pour succéder ; depuis l'abolition de la mort civile, ces qualités se réduisent à deux ; il faut : 1° être conçu à l'époque de l'ouverture de la succession ; 2° être né viable.

Par une faveur bienveillante, la loi a cru devoir rattacher l'existence au fait de la conception, *infans*

(6) Rap. Duvergier, louage, n° 218.

conceptus pro nato habetur, quoties de commodis agitur.

Il s'élève naturellement la question de savoir quand l'enfant est conçu; il faut s'en référer à la présomption légale d'après laquelle la durée de la grossesse alterne entre deux termes extrêmes; elle ne peut pas être moindre de cent quatre-vingts jours ni dépasser le trois centième (art. 312, 314 et 315).

L'enfant est-il né moins de trois cents jours après le décès du *de cujus* ? par cela seul qu'en vertu de la présomption énoncée en l'art. 315, il est réputé avoir été conçu lors de l'ouverture de la succession, il a qualité pour la recueillir, car l'on ne saurait séparer la question de légitimité de celle de successibilité sans tomber dans l'arbitraire, en confiant le sort de l'enfant à des enquêtes nécessairement pleines d'incertitude et de danger (1).

La preuve que l'enfant est né vivant doit être fournie par celui à qui cette naissance peut profiter, et la preuve résulte de la constatation de la vie de l'enfant faite par le registre de l'état civil des naissances, l'acte de naissance fait foi jusqu'à inscription de faux (2).

(1) Rap. Cass., 8 février 1821, Sirey, 21, 1, 404; 28 novembre 1833, D. P., 33, 1, 85; C. Paris, 19 juillet 1819, Sirey, 19, 2, 215; Orléans, 16 mars 1852; Grenoble, 20 janvier 1853, D. P., 53, 2, 39; Toullier, t. 4, n° 95; Duranton, t. 6, n° 72; Vazeille, art. 725, n° 7; Belost-Jolimont sur Chabot, art. 725, observ. 1.

(2) Rap. Chabot sur l'art. 725, n° 13; Toullier, t. 4, n°s 47 et 101; Duranton, t. 6, n°s 77, 78, Poujol, t. 1, p. 100 et 101; Merlin, quest. de dr., v° vie, § 1; Vazeille sur l'art. 725, n° 3; Marcadé, id.; Demolombe, ibid., n° 186; C. Paris, 13 floréal an 13; D. P., 2, 295.

Si l'enfant a été présenté non vivant à l'officier de l'état civil, le procès-verbal qui en est dressé ne se rapporte qu'au seul fait de la présentation, il ne constate ni que l'enfant soit né vivant, ni qu'il soit mort-né ; on doit, alors, faire appel au témoignage des personnes présentes à l'accouchement, et leurs dépositions font foi entière de ce qu'elles attestent (1).

Un grand intérêt s'attache quelquefois à savoir si l'enfant est ou n'est point né vivant ? « Ce qui peut » faire cette question, disait Domat, ce n'est pas » l'intérêt de ces enfants mêmes, mais celui d'autres » personnes. Ainsi, par exemple, si une veuve ac- » couche, après la mort de son mari, d'un enfant » de quatre ou cinq mois, qui meure aussitôt après » sa naissance, la question sera entre cette veuve, » qui demandera ce que les lois lui donnent sur » les biens paternels de son enfant qu'elle prétendra » avoir succédé à son père, et les héritiers du père » qui prétendront que cet enfant, n'ayant pu vivre, » n'a pu succéder. Sur quoi, il faudra juger s'il a » pu succéder à son père ou non. Et il en sera de » même pour les biens maternels de l'enfant, si, » ayant survécu à sa mère morte de l'accouchement, » le père demandait contre les héritiers de la mère » ce qui lui reviendrait des biens maternels de cet » enfant. »

(1) Rap. C. Bastia, 18 mars 1842 ; Dalloz, jurisp. gén., actes de l'état civ., n° 144 ; Merlin, Chabot, Duranton, *loc. cit.* ; Toullier, n° 96.

Mais Domat partageait, on le voit, l'avis de certains jurisconsultes de son temps qui reconnaissaient la capacité de succéder à l'enfant né avant terme, tandis que le droit nouveau la lui refuse.

La viabilité consiste dans la réunion des aptitudes physiques nécessaires à la vie ; pour être héritier, l'enfant ne doit pas naître avec un germe de mort inévitable, mais n'a-t-il vécu après le *de cujus* qu'un espace de temps imperceptible, une seconde, il a été capable de lui succéder, si, doué d'une bonne conformation, il a succombé par accident. (1)

Mais comment apprécier si l'enfant est né viable ? C'est là une question qui rentre surtout dans le domaine de l'art médical, à moins que l'enfant n'ait présenté depuis sa naissance, comme disait Ricard, *une continuation de vie assez considérable*, pour qu'il soit manifeste qu'il ait vécu. (2)

La viabilité se présume. (Art. 902, 1123.) Le fardeau de la preuve de la non-viabilité incombe à celui qui est intéressé à l'établir. (3)

Les articles 726 et 912 étaient ainsi conçus :

Art. 726. « Un étranger n'est admis à succéder » aux biens que son parent, étranger ou Français,

(1) Rap., C. Angers, 25 mai 1822 ; Sirey, 25, 2, 102 ; Bordeaux, 8 février 1830 ; D. P., 30, 2, 160 ; Merlin, quest. de dr., v° vie, § 1 ; Duranton, t. 6, n° 77 ; Demolombe, sur l'art. 725, n° 170.

(2) Traité des donations, t. 2, chap. 5, n° 500.

(3) Rap., C. Limoges, 12 janvier 1813 ; Sirey, 13, 2, 361 ; arrêts précités des Cours d'Angers et de Bordeaux ; Merlin, *loc. cit.* ; Chabot, sur l'art. 725, n° 12 ; Toullier, t. 4, n°s 97, 101 ; Delvincourt, t. 2, p. 13 ; Vazeille et Marcadé, sur l'art. 725 ; Demolombe, même article, n° 187.

» possède dans le territoire de l'empire, que dans le
» cas et de la manière dont un Français succède à
» son parent possédant des biens dans le pays de
» cet étranger. »

Art. 912. « On ne pourra disposer au profit d'un
» étranger, que dans le cas où cet étranger pourrait
» disposer au profit d'un Français. »

L'extranéité n'est plus aujourd'hui un obstacle relatif à la capacité de succéder et de disposer à titre
gratuit. Cette peine du talion, si j'osais dire, peu
compatible avec l'esprit de notre siècle a été abolie
par la loi du 14 juillet 1819, dont les articles 1
et 2 disposent en ces termes :

Art. 1er « Les articles 726 et 912 du Code Na-
» poléon sont abrogés; en conséquence, les étran-
» gers auront le droit de succéder, de disposer et
» de recevoir de la même manière que les Français
» dans toute l'étendue de l'Empire. »

Art. 2. « Dans le cas de partage d'une même
» succession entre des cohéritiers étrangers et Fran-
» çais, ceux-ci prélèveront sur les biens situés en
» France une portion égale à la valeur des biens
» situés en pays étranger, dont ils seraient exclus,
» à quelque titre que ce soit, en vertu des lois ou
» coutumes locales. »

Art. 727-728. La capacité n'est point indélébile,
elle peut être anéantie par des faits personnels à
l'héritier; c'est ce que l'on appelle l'indignité.

Le Code déclare indignes de succéder, et, comme
tels, exclus des successions :

« 1° Celui qui serait condamné pour avoir donné
» ou tenté de donner la mort au défunt ;

» 2° Celui qui a porté contre le défunt une ac-
» cusation capitale jugée calomnieuse ;

» 3° L'héritier majeur qui, connaissant le meurtre
» du défunt ne l'aura pas dénoncé à la justice, à
» moins que le meurtrier ne soit son ascendant ou
» descendant propre ou par alliance, son conjoint ou
» son collatéral, au troisième degré inclusivement ».

Il faut une condamnation ; l'indignité ne serait donc
point encourue, si l'héritier, auteur ou simplement
complice du crime, venait à mourir avant ou pendant les poursuites, mais avant la prononciation de
l'arrêt. (1)

Il ne saurait dépendre ni de la clémence de l'Em-
pereur, ni de la volonté de la victime, d'effacer la
peine de l'indignité que, pour de hautes considérations d'ordre et de morale publics, le législateur in-
flige au coupable ; la grâce, d'ailleurs, éteint la
peine mais non le crime, et, quant au pardon, il
est évident qu'il ne peut pas précéder l'application
de la peine. (2)

L'indignité enlève à l'héritier le bénéfice de la
saisine ; elle l'anéantit, non-seulement pour l'avenir,

(1) Rap. Merlin, Rép. v° Indignité, n° 5 ; Chabot, art. 727, n° 8 ;
Vazeille, art. 727, n° 9 ; Duranton, t. 6, n° 97 ; Demolombe, art.
727, n° 225.
(2) Rap. Delvincourt, t. 2, p. 13, note 3, et p. 25, note 14 ;
Duranton, t. 6, n° 98 et 109 ; Toullier, t. 4, n° 107 ; Marcadé,
art. 728, n° 2 et 3 ; Demolombe, art. 727, n° 226.

mais encore dans le passé; elle produit un effet définitif et irrévocable. (1)

La Cour de Bordeaux a jugé le 1er décembre 1853,
D. P. 54, 2, 158, que, si un héritier est condamné
pour avoir donné ou tenté de donner la mort au
défunt, l'indignité est attachée par l'art. 727 au seul
fait de la condamnation criminelle; l'intervention du
juge civil est donc inutile, en présence de l'arrêt de
la Cour d'assises basé sur le verdict de culpabilité
du jury. Cependant, suivant l'opinion de la généralité
des auteurs, comme l'exclusion de la succession est
une peine civile, l'action en indignité doit être portée
devant le tribunal civil, ou du moins être poursuivie
simultanément et devant les mêmes juges que l'action
criminelle; cette doctrine me paraît devoir être
suivie de préférence (2).

La déclaration d'indignité peut être prononcée
contre les héritiers de l'indigne, quand même l'action
n'aurait pas été formée pendant sa vie; s'il en était
autrement, ne verrait-on pas quelquefois les héritiers
recueillir le fruit du crime de leur auteur, en s'en-
richissant des dépouilles de sa victime? (3)

Art. 729. L'indigne est assimilé à un possesseur
de mauvaise foi, il est tenu de restituer tous les

(1) Argument d'analogie de l'art. 1185; Rap. C. Rouen, 21 prairial
an 13, et 5 messidor an 13; Dev. et Carr., collect. nouv., 2, 2,
60 et 66.

(2) Rap. Toullier, t. 4, no 113; Duranton, t. 6, no 115; Vazeille,
art. 727, no 15; Poujol, art. 727, no 14; Marcadé, art. 727, no 6;
Demolombe, art. 730, nos 275 et s.

(3) Rap. Demolombe, art. 730, no 279.

fruits et revenus des biens dont il a eu la jouissance depuis l'ouverture de la succession.

Les aliénations à titre onéreux ou gratuit, à plus forte raison, les actes d'administration consentis par l'indigne avant le jugement qui le déclare tel, doivent être maintenus, et l'on comprendrait difficilement qu'il pût en être autrement, il n'y a pas lieu de faire ici l'application de la maxime : *resoluto jure dantis, resolvitur jus accipientis.*

Jusqu'au jugement d'indignité, l'héritier est resté saisi des biens vis-à-vis des tiers, il les a détenus à titre de propriétaire incommutable, la saisine n'est rétroactivement résolue qu'au point de vue des rapports personnels de l'indigne à l'égard de la succession ; les droits concédés aux tiers de *bonne foi* doivent leur être d'autant mieux conservés que l'indignité, comme le dit Chabot, est un cas très-rare, et que les faits qui le constituent sont presque toujours secrets. Une autre considération me touche d'ailleurs ; aux termes de l'art. 958, les aliénations faites par le donataire accusé d'ingratitude sont maintenues, si elles sont antérieures à l'inscription de l'extrait de la demande en marge de la transcription ; mais cet avertissement au profit des tiers n'est point possible, en matière d'indignité, et voilà pourquoi il paraît alors juste de se montrer plus large que dans le cas prévu par l'article précité (1).

(1) Rap. C. Bordeaux, 1er décembre 1855 ; D. P., 54, 2, 158 ; Duranton, t. 6, nos 126 et 127 ; Vazeille, Poujol et Marcadé sur l'art. 729 ; Belost-Joliment sur Chabot, art. 727, obs. 4.

L'indigne est réputé n'avoir jamais succédé, il en résulte qu'une fois l'indignité prononcée les droits actifs de l'héritier contre la succession, jusqu'alors éteints par la confusion, viennent à revivre et réciproquement. (1)

Rien n'empêcherait l'héritier de recueillir les biens du défunt dans une autre succession que celle dont il aurait été écarté comme indigne; ainsi, l'un des fils succède à son père auquel un autre fils a donné la mort, l'indigne aura le droit de réclamer dans la succession de son frère les valeurs paternelles dévolues à ce dernier. (2)

CHAPITRE III.

Des divers ordres de successions.

SECTION Ⅰ.

Dispositions générales.

Art. 731. La loi distingue trois ordres d'héritiers légitimes ou réguliers, les descendants, les ascendants et les collatéraux.

Cette classification semble un peu restreinte; les auteurs reconnaissent généralement une quatrième classe d'héritiers qui est une dérivation des deux der-

---

(1) Rap. Toullier, t. 4, n° 116; Duranton, t. 6, n°s 114 et 125; Chabot sur l'art. 730, n° 3; Marcadé, art. 739, n° 3.

(2) Rap. Chabot, art. 730, n° 2; Duranton, t. 6, n° 114; Vazeille, Poujol et Marcadé sur l'art. 739; Demolombe, même art., n° 296.

nières, c'est la classe des ascendants et des collatéraux *privilégiés* qui sont les père et mère, les frères
et sœurs ainsi que leurs descendants.

Art. 732. Le législateur ne considère ni la nature
ni l'origine des biens pour en régler la dévolution.

Il en était ainsi dans le droit Romain; mais, sous
l'ancien droit, on recherchait dans les pays de coutumes la nature et l'origine des biens, on les divisait
en nobles et roturiers, en meubles et immeubles, en
propres et acquêts, en paternels et maternels; les
biens paternels s'en allaient aux parents paternels,
les biens maternels aux parents maternels; on exprimait cette règle de transmission par ces mots bien
connus : *paterna paternis, materna maternis.*

Le Code a proscrit, à juste titre, ces distinctions
qui étaient une source de contestations et de procès
et dont quelques-unes étaient, d'ailleurs, contraires
au principe d'égalité devant la loi; il a établi l'unité
de transmission déjà en vigueur sous le droit Romain,
il s'est attaché, pour déterminer l'ordre de succession,
à la proximité de la parenté.

Cette œuvre si remarquable de législation fut promulguée à une époque féconde en grands souvenirs.
C'était peu d'années après l'apaisement de la tour-
mente révolutionnaire, pendant les jours brillants du
Consulat; un nouvel ordre de choses s'était élevé
sur les ruines de l'ancien. Le Premier Consul voulut
consacrer dans l'ordre civil les conquêtes de la
Révolution qui avait passé un niveau égalitaire sur
tous les privilèges; jamais, même parvenu à l'apogée

de la gloire militaire la plus éclatante, il n'apparaît plus grand devant la postérité. Personne n'ignore que cet homme réellement extraordinaire concourut, par des observations souvent justes et lumineuses, aux travaux de rédaction du Code. Tout en empruntant certaines dispositions à la législation ancienne, les auteurs du Code eurent le soin de bannir sévèrement toutes celles qui pouvaient tendre à ressusciter le passé; voilà surtout, sous quel point de vue, on peut dire qu'ils furent à leur tour créateurs.

Art. 735. La parenté est le lien qui unit deux ou plusieurs personnes qui descendent les unes des autres ou d'un auteur commun. C'est l'ensemble, la réunion de toutes ces personnes qui forme la famille.

La proximité de parenté se compte par le nombre de générations, chaque génération s'appelle un *degré*.

Art. 736. La suite des degrés forme la *ligne*; c'est pour me servir d'une comparaison toute matérielle mais frappante, une *échelle*, un *escalier* sur lequel les parents sont placés les uns à la suite des autres chacun suivant son rang; le degré c'est *l'échelon*, la *marche*, en un mot, l'intervalle qui existe entre les deux pieds.

Il y a deux lignes, la ligne directe et la ligne collatérale; la première est la suite des degrés entre les personnes qui descendent les unes des autres, la seconde est la suite des degrés entre les personnes qui, sans descendre les unes des autres, descendent d'un auteur commun.

La ligne directe se subdivise en ligne descendante

et en ligne ascendante ; la première est celle qui lie
le chef de la famille avec ceux qui descendent de
lui, la seconde est celle qui lie une personne avec
ceux dont elle descend.

Art. 737. Le nombre de générations s'établit en
ligne directe par celui des degrés ; ainsi le fils est
au premier degré à l'égard de son père, le petit-fils
au second, à l'égard de son aïeul, etc. ; et réciproquement du père et de l'aïeul à l'égard du fils et
du petit-fils.

Art. 738. En ligne collatérale, les degrés se comp-
tent par les générations depuis l'un des collatéraux
jusques et non compris l'auteur commun, et depuis
celui-ci jusqu'à l'auteur collatéral ; ainsi deux frères
sont au second degré, et le neveu au troisième, les
cousins-germains au quatrième, etc.

On ne peut mieux se pénétrer de la supputation
des degrés qu'en formant un arbre généalogique où
les numéros représentent les degrés de la parenté :

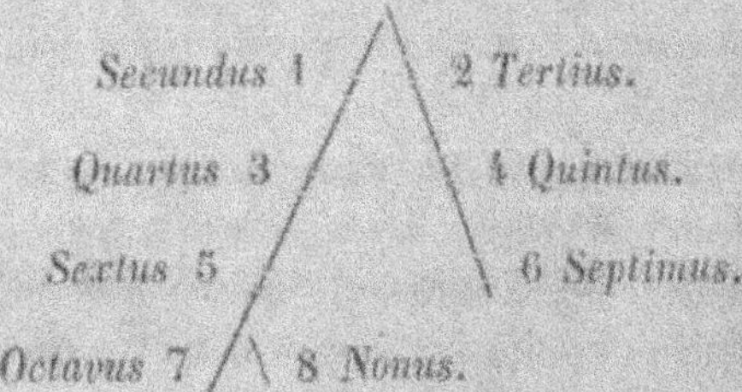

L'auteur commun, c'est la souche d'où naissent
les enfants, comme l'arbre est le tronc, la tige qui

produit des branches, et de même que la branche est susceptible de devenir, à son tour, une souche d'où sortiront de nouvelles branches et ainsi de suite, l'un des enfants peut être le germe d'une famille nouvelle qui se reliera à l'ancienne, de manière à ne former ensemble qu'un tout.

Le Code Napoléon a suivi, relativement à la supputation des degrés, le système du droit Romain, il s'est écarté du droit canonique qui compte les degrés seulement d'un côté ; ainsi, avec ce mode de procéder, deux frères sont au premier degré, un oncle et un neveu au second , etc.

Art. 733. Toute succession échue à des ascendants ou à des collatéraux se divise en deux parts ; l'une appartient aux parents paternels , l'autre aux parents maternels. Les *parents germains* ou des deux côtés prennent part dans chaque ligne ; les parents *utérins* ou du côté de la mère, dans la ligne maternelle, seulement ; les parents *consanguins* ou du côté du père dans la ligne paternelle (sauf ce qui sera dit à l'article 752). Il ne se fait aucune dévolution d'une ligne à l'autre, que lorsqu'il ne se trouve aucun ascendant ni collatéral de l'une des deux lignes.

La division des biens entre les deux lignes porte le nom usuel de *fente*.

Le droit accordé à un parent germain de succéder dans les deux lignes est si général qu'il s'exercerait même quand le double lien de parenté se réunirait dans une autre personne qu'un frère, une sœur, ou un de leurs descendants.

Une espèce tout à fait caractéristique s'est présentée devant la Cour de Rouen. Une personne avait épousé sa cousine germaine; l'enfant issu de cette union mourut après son père. La mère pouvait-elle recueillir l'entière succession de son enfant, la moitié comme ascendante, et l'autre moitié comme parente au degré collatéral le plus rapproché? La Cour l'a ainsi jugé et sa décision ne saurait être contestée. En effet, la qualité de mère ne met point obstacle à l'existence d'un autre lien de parenté, elle ne l'exclut ni ne l'absorbe; dans l'espèce, la qualité de mère et celle de cousine au cinquième degré pouvaient très-bien coexister (1).

Cette loi fondamentale de la division par ligne tend à maintenir un juste équilibre dans les forces de la société, c'est un heureux passage entre deux écueils : une trop grande concentration de la propriété dans les mêmes mains ou son morcellement à l'infini.

Art. 734. Cette première division opérée entre les lignes paternelle et maternelle, il ne se fait plus de division entre les diverses branches; mais la moitié dévolue à chaque ligne appartient à l'héritier ou aux héritiers les plus proches en degrés, sauf le cas de la représentation, ainsi qu'il sera dit ci-après.

Pour bien faire saisir la portée de cette règle, il me paraît utile de poser un exemple. Une personne

____

(1) Rap. 22 janvier 1841 ; Dev. 41, 2, 175.

décède sans descendants, ni ascendants, ni frères, sœurs ou descendants d'eux ; elle laisse, dans la ligne paternelle, deux oncles, l'un frère germain, l'autre frère consanguin de son père. Le premier ne peut point recueillir une part plus forte que le second, et pourquoi en est-il ainsi ? C'est qu'il est seulement parent du défunt, comme l'autre oncle, dans une ligne, la ligne paternelle. Dans ce cas, la subdivision par branche constituerait la *refente* que le Code défend d'une manière formelle.

Les alliés ne sont point parents, ils ne peuvent donc recueillir des biens par voie de succession légale, il s'ensuit que les transmissions par décès qui s'opèrent entre alliés sont passibles des droits fixés pour les étrangers (1).

SECTION II.

De la Représentation.

Art. 739. La représentation existait déjà sous le droit Romain ; elle s'implanta, avec quelque difficulté pourtant, dans notre ancienne législation ; de suite, elle a pris place dans nos institutions actuelles ; je la définirai : une fiction de la loi dont l'effet est de faire entrer le représentant, dans la place, le degré et les droits qu'aurait eus le représenté, s'il eût survécu à l'auteur de la succession.

Je ne discuterai pas sur le mot fiction ; une fiction

(1) Rap., par analogie, Cass., 28 janvier 1839, I, 1590, § 3.

a la puissance de la vérité, quand elle émane de la loi.

La représentation n'est pas seulement fondée sur des motifs d'équité et d'humanité, elle tient encore compte des sentiments innés au cœur de l'homme qui généralement éprouve la même affection pour les enfants que pour le père.

Art. 740. La représentation s'exerce à l'infini dans la ligne directe descendante; elle a lieu dans tous les cas, soit que les enfants du défunt concourent avec les descendants d'un enfant prédécédé, soit que tous les enfants du défunt étant morts avant lui les descendants desdits enfants se trouvent entre eux en degrés égaux ou inégaux.

Art. 741. La représentation n'a pas lieu en faveur des ascendants; le plus proche, dans chacune des deux lignes, exclut toujours le plus éloigné.

Cette règle est rationnelle, car l'attachement que l'on a pour les ascendants diminue le plus souvent, à mesure que la parenté s'éloigne.

« La successibilité des descendants, disait l'ora» teur du tribunat, dans son rapport, est autant
» naturelle que légitime, mais celle des ascendants
» est contre la marche ordinaire des évènements:
» on croit voir remonter un fleuve vers sa source;
» l'ordre de la nature est troublé. Il n'y aura donc
» point de représentation pour ce cas extraordinaire. »

Art. 742. La représentation est admise dans la ligne collatérale, mais seulement en faveur des enfants et descendans de frères ou sœurs du défunt.

soit qu'ils viennent à sa succession concuremment avec des oncles ou tantes, soit que tous les frères ou sœurs du défunt étant prédécédés, la succession se trouve dévolue à leurs descendants en degrés égaux ou inégaux.

Art. 744. Comme c'est le représentant qui est personnellement l'héritier du *de cujus*, il doit lui-même se trouver dans les conditions voulues pour succéder ; le bénéfice de la représentation ne saurait donc être invoqué par celui qui a été déclaré indigne.

Le représentant tient ses droits de la loi et non du représenté ; en conséquence : 1° pour exercer la représentation, il n'est pas nécessaire d'être né ou conçu à l'époque du décès du représenté, il suffit de l'être lors de l'ouverture de la succession qu'il s'agit de recueillir (1) ; 2° on peut représenter celui à la succession duquel on a renoncé ou de la succesion duquel on a été exclu comme indigne.

On ne représente pas les personnes vivantes, mais seulement celles qui sont mortes ; en effet, pour pouvoir occuper une place et monter à un degré, il faut nécessairement trouver la place vacante et le degré vide.

Les art. 730 et 787 ne sont, en réalité, que des applications particulières et comme des corollaires du principe fondamental dont je viens de parler.

Le premier de ces articles est ainsi conçu : « Les « enfants de l'indigne, venant à la succession de

(1) Lebrun, liv. 1, ch. 3, n° 11.

» leur chef, et sans le secours de la représentation,
» ne sont pas exclus pour la faute de leur père. »

Et le second porte : « On ne vient jamais par re-
» présentation d'un héritier qui a renoncé; si le
» renonçant est seul héritier de son degré, ou si tous
» ses cohéritiers renoncent, les enfants viennent de
» leur chef et succèdent par tête. »

Comment pourrait-on venir par représentation du successible indigne ou renonçant en qui toute vocation héréditaire s'est éteinte.

Le représentant doit trouver vacants tous les degrés intermédiaires qui le séparaient du *de cujus*; il faut qu'il puisse les remplir tous successivement. La représentation ne fait point de saut, *non per saltum*, disait Lebrun.

L'auteur d'un crime qui entraîne la peine de l'indignité est mort avant l'ouverture de la succession de la victime, ses héritiers peuvent-ils l'y représenter? Cette question délicate me paraît devoir être résolue dans le sens de l'affirmative. L'indignité est évidemment subordonnée à l'ouverture d'une succession, puisqu'elle consiste dans la privation de la qualité *d'héritier*; or, dans l'espèce, cette qualité n'a point été acquise; donc il ne s'agit pas d'un cas d'indignité. L'art. 730 est étranger à l'espèce, il prévoit implicitement la survie du coupable, car son 2ᵉ alinéa dispose en ces termes : « Mais le
» père ne peut, en aucun cas, réclamer sur les
» biens de cette succession l'usufruit que la loi ac-

» corde aux pères et mères sur les biens de leurs
» enfants (1).

L'adopté ne peut point représenter ses père et
mère adoptifs aux successions de leurs ascendants,
car, pour user de la représentation, il faut avoir
soi-même une vocation propre et personnelle à la
succession du *de cujus*; or, dans l'espèce, la vocation
héréditaire n'appartient pas à l'adopté (2).

L'adoption procure à l'adoptant une descendance
fictive semblable, sous beaucoup de rapports, à la
descendance légitime. D'où il suit : 1° Que les enfants
de l'adopté ont le droit de le représenter à la
succession de l'adoptant (3).

2° Que l'adopté est investi d'une réserve sur les
biens de l'adoptant (4).

Mais la successibilité n'est point réciproque entre
le père adoptif et l'adopté; tout se borne, en faveur
de l'adoptant, à un droit de retour dont je déter-
minerai plus loin l'étendue.

Les transmissions issues de l'adoption sont assi-
milées, pour la perception, aux transmissions de

(1) Rap. Favard, v° Succ., sect. 2, § 4; Duranton, t. 6, n° 134,
Marcadé, art. 750, n° 1; Massé et Vergé, t. 2, p. 247; Demolombe,
art. 750, n° 292.

(2) Rap. C. Toulouse, 25 avril 1844; Dev., 45, 2, 69; Duranton,
t. 5, n° 315.

(3) Rap. Cass., 2 décembre 1822; D. P. 22, 1, 489; C. Montpellier,
8 juin 1823; Paris, 27 janvier 1824; D. P. 24, 2, 98; Proudhon,
t. 2, p. 230; Toullier, t. 2, p. 247, n° 1015; Vazeille, art. 740;
Coin-Delisle, art. 914, n° 14; Marcadé, art. 743, n° 3.

(4) Rap. Cass., 29 juin 1825; Dev. 8, 1, 146; Duranton, t. 5,
n° 317; Troplong, des Don., n° 781.

parenté correspondantes, dans les cas où la loi reconnaît à l'adoption la force de la parenté.

Art. 743. Dans tous les cas où la représentation est admise, le partage s'opère par souche : si une même souche a produit plusieurs branches, la subdivision se fait aussi par souche dans chaque branche, et les membres de la même branche partagent entre eux par tête. Ainsi, une personne avait deux fils qui sont morts avant elle, laissant l'un quatre enfants et l'autre deux ; qu'arriverait-il, sans la représentation, c'est que chaque enfant succéderait pour un sixième, ce résultat contrarierait l'équité.

SECTIONS III, IV, V.

Des successions déférées aux descendants, aux ascendants et aux collatéraux.

Art. 745. Les enfants ou leurs descendants succèdent à leurs père, mère et autres ascendants, à l'exclusion de tous les ascendants et collatéraux, par égales portions et par tête, s'ils sont tous au premier degré, ou par souche, s'ils viennent tous ou en partie par représentation. Ils succèdent d'ailleurs sans distinction de sexe ni de primogéniture, et encore qu'ils soient de différents lits.

Art. 746. Les ascendants des deux lignes excluent les collatéraux, autres que les frères, sœurs ou leurs descendants ; la succession se divise par moitié entre les ascendants de la ligne paternelle et les ascendants de la ligne maternelle. L'ascendant le plus proche recueille la moitié afférente à sa ligne, à l'exclusion de tous autres; les ascendants au même degré succèdent par tête.

Art. 748, 751. Si le *de cujus* décédé sans postérité a laissé ses père et mère, ainsi que des frères sœurs ou descendants d'eux, la succession se divise en deux portions égales dont l'une est dévolue au père et à la mère, qui se la partagent également, et l'autre appartient aux frères, sœurs ou descendants d'eux.

Art. 749, 751. Si le père ou la mère est prédécédé, le quart qui lui aurait été dévolu se réunit à la moitié déférée aux frères, sœurs ou à leurs représentants.

Art. 750. Les frères, sœurs ou descendants d'eux, sont appelés à la succession, à l'exclusion des autres collatéraux et des ascendants autres que les père et mère; ils succèdent de leur chef ou par représentation. Et ce droit soit de concourir avec les ascendants privilégiés, soit de succéder à l'exclusion des ascendants et des collatéraux non privilégiés, les descendants des frères ou sœurs l'exercent en vertu de leur vocation propre et personnelle, par l'effet de leur qualité même, ils n'ont nullement besoin à cet égard d'invoquer le bénéfice de la représentation qui saisissant le représentant le fait monter à la place et au degré du représenté; c'est ce qui résulte des termes des art. 748, 749 et 750; on ne peut tirer aucune induction contraire de l'emploi du mot *représentant* dans l'article 751 et dans la disposition finale de l'art. 749. Ce mot est ici synonyme de celui de *descendants* dont le Code se sert dans les art. 748 et 750 et au commencement de l'art. 749 au point de vue d'une vocation héréditaire conférée d'une manière absolue ; l'art. 750 porte d'ailleurs formellement que les descendants des frères ou sœurs succèdent ou de leur chef ou par représentation (1).

Peu importe que les frères et sœurs ne soient que consanguins ou utérins, ils jouissent ainsi que leurs descendants, comme les frères et sœurs germains, du droit d'exclure les autres collatéraux et les ascendants non privilégiés (2).

Art. 752. Le partage de la moitié ou des trois quarts de la succession dévolus aux frères ou sœurs, en concours avec les père et mère ou l'un de ces ascendants seulement, s'opère entre eux par égales portions, s'ils sont tous issus du même lit ; s'ils sont issus de lits différents, la division se fait par moitié entre les lignes paternelle et maternelle du

______

(1) Rap. Chabot, art. 750, n° 5 ; Toullier, t. 4, n°s 217 et s.; Duranton, t. 6, n°s 248, 249 ; Vazeille, art. 749, n° 9 ; Poujol, p. 249 ; Demolombe, art. 749, n° 432.

(2) Rap. Cass., 27 décembre 1809, Sirey 1810, 1, 102 ; C. Bruxelles, 28 thermidor an 12, Sirey, 1805, 2, 20 ; Nancy, 8 frimaire an 13, Sirey, 1805, 2, 39 ; Caen, 25 frimaire an 14 ; Bruxelles, 27 janvier 1804 ; Toulouse, 27 juin 1810 ; Dalloz, v° Success., n° 257 ; Toullier, t. 4, n° 221 ; Duranton, t. 6, n° 251 ; Vazeille, art. 748, 749 ; Poujol, art. 750, n° 36 ; Demolombe, art. 749, n° 433.

défunt ; les frères germains prennent part dans les deux lignes ; les frères utérins ou consanguins, dans la ligne seule où ils sont parents. S'il n'y a de frères, sœurs ou descendants d'eux que d'un côté, ils recueillent la totalité des biens, à l'exclusion de tous collatéraux de l'autre ligne.

Art. 753. 754. A défaut de postérité, de frères, sœurs ou de leurs descendants, s'il n'existe d'ascendants que dans l'une ou l'autre ligne, les ascendants recueillent la moitié de la succession, et l'autre moitié est déférée aux collatéraux les plus proches de l'autre ligne ; les collatéraux du même degré partagent par tête ; mais, dans ce cas, le père ou la mère survivant est encore investi de la jouissance du tiers des biens auxquels il ne succède pas en propriété.

Art. 755. Les parents au delà du douzième degré ne succèdent pas. Lorsqu'il n'y a point de parents au degré successible dans une ligne, ceux de l'autre ligne sont investis du droit de recueillir la succession tout entière.

Art. 747. Les ascendants succèdent, *à l'exclusion de tous autres*, aux biens qu'ils ont donnés à leurs enfants ou descendants décédés sans postérité, quand ces biens se retrouvent en nature dans la succession ; en cas d'aliénation, ils succèdent à la créance du prix ou à l'action en reprise que le donataire pouvait exercer.

Ainsi, les valeurs données se séparent des autres valeurs de la succession du donataire, elles remon-

tent vers leur source, l'ascendant les recueille en
vertu d'une vocation spéciale et privilégiée qui au
besoin lui assure la préférence sur les parents
même d'un degré plus rapproché. Il y a donc
au décès du donataire deux successions distinctes
entre lesquelles il s'élève comme *un mur de séparation* (1).

Cet ordre de succession porte le nom de *retour
légal*. Il faut pour trouver l'origine du retour remonter au droit Romain qui ne l'accordait qu'aux ascendants paternels et comme prérogative de la puissance paternelle; le retour pouvait s'exercer seulement sur les dots et les donations en faveur du
mariage. Il fut reçu en France avec une extension
plus grande; la loi le concéda à la mère et à tous
les ascendants maternels, elle permit de le stipuler
pour toutes espèces de donations indistinctement. Cependant cet ordre de succession ne nous apparaît
pas revêtu partout du même caractère. Dans les
pays de droit écrit, le retour produisait l'effet du
retour conventionnel, il affectait la donation d'une
condition résolutoire; s'il s'ouvrait, il faisait revenir
dans le patrimoine de l'ascendant les biens libres
de toutes charges créées par le donataire. Mais dans
les pays de droit coutumier il n'empêchait pas la
propriété d'être acquise au donataire, à titre incommutable. Ce retour est celui qui a été adopté

(1) Rap. Pothier, des Success., chap. 2, § 2; Chabot, art. 747,
n° 3; Delvincourt, t. 2, p. 49, note 6; Duranton, t. 6, n° 294; Toullier,
t. 4, n° 255; Demolombe, art. 915, n° 127.

par le Code. Rien de plus équitable, de plus rationnel
que l'institution de cet ordre successif; la loi ne
veut pas qu'au moment où il a eu la douleur de
perdre un enfant, objet de sa tendresse, l'ascendant se voit en outre privé d'un bien dont il ne
s'était probablement dépouillé qu'en faveur de cet
enfant; d'autre part, la pensée que l'objet donné
reviendra peut-être un jour dans les mains du donataire est propre à favoriser les libéralités; ce n'est
pas que l'ascendant ne puisse stipuler le retour
conventionnel; mais, comme d'après le nombre des
années il doit précéder le fils dans la tombe, il
lui serait parfois pénible de recourir à une clause dont
la réalisation dans l'avenir suppose le renversement
d'une des lois de la nature; le Code supplée lui-
même à cette clause.

Comme l'ascendant reprend, en vertu d'un droit
successif, les biens qu'il a donnés à son descendant,
l'exercice du retour légal tombe sous la perception
du droit de mutation par décès. (1)

Les enfants naturels légalement reconnus forment-
ils obstacle à l'ouverture du retour légal en faveur
de l'ascendant donateur? Plusieurs auteurs le con-
cèdent, dans la mesure des droits attribués à ces héritiers irréguliers. Ce parti mitoyen ne me paraît
point admissible; car, voici l'alternative qui se présente : ou les enfants naturels sont compris dans le

____

(1) Rap. D. M. F., 29 décembre 1807, I. 566, § 18; Cass., 29
décembre 1829, I. 1307, § 11, et I. 1615, § 5.

mot postérité que le Code emploie, et alors le retour légal est défailli pour le tout, ou bien ils en sont exclus, et, dans ce cas, la vocation privilégiée de l'ascendant s'exerce dans toute sa plénitude. Je crois devoir m'arrêter à la seconde interprétation ; car, dans le sens de l'art. 747 rapproché des autres dispositions du Code qui le précèdent et le suivent, le mot *postérité* ne peut s'entendre que de la postérité légitime. Ne serait-ce pas d'ailleurs méconnaître le vœu de l'ascendant que de reporter les effets de sa libéralité sur l'enfant naturel du donataire qui ne lui était uni par aucun lien de parenté et dont la présence n'a été vraisemblablement pour lui qu'un sujet de regret (1).

Mais l'enfant adoptif du donataire empêche-t-il l'ouverture du retour légal ? A l'appui de la négative, on peut dire : le mot *postérité* a un sens essentiellement limitatif, il ne s'applique qu'aux héritiers du sang. D'autre part, l'ascendant qui donne un bien à son enfant légitime est censé le lui donner tant pour lui que pour tous ses descendants, car il les embrasse généralement les uns comme les autres dans les mêmes sentiments de tendresse ; mais, comment pourrait-on présumer que l'ascendant a voulu également gratifier l'enfant adoptif de son fils qui n'est pour lui qu'un étranger ; à plus forte raison, cette présomption devrait-elle être écartée, dans le

(1) Rap. Cass., 3 juillet 1832, D. P., 32, 1, 203 ; 9 août 1854, D. P., 54, 1, 265 ; C. Douai, 14 mai 1851, D. P., 52, 2, 270 ; Massé et Vergé sur Zacharie, t. 2, p. 326 ; Demolombe sur l'art. 747, n° 510.

cas où l'adoption serait postérieure à la donation (1).
Les auteurs enseignent toutefois unanimement la doctrine contraire, leur argumentation est celle-ci : l'art. 350 accorde à l'adopté sur la succession de l'adoptant les mêmes droits que pourrait y prétendre l'enfant né dans le cours du mariage ; or, cet enfant ferait échec au retour ; donc il doit en être ainsi de l'enfant adoptif (2).

L'existence d'une donation met obstacle à l'accomplissement du retour légal, puisque l'objet donné a cessé de faire partie de la succession ; cette solution est unanimement enseignée par les auteurs.

L'immeuble rentre dans le patrimoine de l'ascendant donateur grevé des charges consenties par le donataire, telles qu'une hypothèque, qu'une servitude ou qu'un usufruit (3).

La succession *anomale* ou le retour légal ne peut point non plus s'ouvrir, en présence d'une disposition testamentaire. Le legs, en effet, ne laisse pas un instant l'objet légué dans la succession dévolue aux héritiers légaux (4).

(1) Rap. un considérant des arrêts de la Cour de Bordeaux du 23 avril 1854, D. P., 54, 2, 598, et de la Cour de cassation du 14 février 1855, D. P., 55, 1, 185.

(2) Rap. Delvincourt, t. 2, p. 10, note 7 ; Chabot, art. 747, n° 15 ; Toullier, t. 4, n° 240 ; Duranton, t. 6, n° 220 ; Vazeille, art. 747, n° 16 ; Marcadé, art. 747, n° 3 ; Demolombe, art. 747, n° 508.

(3) Delvincourt, t. 2, p. 18, note 6 ; Duranton, t. 4, n°s 213, 214 ; Vazeille, art. 747, n° 20.

(4) Rap. Cass., 17 décembre 1812, D. P., 2, 1304 ; 16 mars 1830, D. P., 30, 1, 143 ; 2 janvier 1838, D. P., 38, 1, 634 ; 14 février 1855, Dev. 55, 1, 185 ; Riom, 12 février 1824, Sirey, 26, 2, 119 ; Montpellier, 31 mai 1825, Sirey, 26, 2, 14 ; Besançon, 30 juillet*

Tout ce que l'on peut dire, c'est que l'ascendant a parfois droit à une réserve sur les biens donnés ; mais, comme le fait très-justement remarquer M. Demolombe, *loc. cit.*, n° 522 : « cette prétention » même serait la reconnaissance du droit qui appar- » tenait à l'enfant de disposer à titre gratuit ; car » l'ascendant ne pourrait plus, à ce titre de réser- » vataire, agir en nullité, mais seulement en réduc- » tion des libéralités que l'enfant aura faites ; et cette » action en réduction pourrait s'attaquer non-seu- » lement aux legs, mais même aux donations » entre vifs. »

Un objet transmis à titre gratuit a été vendu par le donataire, puis il est rentré dans ses mains par voie d'achat, de donation ou de succession ; le retour légal peut-il alors se réaliser au profit de l'ascendant donateur ? La négative me paraît certaine, malgré l'opinion contraire de quelques auteurs. La loi, en effet, subordonne l'ouverture du retour à deux con- ditions, il faut : 1° que les biens donnés se retrou- vent en nature dans la succession du donataire ; 2° qu'ils y soient *en tant que biens donnés* ; or les biens dont le donataire est rentré en possession, après les avoir aliénés à titre onéreux ou gratuit, ont perdu

1828, D. P., 29, 2, 138 ; Grenoble, 8 avril 1829, D. P., 30, 2, 264 ; Bordeaux, 13 avril 1831, Dev. 31, 2, 177 ; 23 août 1854, Dev. 54, 2, 508 ; Merlin, répert., v° réversion, sect. 1, § 2, art. 2 ; Toullier, t. 4, n° 254 ; Grenier, t. 1, n° 598 ; Duranton, t. 6, n°s 225, 227 ; Chabot, art. 747, n° 20 ; Delvincourt, t. 2, p. 18, note 5 ; Vazeille, art. 747, n° 7 ; Marcadé, même art., n° 5 ; Poujol, art. 747, n° 22 ; Demolombe, id., n° 521.

leur origine primitive, ils ne lui appartiennent point en vertu du premier titre d'acquisition; donc le droit de retour est irrévocablement éteint. Supposons qu'un aïeul ait donné un bien à son petit-fils et que le donataire dispose ensuite de ce bien au profit de sa mère qui lui en fait à son tour donation; quel est ici l'ascendant fondé à invoquer plus tard le bénéfice du retour? La mère, évidemment, car elle est l'auteur de la libéralité qui a placé le bien dans le patrimoine du descendant. Au contraire, suivant les auteurs qui ne s'attachent point à la cause immédiate de la propriété pour régler le retour, l'aïeul succéderait, dans l'epèce, à l'objet donné, cette conséquence contraire au vœu de l'art. 747 ne ruine-t-elle pas entièrement leur système? (1)

Il va sans difficulté que si, par l'exercice de la faculté de réméré, le donataire redevenait propriétaire de l'objet aliéné, l'ascendant donateur ne serait point privé du droit d'invoquer plus tard le retour, et, en effet, si le donataire était mort, avant d'avoir exercé le rachat, le donateur aurait succédé à son action en reprise, il doit donc être investi du droit de recueillir l'objet que l'exercice de la condition résolutoire a fait revenir, en tant que bien donné, dans le patrimoine du donataire. (2)

(1) Rap. Merlin, répert., vo réversion, sect. 2, § 2; Chabot, art. 747, no 24; Marcadé, art. 747, no 6; Aubry et Rau, t. 4, p. 233; Massé et Vergé, t. 2, p. 291, no 13; Demante, t. 3, no 58 bis; Demolombe, art. 747, no 536.

(2) Rap. Chabot, art. 747, no 24; Toulier, t. 4, no 233; Duranton, t. 6, no 232.

Le retour légal ouvrant un ordre successif à part, on est conduit à rechercher si les biens donnés par l'ascendant ne doivent pas rester en dehors de la succession ordinaire, pour le calcul de la réserve.

Deux cas se présentent : celui où l'ascendant donateur est exclu de la succession ordinaire et celui où il est appelé à y prendre part.

Le *de cujus* laisse pour héritiers un père et un frère ; il a légué tous ses biens, à l'exception pourtant de ceux qu'un aïeul survivant lui a donnés et qui se retrouvent en nature dans sa succession ; ces biens font retour tout entiers à l'ascendant donateur, et les legs doivent subir une réduction du quart par suite de la réserve du père. (1)

Si l'ascendant donateur vient à la succession ordinaire, il faut, d'après plusieurs auteurs, réunir les biens donnés aux autres biens du *de cujus*, et calculer sur ce total la réserve de l'ascendant donateur en déduction de laquelle les valeurs données doivent être reprises ; mais ce mode d'opérer qui tend à atténuer les effets du retour légal ne saurait être admis, et, au cas dont il s'agit, le principe de la dualité des successions, de leur complète indépendance, subsiste également dans toute sa force. (2)

(1) Rap. Cass., 8 mars 1858, D. P., 58, 1, 97 ; Grenier, t. 2, n° 598 ; Vazeille, art. 747, n° 10 ; Marcadé, art. 747, n° 9 ; Coin-delisle, art. 922, n° 4 ; Troplong, t. 2 des donat., n° 952 ; Demolombe sur l'art. 915, n° 131.

(2) Rap, l'arrêt précité de la Cour de cassation ; Marcadé, n° 9, 10 ; Vazeille, Troplong, *loc. cit.* ; Coin-Delisle, art. 922, n° 6 et s. ; Saintespes-Lescot, t. 2, n° 458 ; Demolombe, art. 915, n° 130.

L'ascendant qui est fondé à invoquer le retour légal et à recueillir la succession ordinaire peut se prévaloir du premier et renoncer à la seconde. La règle qui prohibe l'acceptation partielle n'est pas applicable dans l'espèce, puisqu'il s'agit de deux successions distinctes auxquelles l'ascendant est appelé à deux titres différents. (1)

De ces principes déduisons des conséquences importantes au point de vue de la perception du droit d'enregistrement.

1° Si l'ascendant négligeait de comprendre dans la déclaration de la succession d'un enfant donataire des biens qui lui seraient dévolus par le retour, il y aurait non pas omission, mais bien défaut de déclaration dans le délai ; la peine du demi-droit en sus serait seule encourue ; mais, d'autre part, la demande des droits de mutation par décès ne serait soumise qu'à la prescription décennale. (2)

2° Puisque l'ascendant donateur et les héritiers de la succesion ordinaire ne sont pas cohéritiers, il n'existe entre eux aucune indivision, il n'y a point matière à partage, et dès lors, si l'ascendant recevait des biens de la succession ordinaire à la place de ceux qu'il aurait eu le droit de reprendre par l'effet du retour légal, il s'opérerait une trans-

(1) Rép, Ferrière sur l'art. 313 de la Cout. de Paris, § 3, n° 3 ; Lebrun, liv. 1er, chap. 3, sect. 2, n° 1 ; Merlin, répert. v° réversion, § 2 ; Chabot sur l'art. 747, n° 16 ; Durauton, t. 6, n° 210 ; Marcadé, art. 747, n° 9 ; Vazeille, art. 747, n° 3 ; Demolombe, art. 747, n° 488.

(2) Lois 22 frim. an 7, art. 39, et 18 mai 1850, art. 11.

mission passible suivant les cas du droit d'échange ou de dation en paiement.

L'ascendant donateur peut-il répudier la succession *anomale* et accepter la succession ordinaire? La solution doit être négative, s'il est seul appelé à la succession ordinaire, mais affirmative, s'il a des cohéritiers. (1)

L'ascendant donateur succède à l'action en reprise que l'époux donataire peut exercer contre la communauté. Exemple : un père a constitué une dot à sa fille mariée sous le régime de la communauté d'acquêts; il aura le droit, à l'époque de la dissolution du mariage, de prélever le montant de cette dot sur les valeurs de la communauté, si la donataire est décédée *ab intestat* et sans postérité; l'ascendant, en effet, succède à toute action en reprise du donataire, et, aux termes de l'art. 1470, le recours accordé, dans l'espèce, à la femme est bien une action en reprise. (2)

Toutefois, le droit au retour légal est éteint quand la base du retour est changée, et il en est ainsi lorsqu'en vertu d'un jugement de séparation de biens une femme a reçu un immeuble en paiement de sa dot; alors, évidemment, l'objet donné ne se retrouve plus *en nature* dans la succession du donataire. (3)

(1) Rap. Duranton, t. 6, n° 210; Mourlon, répét. écrit., t. 2, p. 64; Demolombe, art. 747, n° 489.

(2) Rap. Toullier, t. 4, n° 244; Mourlon, répert. écrit., t. 2, p. 60-61; Demolombe, art. 747, n° 533.

(3) Cass., 7 février 1827, D. P., 27, 1, 134; Duranton, t. 6, n° 242.

L'ascendant donateur peut-il reprendre dans la succession de l'époux donataire l'immeuble tombé dans la communauté en vertu d'une stipulation expresse (art. 1405) ?

Je réponds affirmativement si, par suite du partage, l'objet est attribué à la succession du donataire; la mise de l'immeuble en communauté s'efface en présence de la fiction du partage déclaratif.

La solution est la même si la femme ou ses héritiers renoncent à la communauté; la renonciation ôte, en effet, à la femme tout droit sur les biens de la communauté, la propriété est censée avoir toujours résidé dans les mains du mari (art. 1492). (1).

Quand l'enfant donataire a disposé des biens donnés, la réserve du donateur ne peut dépasser celle de l'autre ascendant; en effet, les biens donnés ont cessé de faire partie de la succession de l'enfant; par suite, le droit au retour légal s'est évanoui, si ces biens sont réunis aux autres valeurs de la succession, c'est uniquement pour fixer le chiffre de la quotité disponible (2).

Il ne me parait pas inutile ici d'esquisser les principales différences qui existent entre le retour légal et le retour conventionnel sur lequel je reviendrai avec plus de développement au titre des donations.

Le retour légal est l'œuvre de la loi, le retour

---

(1) Chabot, art. 747, n° 25; Vazeille, art. 747, n° 25.

(2) Duranton, t. 6, n°s 226 bis et 227; Aubry et Rau sur Zachariæ t. 6, p. 596, 597.

conventionnel, l'effet d'une stipulation privée ; le premier ne s'ouvre qu'au profit des seuls ascendants donateurs, le second peut être constitué par quelque donateur que ce soit, parent ou étranger ; le retour légal n'empêche pas le donataire d'être propriétaire incommutable, il s'éteint par la transmission à titre gratuit ou à titre onéreux de l'objet donné ; le retour conventionnel subsiste indépendamment de toute aliénation de la chose donnée, il ne permet pas au donataire de transmettre des droits irrévocables, il paralyse momentanément entre ses mains l'exercice complet de la propriété ; enfin, l'un engendre un droit de mutation par décès que l'autre ne doit point.

Les biens compris dans les partages anticipés sont soumis, comme tous autres, à l'action du retour légal ; le partage d'ascendant n'implique pas autre chose qu'une libéralité ; les termes de l'art. 747 formulent un principe général qui embrasse tout mode de disposition à titre gratuit. (1).

Lorsque le donataire décède avec postérité, le retour légal peut-il néanmoins s'ouvrir au profit du donateur, si avant lui cette postérité vient elle-même à s'éteindre ? je ne le pense pas ; l'existence d'un enfant au décès du donataire a fait défaillir la con-

(1) Rap. C. Lyon, 2 avril 1840, D. P., 41, 2, 92 ; Douai, 14 mai 1851, D. P., 51, 2, 276 ; Orléans 25 juillet 1865, D. P., 65, 2, 145 ; Merlin, rép. vo part. d'asc., no 19 ; Delvincourt, t. 2, p. 361 ; Toullier, t. 5, no 814 ; Grenier, don. et test., no 398 ; Duranton, t. 8, no 641 ; Marcadé sur l'art. 1078, no 2 ; Massé et Vergé sur Zachariæ, t. 2, p. 288, note.

dition à laquelle était subordonnée l'ouverture du retour. Des auteurs ont prétendu le contraire, et, pour justifier leur solution, ils en sont venus à dire que les descendants du donataire étaient eux-mêmes donataires, mais cet argument n'est point sérieux. Les petits enfants ne peuvent pas être considérés, dans l'espèce, comme donataires, car ils n'ont point contracté avec l'ascendant; c'est par voie de succession que la chose donnée est passée dans leur patrimoine; la cause du retour a donc disparu. Le Code a prévu deux hypothèses : 1° celle où la libéralité a été faite au fils; 2° celle où elle a été consentie en faveur du petit-fils; il qualifie de descendant le petit-fils auquel l'aïeul a fait une donation. (1).

L'on doit décider, cependant, que le droit au retour légal renaîtrait en faveur du donateur, par suite de l'incapacité, de la renonciation ou de l'indignité de l'enfant laissé par le donataire; l'enfant, dans l'une ou l'autre de ces conditions, est, en effet, vis-à-vis de la succession du donataire, comme s'il n'avait jamais existé, et, dès lors, la privation du retour légal ne se justifierait plus. (2).

(1) Rap. C. Agen, 20 février 1807; D. A. 12, 301 ; Toulouse, 9 janvier 1815; Nîmes, 14 mai 1810, D. A., 12, 502 ; Bastia, 25 juin 1838 et 21 août 1848, Dev. 49, 2, 121; Agen, 9 novembre 1847, Dev., 47, 2, 662; Cass., 18 août 1818; 30 novembre 1819, D. A., 12, 301, 303; 20 mars 1850, Dev. 50, 1, 388; Merlin, répert; v° réserve sect. 2, § 2, n° 3, Chabot, art. 747, n° 10; Toullier. t. 4, n° 243; Duranton, t. 6, n° 216, Poujol, art. 747, n° 22, Marcadé, art. 747, n° 6; Zachariæ, Aubry et Rau, t. 4, p. 223, Massé et Vergé, t. 2, p. 286, 287; Demolombe, art. 747, n° 512.

(2) Rap. Chabot, art. 747, n° 11 ; Toullier, t. 4, n° 241 ; Duranton, t. 6, n° 218; Marcadé, art. 747, n° 3 ; Demante, t. 3, n°s 56 bis, 7.

Mais si l'enfant indigne ou renonçant avait des enfants, leur présence priverait l'ascendant du retour qu'il ne peut exercer qu'à défaut de *postérité* du donataire. (Toullier, *loc. cit*).

Si le prix a été payé, il y a eu substitution à l'objet donné d'une valeur qui s'est confondue avec les autres biens du donataire, le retour légal s'évanouit, car l'art. 747 limite l'ouverture de cette succession au cas où le prix est encore dû.

Lorsqu'une vente a été faite moyennant la constitution d'une rente, le droit au retour légal est-il éteint au décès du donataire sans postérité ? M. Marcadé sur l'art. 747, n° 8, a soutenu l'affirmative; selon cet auteur, une fois le droit de rente stipulé, le prix est payé et l'aliénation consommée. Je ne saurais partager cette manière de voir. En effet, l'exercice du droit de résolution en cas de non service de la rente, appartient au vendeur qui possède la créance du prix, négociable comme tout autre; le droit de résolution constitue une action en reprise propre à faire rentrer le bien aliéné dans le patrimoine où il se trouvait, et c'est le cas de dire : *qui habet actionem ad rem recuperandam, ipsam rem habere videtur* (1).

Quand l'ascendant a donné une somme d'argent, et qu'il se trouve dans la succession du donataire des valeurs mobilières fongibles, le retour légal est possible, quelles que soient d'ailleurs la nature et l'origine de ces valeurs; ainsi, le numéraire donné peut aussi bien être repris sur des obligations civiles

(1) Rap. Chabot art. 747, n° 18; Vazeille, art. 747, n° 20; Aubry et Rau sur Zachariæ, t. 4, p. 235; Demolombe, art. 747, n° 527.

ou des effets de commerce, que sur des pièces de monnaie. En effet, on ne peut se servir de l'argent et de tout ce qui est fongible, sans le consommer; l'existence en nature des choses fongibles ne doit pas dépendre absolument de la présence dans la succession des choses même données, mais de leur remplacement par des espèces du même genre. Subordonner, comme certains jurisconsultes, l'exercice du retour à la condition de justifier que les sommes ou les autres valeurs fongibles, délaissées par le donataire, ont pour origine la donation, ce serait exiger une justification la plupart du temps impossible à fournir, et par suite paralyser les effets du retour; tel ne saurait être le vœu de la loi (1).

L'ascendant peut reprendre en vertu du retour légal le bien acquis en contre échange de celui qu'il avait donné à son descendant. La pensée de la loi a été, tout en neutralisant dans l'intérêt de l'ascendant les effets de la donation, d'éviter cependant qu'il ne puisse à son tour s'enrichir aux dépens de la succession du donataire; mais, ici, le doute n'est point possible, l'origine de l'objet reçu en échange est certaine; la créance du prix fait retour à l'ascendant, parce qu'elle remplace d'une manière possible, palpable, la chose aliénée; à plus forte raison doit-il en être ainsi au cas actuel où la représentation existe avec bien plus de perfection (2).

(1) Rap. Cass. 30 juin 1817, Sirey, 1817, 1, 313; Favard, répert. sect. 3, § 2, n° 15. Delvincourt, t. 2, p. 18, note 5; Chabot. art. 747, n° 21; Toullier, t. 4, n° 227; Grenier, des donat. et test. t. 2, n° 508; Vazeille, art. 747, n° 26.
(2) Rap. Delvincourt, t. 2, p. 19, note 4; Duranton, t. 6, n° 253; Vazeille, art. 747, n° 24; Poujol, art. 747, n° 21; Mourlon, répet. écrit. t. 2, p. 62, qui cite M. Valette.

Les mêmes principes me conduisent à conclure en faveur du retour légal, si la chose acquise en remploi de la chose donnée se trouve dans le patrimoine du donataire, lors de l'ouverture de sa succession (1).

Les père et mère de l'enfant naturel reconnu ont-ils le droit de reprendre, en vertu du retour légal, les choses données qui se retrouvent en nature dans sa succession? Je ne le pense pas : le Code n'a pas reproduit, en matière de succession irrégulière, la grande loi du retour légal qu'il a créée pour les successions régulières ; les ascendants naturels sont dignes de moins de faveur que les ascendants légitimes (2).

A plus forte raison, le retour légal ne saurait-il être exercé par l'aïeul naturel qui aurait fait une libéralité à l'enfant légitime de son enfant naturel reconnu, non plus que par l'aïeul qui aurait fait un don à l'enfant naturel reconnu de son enfant légitime, car le retour légal ne peut s'ouvrir qu'entre les personnes qui ont des relations de successibilité, et, dans l'une et l'autre espèce, l'aïeul n'est pas appelé à succéder (3).

La succession de l'adopté est également, dans certaines circonstances, grevée du retour légal au profit de l'adoptant, et il est même à remarquer que ce

(1) Rap. Delvincourt, *loc. cit.* Chabot, art. 747, n° 24; Toullier, t. 4, n° 227; Duranton, nos 239-240.

(2) Rap. Demante, t. 3, n° 83 bis, 2; Malpel, n° 166; Zacharie, Aubry et Rau, t. 4, p. 227; Demolombe sur l'art. 747, n° 496.

(3) Rap. Marcadé, art. 747, n° 2; Demolombe, art. 747, n° 497.

droit comporte parfois une extension plus grande que
le retour légal ordinaire. Pour l'exercice du retour
en faveur de l'adoptant, la condition du prédécès de
la postérité de l'enfant adoptif existe toujours, c'est
là un point de contact entre cet ordre successif et
le retour successoral de l'ascendant donateur ; mais
pénétrons plus avant dans la matière, nous n'allons
pas tarder à apercevoir des différences capitales entre
les deux ordres de succession. Ainsi, tandis que l'ascendant légitime, et non ses descendants, reprend
seulement les biens donnés qui se retrouvent en
nature dans la succession du donataire prédécédé,
le droit au retour est ouvert au profit de l'adoptant
ou de ses *descendants* non-seulement pour les objets
donnés qui se retrouvent en nature dans la succession de l'enfant adoptif, mais encore pour ceux qu'il
a recueillis dans celle de l'adoptant, c'est-à-dire qu'il
existe alors, suivant le cas, deux espèces de retour
légal, l'un au profit du donateur à raison des biens
donnés, l'autre au profit des descendants à raison des
mêmes biens et des valeurs recueillies dans la succession de l'auteur de l'adoption (art. 351). Comme
l'adoption cause un sérieux préjudice aux enfants qui
ont pu naître depuis, il est juste de reconstituer pour
eux la succession, il est convenable d'éviter que des
étrangers ne viennent dépouiller une famille.

Encore une différence entre le retour ordinaire
et le retour provoqué par l'adoption. Si le donataire
a laissé des enfants, cet événement a imprimé une
consécration irrévocable à la transmission, c'en est

donc fait du retour légal, lors même que les enfants du donataire viendraient à mourir sans postérité avant le donateur. La même déchéance n'existe pas, en matière d'adoption (art. 352) ; s'il en était autrement, comme la successibilité n'est point réciproque, les biens donnés à l'adopté par l'adoptant seraient plus souvent perdus pour ce dernier, pour ses parents ; toutefois, le droit au retour est alors personnel à l'adoptant, il ne passe à aucun de ses héritiers (art. 352).

Le droit en ligne directe ou le droit en ligne collatérale est exigible, suivant les espèces, lors des transmissions auxquelles le retour légal donne ouverture en matière d'adoption. (1)

CHAPITRE IV.

Des successions irrégulières.

SECTION Iʳᵉ.

Des droits des enfants naturels sur les biens de leur père ou mère et de la succession aux enfants naturels décédés sans postérité.

Désireuse d'honorer le mariage et de garantir la pureté des mœurs, l'ancienne législation refusait aux enfants naturels tout droit de successibité, elle leur accordait seulement une action en aliments ; cette

(1) Rap. Cass. 2 décembre 1822, 28 décembre 1829, I. 1367, § 11.

règle était empreinte d'une rigueur exagérée, car c'était la négation de la dette du sang que la paternité impose. La Révolution tomba dans l'excès contraire; la loi du 12 brumaire an II plaçait les enfants naturels vis-à-vis des enfants légitimes sur le pied d'une regrettable égalité, elle leur donnait les mêmes droits héréditaires. Les rédacteurs du Code ont eu le mérite de se tenir dans une juste mesure, ils ont admis les enfants naturels au partage des biens de leur auteur, mais ils leur ont attribué une part moindre que celle qui est accordée aux enfants légitimes.

Art. 756, 757. Les enfants naturels ne sont point héritiers, ils ont seulement un droit sur les biens de leur père ou mère décédés, et ce droit est une fraction de la part héréditaire qu'ils auraient eue, s'ils avaient été légitimes; il est du tiers, quand ils concourent avec des descendants légitimes, de la moitié, avec des ascendants ou des frères et sœurs, des trois quarts avec des parents autres que des descendants, des ascendants ou des frères et sœurs.

La loi n'accorde la successibilité qu'à l'enfant naturel *légalement reconnu*.

Faisons toutefois remarquer que « la reconnais- » sance faite pendant le mariage, par l'un des » époux, au profit d'un enfant naturel qu'il aurait » eu avant son mariage, d'un autre que de son » époux, ne pourra nuire ni à celui-ci, ni aux » enfants nés de ce mariage. Néanmoins elle pro-

» duira son effet après la dissolution de ce mariage
» s'il n'en reste pas d'enfants (art. 338). »

« Il ne faut pas, disait M. Bigot-Préameneu,
» dans son exposé des motifs, que l'un des époux
» puisse changer, après son mariage, le sort de
» sa famille légitime, en y appelant des enfants
» naturels qui demanderaient une part dans les
» biens. Ce serait violer la foi sous laquelle le
» mariage a été contracté. »

Cette reconnaissance, d'ailleurs, n'est point nulle ; la loi se borne à en restreindre la portée dans l'intérêt : 1° des enfants issus du mariage pendant lequel elle a eu lieu ; 2° de l'époux de la personne qui l'a faite. Par suite, l'enfant naturel reconnu dans ces conditions se trouve écarté de la succession de son auteur, non-seulement par les enfants légitimes, mais encore, à leur défaut, par l'époux survivant. (Art. 336, 745, 767).

Toutefois, en concours avec des ascendants ou des collatéraux, le conjoint survivant se trouve exclu de la succession (art. 723) ; dès lors, la reconnaissance émanée du *de cujus* cesse d'être inefficace vis-à-vis de l'enfant naturel qui, dans ce cas, se trouve habile à succéder.

La reconnaissance établit un lien légal de parenté entre l'enfant naturel et ses père et mère qui l'ont reconnu ; mais c'est un fait purement personnel, elle laisse l'enfant étranger aux membres de la famille de ses auteurs dont il n'a point le droit de recueillir les successions ; le Code le déclare positivement (art. 756)

Les transmissions entre-vifs ou par décès, qui s'opèrent entre l'enfant naturel reconnu et son père ou sa mère, ne sont passibles que du droit d'enregistrement fixé pour les transmissions en ligne directe; mais quand elles ont lieu entre l'enfant naturel et les parents de son père ou de sa mère, il convient de percevoir le taux des mutations entre personnes non parentes.

Le droit de l'enfant naturel n'est pas une créance, c'est un droit de propriété, *jus in re*. Les biens, dit le Code, passent à l'enfant naturel, il doit se faire envoyer en possession par la justice, son ordre successif figure au titre des successions irrégulières; tout cela n'est-il point suffisamment explicite et clair? Mais l'enfant naturel ne fait point partie de la famille, le Code lui a refusé le titre d'héritier par respect d'ailleurs pour les bienséances, par égard pour de légitimes susceptibilités. Malgré quelques protestations restées sans écho, la base de cette doctrine est solidement établie en jurisprudence (1).

L'enfant naturel possède non-seulement un droit réel sur les successions de ses auteurs, mais encore

(1) Rap. C. Paris, 4 germinal an 15, D. P., 2, 1508; Amiens, 26 novembre 1811, Sirey, 12, 2, 401; Paris, 22 mai 1815, D. A., 15, 519, n° 1; Poitiers, 10 avril 1832, D. P., 32, 2, 51; Toulouse, 15 mars 1834, D. P., 35, 1, 275; Paris, 30 juin 1834, D. P., 52, 2, 264; Cass. 20 mai 1806, Sirey, 6, 1, 623; 25 août 1813, Sirey, 16, 1, 15; 16 juin 1847, Dev., 47, 1, 660; Merlin, répert., v° bâtard, 554 et représentation, sect. 4, § 7; Chabot, t. 2, p. 27; Delvincourt, t. 2, p. 21, note 1; Toullier, t. 4, n° 249; Marcadé, art. 756, n° 1; Ponjol, même article, n° 6; Demolombe sur l'art. 756, n° 27.

une réserve ; s'il en était autrement, est-ce qu'alors sa part serait une fraction de celle qu'il aurait eue s'il eût été légitime ? Comment admettre la négative, en présence de l'art. 761 ! La réserve de l'enfant naturel subit les alternatives diverses que provoque le concours des héritiers du sang, elle croît à proportion de l'éloignement du degré de la parenté légitime (1).

Et son droit de réserve l'enfant naturel l'exercerait, en faisant réduire non-seulement les dispositions de dernière volonté, mais encore les donations entre-vifs postérieures et même antérieures à sa reconnaissance. En effet, de même que le droit de l'enfant légitime est le type de celui de l'enfant naturel, la réserve de l'un est le type de celle de l'autre ; or l'enfant légitime a qualité apparemment pour provoquer la réduction des dispositions entre-vifs antérieures à sa naissance ; donc il ne saurait en être autrement de l'enfant naturel à l'égard des dispositions antérieures à sa reconnaissance (2).

(1) Rap. C. Pau, 4 avril 1810, D. P., 10, 2, 106 ; Amiens, Poitiers, *loc. cit.*; Toulouse, *loc. cit.*; Paris, 20 avril 1853, D. P., 53, 2, 190 ; Cass. 26 juin 1809, D. P., 9, 1, 256 ; 27 avril 1850, D. P., 30, 1, 226 ; 28 juin 1851, D. P., 51, 1, 217 ; 16 juin 1847, Merlin, Quest. de dr., v° Réserve ; Toullier, t. 4, n° 265 ; Delvincourt, t. 2, p. 24, note 4 ; Grenier, t. 3, p. 540 ; Duranton, t. 6, n° 309 ; Troplong, des donat., t. 2, n° 71 ; Demolombe sur l'art. 913, n° 149 et s.

(2) Rap. C. Rouen, 17 mars 1813 ; Toulouse, 13 mars 1834 ; Cass., 16 juin 1847, D. P. 47, 1, 265 ; Duranton, t. 6, n° 311 ; Rolland de Villargues, rép., v° portion disp., n° 35 et s. ; Malpel, n° 162 ; Vazeille, art. 761, n° 5 ; Marcadé, art. 914, n° 2 ; Dalloz, v° success., n° 307 et s. ; Demolombe, art. 913, n° 164 et s.

De ce que le droit de l'enfant naturel est d'une nature semblable à celui de l'enfant légitime, il en résulte les conséquences importantes que voici :

1° Si un enfant légitime, en concours avec des frères et sœurs légitimes et un enfant naturel, vient à renoncer à la succession de l'auteur commun, sa part accroît aussi à l'enfant naturel ; cette solution est une déduction logique de la force des principes. En effet, l'enfant naturel doit avoir le tiers de la part d'un enfant légitime ; or, ce dernier aurait bénéficié de l'accroissement ; donc l'enfant naturel doit y participer dans la mesure des droits que la loi lui concède (1).

Quand l'enfant naturel concourt avec des ascendants et des frères et sœurs, la renonciation de l'un des héritiers légitimes reste sans influence sur la part de l'héritier irrégulier, dont la quotité ne dépend pas comme dans le cas précédent du nombre des parents légitimes, mais du seul fait de l'existence de l'un d'eux (2).

Cependant, si tous les ascendants et les frères et sœurs renonçaient à la succession du *de cujus*, il est incontestable que la part de l'enfant naturel subirait alors une transformation, elle s'élèverait de la moitié aux trois quarts des biens. On a invoqué contre cette solution une considération plus spécieuse que solide : l'intention du législateur a été de fixer

(1) Rap. Favard, Répert., v° Success., sect. 4, § 1, n° 11 ; Poujol, t. 1er, p. 287 ; Demolombe, art. 756, n° 50.
(2) Rap. Poujol, p. 287 ; Toullier, t. 4, n° 253.

invariablement l'étendue des droits de l'enfant naturel, d'après l'état de famille au jour de l'ouverture de la succession ; le mot *laissé*, répété par trois fois dans le cours de l'art. 757 a un sens absolu, le concours de la qualité d'héritier avec la qualité de parent à tel ou tel degré n'est point exigé. Il ne saurait en être pourtant ainsi ; il est vrai que la part de l'enfant naturel est déterminée, en raison de la qualité des héritiers laissés par son auteur; mais l'art. 757 a seulement en vue les successibles qui n'ont point perdu la vocation héréditaire, les héritiers qui viennent à la succession ; ajoutons que cette solution a un caractère éminemment équitable, car, pour fixer l'importance des droits de l'enfant naturel, il a été tenu compte de l'affection présumée du défunt envers les héritiers du sang ; un collatéral éloigné ne mérite pas la faveur due à un ascendant ou à un frère (1).

2° Les héritiers légitimes doivent le rapport à l'enfant naturel ; en effet, sa part dans les successions de ses auteurs est une fraction de celle qu'il aurait eue, s'il eût été légitime : elle ne peut donc être exactement calculée que par la remise à la masse des valeurs qui en sont sorties (2).

(1) Rap. Chabot, art. 757, n° 11 ; Duranton, t. 6, n° 285 ; Poujol, p. 298 ; Toullier, t. 4, n° 253 ; Marcadé, art. 757 ; Mourlon, répét. écrit., t. 2, p. 67 ; Aubry et Rau sur Zacharie, t. 4, p. 213 ; Demolombe, sur l'art. 757, n° 52 et s.

(2) Rap. Cass., 28 juin 1831, D. P. 31, 1, 217 ; 16 juin 1847, Dev. 47, 1, 660 ; C. Amiens, 11 novembre 1811 ; Paris, 5 juin 1826, D. P., 28, 2, 202 ; Agen, 29 novembre 1847, D. P., 48, 2, 39 ; Chabot, t. 2, p. 212 ; Duranton, t. 6, n° 298-299 ; Vazeille, art. 761, n° 4 ; Demolombe, sur l'art. 769, n° 99.

3° L'enfant naturel peut exercer le retrait successoral défini par l'art. 841 (1).

L'étude des successions dévolues aux enfants naturels soulève plusieurs questions de droit qui méritent de provoquer un sérieux examen.

Rien n'est plus simple que le calcul des droits d'un seul enfant naturel en concours avec un ou plusieurs enfants légitimes : il n'y a qu'à mettre un instant le successeur irrégulier au rang d'enfant légitime pour ne lui laisser ensuite que le tiers de la part qu'il aurait obtenue s'il eût été légitime.

Quand plusieurs enfants naturels se trouvent en concours avec un ou plusieurs enfants légitimes, la détermination de leurs parts repose sur l'opération suivante : tous les enfants naturels doivent être simultanément considérés comme s'ils étaient légitimes, et on attribue ensuite à chacun d'eux le tiers de la part qu'il aurait eue s'il eût été légitime ; le surplus accroît aux enfants légitimes ; ainsi, une succession est dévolue à quatre enfants dont deux sont naturels et deux légitimes ; les premiers auront 2/12 et les seconds 10/12. La jurisprudence a consacré ce système (2).

La fixation des droits de l'enfant naturel en con-

(1) Rap. Cass., 13 mars 1851, Dev. 51, 1, 183 ; Merlin, Rép., v° droits Suc., n° 9 ; Toullier, t. 4, n° 441 ; Duranton, t. 6, n° 190 ; Demolombe, sur l'art. 756, n° 41.

(2) Rap. Cass., 26 juin 1809 ; Sirey, 9, 1, 337 ; 28 juin 1851, D. P. 51, 1, 217 ; Merlin, quest. de droit, v° réserve, §§ 1 et 2 ; Delvincourt, t. 2, p. 21, note 3 ; Chabot, art. 757, n° 3 ; Toullier, t. 4, n° 252 ; Duranton, t. 6, n°ˢ 273 à 278 ; Vazeille, art. 757, n° 4 ; Marcadé, art. 757, n° 3 ; Demolombe, même article, n° 67.

cours : 1° avec des ascendants ou des frères et sœurs ; 2° avec des collatéraux autres que des frères et sœurs, n'offre aucune difficulté ; car, dans les deux cas, l'enfant, s'il était légitime, aurait la totalité de la succession ; donc, dans le premier cas, il a droit à la moitié, et, dans le second, aux trois quarts des biens.

Un enfant naturel est appelé à une succession, concurremment avec deux petits-enfants légitimes venant de *leur chef*, par suite de la renonciation ou de l'indignité de leur auteur ; enfant légitime ; quelle sera sa part héréditaire ? D'après l'art. 757, elle s'élèvera au tiers des biens ; enfant légitime, il aurait eu toute la succession ; enfant naturel, il doit obtenir le tiers de la totalité. Rien n'est plus clair que cet enchaînement de déductions (1).

Une succession est dévolue à un enfant naturel et à des neveux et nièces ; faut-il lui attribuer la moitié ou les trois quarts de la succession ? La solution de cette difficulté se lie à la question de savoir si les neveux et nièces ont le droit de représenter les frères ou sœurs décédés. Les auteurs sont divisés sur ce point ; les uns admettent la représentation, les autres la rejettent. Cette dernière solution paraît plus conforme à l'esprit et au texte de la loi. En l'absence d'un principe général autour duquel viennent se grouper les espèces particulières, les différentes dispo-

(1) Rap. Demante, t. 3, n° 74 bis ; Vazeille, art. 757, n° 2 ; Malpel, n° 159 ; Aubry et Rau sur Zachariæ, t. 4, p. 207 ; Marcadé, art. 757, n° 1 ; Demolombe, même article, n° 66.

sitions de la loi doivent être circonscrites dans leurs termes. Or, la représentation est une des plus grandes règles des successions légitimes, le législateur l'a placée au titre qui les concerne; s'il avait voulu, dans tous les cas, en étendre les effets aux successions irrégulières, il l'eût indiqué, il n'est pas permis de suppléer au silence qu'il a gardé sur ce point.

La loi ne veut point que le prédécès du père nuise aux enfants, et voilà pour quel motif l'art. 742 permet le concours des neveux et nièces avec leurs oncles et tantes. La représentation, je ne la repousse pas dans l'espèce, lorsqu'il s'agit de déterminer les droits respectifs des héritiers légitimes; mais le neveu ne la demande pas à l'encontre d'un oncle, il en revendique le bénéfice au préjudice de l'enfant naturel, c'est une prétention qui ne peut pas être accueillie (1).

Une succession est dévolue à un enfant naturel, à un ou plusieurs ascendants paternels et à des parents collatéraux de la ligne maternelle, autres que frères ou sœurs ou descendants d'eux.

(1) Rap. Cass., 6 avril 1815, D. A., 12, 514; 20 février 1825, D. A., 12, 514; 28 mars 1855, D. P., 55, 1, 107, pour les motifs; 51 août 1842, D. P., 47, 1, 324; 1er juin 1855, D. P., 55, 1, 177; 17 janvier 1862, D. P., 62, 1, 142; C. Riom, 20 juillet 1809, D. A., 8, 644; Montpellier, 15 juillet 1812; Rouen, 17 mars 1813, D. A., 12, 514; Agen, 16 avril 1822, D. P., 8, 642; 16 juin 1825; Rouen, 14 juillet 1840, D. P., 41, 2, 55; Toulouse, 29 avril 1845, D. P., 45, 2, 165; Paris, 20 avril 1855, D. P., 55, 2, 100; Grenier, Don., t. 2, n° 668; Vazeille, art. 757, n° 6; Troplong, t. 2, n° 776; Belost-Jolimont sur Chabot, t. 1, p. 550; Massé et Vergé sur Zachariæ, t. 2, p. 275, note 11.

Faut-il attribuer à l'enfant naturel la moitié de la part affectée à la ligne des ascendants et les trois quarts de celle affectée à la ligne des collatéraux, ou bien ne lui accorder que la moitié de la totalité de la succession? C'est le second système qui me paraît le plus juridique. En effet, aux termes de l'art. 757, l'enfant naturel est appelé à recueillir la moitié des biens, par cela seul que son auteur laisse des ascendants : le Code fixe les droits de l'enfant naturel sur la succession envisagée dans son ensemble et abstraction faite de la division entre les deux lignes. Le collatéral a donc le droit d'exciper de la présence de l'ascendant pour exiger que l'enfant naturel ne prélève pas au delà de la moitié de l'universalité de la succession ; la division par ligne ne règle que la position du collatéral vis-à-vis de l'ascendant. Il semblerait au moins étrange que l'enfant naturel en concours, par exemple, avec un ascendant et un cousin, eût droit à une part héréditaire plus étendue que s'il y avait seulement un ascendant. Enfin, si, dans l'espèce, on attribue à l'enfant naturel les trois quarts de la moitié revenant aux collatéraux non privilégiés, le père ou la mère survivant ne peut plus avoir, ainsi que le veut cependant l'art. 754, l'usufruit du tiers de cette moitié. (1).

Lorsqu'un enfant naturel concourt à une succes-

(1) Rap. C. Bordeaux, 3 mai 1856 ; Favard, rép., vo success., sect. 4, § 1, n° 5 ; Duranton, t. 6, n° 287 ; Aubry et Rau sur Zachariæ, t. 4, p. 212 ; Beloot-Jolimont sur Chabot, observ. 3 sur l'art. 757 ; Demolombe, art. 757, n° 76.

sion avec un enfant légitime et un légataire universel, la différence qui existe entre la part de l'enfant naturel et celle qu'il aurait eue comme enfant légitime doit se répartir uniformément entre l'enfant légitime et le légataire universel. La jurisprudence et les auteurs ont consacré ce mode de procéder qui trouve son fondement dans la loi et l'équité. La présence de l'enfant naturel cause, dans ce cas, un égal préjudice à l'enfant légitime et au légataire universel; il convient donc tout naturellement d'accorder la même compensation à chacun d'eux (1).

Si deux enfants légitimes sont appelés à une succession avec un enfant naturel et un légataire universel, il y a toujours lieu de déterminer la part de l'enfant naturel, d'après celle qu'il aurait eue, soit le quart, en qualité d'enfant légitime; mais les enfants légitimes doivent prélever sur la différence entre les deux quotités une valeur double de celle du légataire universel; cette opération fait retrouver à chacun d'eux, dans une juste proportion, le disponible que l'enfant naturel désintéressé de ses droits laisse dans la succession (2).

Un enfant naturel est en concours avec trois enfants légitimes et un légataire universel. L'existence de trois enfants légitimes fixe dans l'espèce la quotité disponible au quart de la succession, et ce chiffre reste invariable quel que soit le nombre des héritiers

(1) Rap. Toullier, t. 4, n° 265; Grenier, t. 4, n° 672; Duranton, t. 6, n° 314; Troplong, t. 2, des donat., n° 778.
(2) Rap. Toullier, Grenier, Duranton, Troplong, loc. cit.

légitimes ; à plus forte raison, la présence d'un enfant naturel ne saurait-elle exercer aucune influence sur les droits du légataire universel (1).

L'enfant naturel, sous le bénéfice, bien entendu, de sa réserve, est tenu de contribuer aux legs dans la proportion de ses droits à la succession.

Une succession est dévolue à un enfant naturel et à un frère, il y a un légataire universel. Suivant quelques auteurs, il faut faire abstraction de la famille légitime, l'enfant naturel a droit à la moitié de la succession ; mais cette doctrine n'est point juridique ; l'on doit, au contraire, tenir compte de l'existence des héritiers du sang, et, alors, l'enfant naturel est fondé à réclamer seulement la moitié de la moitié, c'est-à-dire le quart des biens (art. 757, 913). Le legs universel paralyse sans doute la vocation successorale, mais il ne peut éteindre la qualité d'héritier ; l'héritier est si peu dépouillé de son titre que l'initiative des actions en nullité du testament lui appartient, qu'il serait appelé à recueillir la succession dans le cas où, pour un motif quelconque, la disposition testamentaire viendrait à ne pas produire son effet. Avec le système contraire, on efface la ligne salutaire de démarcation que le législateur s'est attaché à toujours maintenir entre la filiation légitime et la filiation naturelle ; on aboutit à cette conséquence étrange que le droit de l'enfant naturel

(1) Rap. Grenier, t. 4, n° 672 ; Toullier, n° 265 ; Duranton, t. 6, n° 316 ; Marcadé, art. 916, n° 2 ; Demolombe, sur l'art. 913, n° 174.

serait d'autant plus étendu que les libéralités de son auteur seraient elles-mêmes plus étendues; ainsi, un legs à titre universel, des trois quarts, par exemple, produirait tout son effet, car le père est tenu de laisser à son fils naturel seulement une réserve du quart; tandis qu'un legs universel ne serait valable que pour la moitié des biens; mais le chiffre de la quotité disponible ne saurait être subordonné au mode de disposition et se trouver moindre en présence d'une disposition universelle que de toute autre (1).

Un enfant naturel recueille une succession avec un oncle et un légataire universel, quels sont ses droits? Enfant légitime, il aurait eu la moitié des biens; enfant naturel, en présence d'un oncle, il doit avoir les trois quarts de la 1/2 ou les 3/8 de la succession (art. 757 et 913 combinés) (2).

Une personne qui laisse un frère et un fils naturel a institué un tiers pour légataire universel,

(1) Rap. Cass., 20 février 1825, D. P., 25, 1, 129; 11 mai 1840, Dev., 40, 1, 680; 15 mars et 31 août 1847, Sirey, 47, 1, 178 et 783; 29 juin 1857, D. P., 59, 1, 27; 15 novembre 1859, D. P., 59, 1, 443; C. Nancy, 25 août 1851, D. P., 52, 2, 4; Paris, 16 juillet 1850, Dev., 59, 2, 359; Toulouse, 29 avril 1845, Dev., 40, 2, 49; Amiens, 25 mars 1854, Dev., 54, 2, 289; Merlin, rép., v° réserve; Toullier, t. 4, n° 266; Grenier, t. 4, n° 667; Duranton, t. 6, n° 322; Vazeille, art. 761, n° 3; Marcadé, art. 916, n° 1; Troplong, des donat., t. 2, n° 775; Demolombe, art. 757, n° 55 et 913, n° 156.

(2) Rap. les autorités ci-dessus citées; Toullier, t. 4, n° 264; Demolombe, sur l'art. 913, n° 157; Cass., 17 janvier 1862, D. P., 62, 1, 142.

elle a déclaré dans son testament qu'elle entendait réserver à son fils naturel toute la portion que la loi lui accorde sur sa succession. On se demande, dans cette hypothèse délicate, ce qu'il faut attribuer à l'enfant naturel; s'il concourt avec des parents au degré successible, sa part n'est toujours qu'une fraction de la portion héréditaire qu'il aurait eue s'il eût été légitime (art. 757); or, comme enfant légitime, il aurait recueilli, dans l'espèce, la moitié des biens; donc, quoiqu'ait pu dire le disposant, l'enfant naturel a seulement droit au quart, car, pour des motifs d'ordre public et pour l'honneur du mariage, il ne peut rien recevoir par testament au delà de ce qui lui est attribué par la loi (art. 908), il ne peut être traité à l'égal d'un enfant légitime (1).

Soit une succession dévolue à un enfant naturel, à un légataire universel et aux ascendants des deux lignes. Quelle est la part qui revient à chacun des ayant-droit? Voici la solution la plus accréditée dans la doctrine : l'enfant, s'il était légitime, aurait la moitié des biens, mais il est enfant naturel, il a seulement droit au quart ; le surplus doit se partager par égales portions entre le légataire universel et les ascendants, moitié pour le premier et autant pour les seconds. Quand, aux termes de l'art. 915, le législateur a déterminé le chiffre de la réserve des ascendants, l'on ne peut supposer qu'il ait également entendu se placer dans l'hypothèse où

(1) Rap. Cass, 29 juin 1857; 15 novembre 1859; Demolombe, art. 908, n° 554 *ter*.

il faut faire la part d'une autre réserve, celle de l'enfant naturel (1).

S'il n'y avait qu'un ascendant, sa réserve serait du quart des trois quarts (2).

Supposons qu'il y eût deux enfants naturels au lieu d'un ; ils seraient appelés à recueillir la moitié de ce qu'ils auraient eu s'ils avaient été légitimes, c'est-à-dire le tiers de la succession. Trois enfants naturels auraient la moitié des trois quarts ; le restant se partagerait entre les ascendants et le légataire universel dans les proportions ci-dessus indiquées (3).

Jamais, malgré leur nombre, les enfants naturels ne pourraient réclamer plus de la moitié des trois quarts des biens ou trois huitièmes; les ascendants auraient droit à la moitié du surplus (4).

Une personne décède sans laisser de parents au degré successible, elle a un enfant naturel légalement reconnu, et elle a institué son conjoint pour légataire universel ; l'enfant naturel se trouve ici placé vis-à-vis du conjoint sur la même ligne qu'un étranger qui a le droit de réclamer la part d'un enfant légitime : par suite, le legs universel au profit du conjoint est réduit à la moitié des biens (art. 758 et 913) (5).

(1) Rap. Grenier, no 609 ; Toullier, t. 4 , n. 266; Duranton, t. 6, no 518; Marcadé, art. 916, no 4 ; Troplong, t. 2, no 777; Dalloz, vo success., no 544.

(2) Grenier, Toullier, Marcadé, loc. cit.; Duranton, no 519.

(3) Rap. Grenier, no 609; Duranton, no 526.

(4) Rap. Duranton, t. 6, no 521 ; Marcadé, art. 916, no 2.

(5) Rap. Duranton, t. 6, no 526 ; Troplong, t. 2, des donat., no 774.

Art. 759. Les enfants légitimes d'un enfant naturel prédécédé le représentent aux successions de ses auteurs; je dirai plus, si l'enfant naturel renonce à la succession de son auteur ou en est exclu comme indigne, ils ont droit de recueillir de leur chef les mêmes successions; l'art. 759 n'est point limitatif, il est purement énonciatif; d'ailleurs, je le rappelle, la représentation ne peut être invoquée que par celui qui a une vocation directe et personnelle à l'hérédité; donc le droit de succéder de leur chef découle forcément ici, pour les enfants légitimes, du droit de représenter leur auteur.

Évidemment, je ne suppose point le concours d'un enfant naturel avec les descendants d'un autre enfant naturel indigne ou renonçant. En effet, la dévolution de la succession se ferait alors exclusivement au profit de l'héritier du premier degré qui écarterait les successibles du second (1).

Au cas dont il s'agit, la faveur de la représentation, dès lors, la vocation héréditaire directe, n'appartient pas aux enfants naturels d'une personne, elle-même enfant naturel, puisque ces enfants ne sont point parents de l'auteur de la succession (2).

Les ascendants n'ont pas le droit de recueillir la succession des enfants légitimes de leur enfant

---

(1) Aubry et Rau sur Zachariæ, t. 4, p. 214; Massé et Vergé sur le même auteur, t. 2, p. 278; Demante, t. 3, no 78 bis, 4; Demolombe sur l'art. 759, nos 86, 87.

(2) Rap. Chabot, t. 2, p. 229; Toullier, t. 4, no 259; Vazeille sur l'art. 759, no 4; Poujol, même article, no 2; Zachariæ, Aubry et Rau, t. 4, p. 213; Massé et Vergé, t. 2, p. 277; Demolombe sur l'art. 759, no 88.

naturel prédécédé ; le contraire semblerait cependant s'induire de la faculté accordée à leurs petits-enfants naturels ; mais le Code est muet sur ce point, et l'on ne peut créer un droit successif qu'il n'a pas lui-même établi ; d'ailleurs des considérations de morale et d'ordre public semblent avoir surtout guidé le législateur dans le choix des règles relatives à cette section, c'est aussi pourquoi il faut bien se garder, en cette matière, de conclure par voie de réciprocité. Dès lors, les ascendants se trouveraient écartés non-seulement par tous les parents au degré successible, mais encore par le conjoint survivant et même par l'Etat (1).

Art. 758. Les enfants naturels recueillent la totalité des successions de leurs auteurs à défaut de parents au degré successible ; ils doivent, dans ce cas, acquitter les droits de mutation par décès au taux fixé pour les étrangers (2). Mais si la succession entière leur est dévolue par suite d'un testament, c'est le taux fixé pour la ligne directe qui est seul exigible (3).

La règle de perception est la même pour le conjoint survivant qui recueille seul la succession à défaut d'héritiers (art. 53 de la loi précitée) ; mais il

(1) Rap. C. Caen, 9 juin 1847, Dev., 47, 2, 570 ; Cass., 5 mars 1849, Dev., 49, 1, 551 ; Demante, t. 3, n° 85 bis, 4 ; Massé et Vergé sur Zachariæ, t. 2, p. 281 ; Demolombe sur l'art. 755, n° 149.

(2) Art. 55, loi du 28 avril 1816 ; Cass., 12 avril 1847 ; I. 1796, § 16.

(5) Cass., 5 avril 1852 ; I. 1946, § 2 ; 28 février 1855, D. P., 55, 4, 121.

peut arriver que l'héritier irrégulier soit déjà appelé à recueillir l'usufruit par une vocation contractuelle ou testamentaire, il paraît alors convenable de liquider sur la moitié des biens les droits de mutation par décès, suivant le taux fixé pour les transmissions entre époux. Faut-il se borner à dire que cette manière de procéder apporte un tempérament équitable au principe de la loi civile, dans l'espèce, exclusif de l'existence de l'usufruit; je préfère invoquer une considération juridique tirée de ce que l'époux survivant pourrait avoir intérêt à se prévaloir plus tard du don ou du legs fait en sa faveur, s'il venait à se présenter des héritiers ou si l'on découvrait une disposition primitivement ignorée.

Art. 765. La succession de l'enfant naturel décédé sans postérité est dévolue par moitié à ses père et mère qui l'ont reconnu; s'il n'a été reconnu que par l'un d'eux, elle lui appartient en totalité; l'expression *postérité* comprend les enfants naturels aussi bien que les enfants légitimes; il ne faut point, comme certains auteurs, restreindre les droits des enfants naturels à la moitié de la succession pour en attribuer l'autre moitié aux père et mère de l'enfant naturel ou à l'un d'eux; l'art. 757 qui règle le concours de l'enfant naturel avec les héritiers du sang n'est pas applicable dans l'espèce. (1).

Il se présente une question importante : faut-il

(1) Rap. Chabot, t. 2, p. 325; Delvincourt, t. 2, p. 25, n° 6; Poujol, art. 725, n° 1; Vazeille sur l'art. 765, n° 3; Aubry et Rau sur Zacharie, t. 4, p. 219; Demolombe sur l'art. 765, n° 145.

attribuer une réserve aux père et mère de l'enfant
naturel ? Des auteurs recommandables le soutiennent;
toutefois, la négative paraît mieux fondée; le législateur a créé une réserve au profit des ascendants
légitimes, mais il n'a pas reproduit la même disposition au profit des père et mère de l'enfant naturel; en pareil cas, il ne faut pas raisonner par
voie d'analogie. Voilà pour le point de vue du droit;
mais cette question a aussi un côté moral très-élevé;
l'enfant naturel, dira-t-on, a une réserve sur les
biens de son auteur, pourquoi la réciproque ne serait-
elle pas admise ? Ces deux situations sont corrélatives ? Je crois que cette règle de réciprocité doit
être repoussée; le père est le débiteur obligé d'une
réserve vis-à-vis de son fils naturel, mais voudrait-
on que la succession de ce dernier fût grevée
d'une dette qui serait en quelque sorte pour le
père la prime de sa faute ? L'enfant naturel, lui,
n'a qu'une fraction de la réserve attribuée à l'enfant légitime; si l'on devait allouer une réserve à
l'ascendant naturel, il n'existe aucun texte de loi
qui permette de lui faire subir une réduction quelconque; il faudrait donc accorder la réserve tout
entière de l'ascendant légitime; quelle choquante
égalité ? (1).

(1) Rap. C. Nîmes, 11 juillet 1827, D. P., 28, 2, 130; Douai, 3
décembre 1846, D. P., 41, 2, 142; Paris, 18 novembre 1859, D.
P., 59, 2, 193; Bordeaux, 4 février 1863, D. P. 63, 2, 216; Cass.,
20 décembre 1860, Dev., 61, 1, 521; 26 janvier 1862, D. P., 62,
1, 88; Chabot, art. 765, n° 5; Delvincourt, t. 2, p. 23, note 5;
Marcadé, art. 915, n° 3; Malpel, n° 197; Saintespes-Lescot, t. 2,
n° 355; Demolombe, art. 915, n° 184.

Art. 766. Si l'enfant naturel meurt sans postérité, après ses père et mère, les biens qu'il en avait reçus sont dévolus à ses frères et sœurs légitimes, s'ils se retrouvent en nature dans la succession : il en est de même des actions en reprise ou du prix provenant de l'aliénation de ces biens, s'il est encore dû ; quant aux autres valeurs de sa succession, elles sont attribuées à ses frères et sœurs naturels ou à leurs descendants.

Moins favorisés que s'ils étaient légitimes, les enfants naturels n'ont aucun droit à la succession de leurs frères et sœurs légitimes, il était juste de placer ces derniers dans une situation pareille vis-à-vis de leurs frères naturels ; d'ailleurs, le lien de solidarité qui unit les enfants légitimes les uns aux autres n'existe pas entre les enfants naturels d'une part et les enfants légitimes de l'autre. Il convenait, enfin, que les biens recueillis par l'enfant naturel dans les successions de ses auteurs fissent retour à ses frères et sœurs légitimes qui, dès le principe, en auraient hérité sans lui.

Mais le droit de reprise accordé par l'art. 766 n'appartient qu'aux descendants légitimes des frères et sœurs naturels, il ne saurait être invoqué par leurs descendants naturels, car il n'a existé aucun rapport de parenté entre eux et leur oncle ou tante naturel (1).

S'il y a concours de frères naturels germains,

<hr>

(1) Rap. Marcadé, art. 766, n° 5 ; Dalloz, v° success., n° 361, Demolombe ; art. 766, n° 162.

consanguins ou utérins, ces collatéraux partageront-ils également la succession du défunt ? il me le semble, malgré le dissentiment de la généralité des auteurs ; et, en effet, le droit de recueillir une double part en vertu du double lien est une prérogative propre aux héritiers réguliers ; or rien n'autorise à étendre une disposition de la loi d'un ordre successif à un autre ; la parenté du double lien provient d'ailleurs de l'existence des deux lignes paternelle et maternelle consacrée en matière de succession légitime ; mais, quand il s'agit d'une succession irrégulière, il n'y a point de lignes. La tâche originelle qui pèse sur les enfants naturels les rend tous égaux devant la loi (1).

Les descendants légitimes des frères et sœurs naturels de l'enfant naturel décédé peuvent-ils les représenter à sa succession, de manière à la recueillir concurremment avec les frères et sœurs survivants? La représentation, pourrait-on dire dans le sens de la négative, est une institution exclusivement introduite dans les successions régulières ; mais le Code, répondrai-je, n'a pas toujours écarté de la matière des successions irrégulières le principe de la représentation déduit de l'affection présumée du défunt (v° art. 759), et quoi de plus naturel que de supposer que le *de cujus* reportait sur la descendance légitime de son frère naturel l'affection qu'il avait pour ce dernier (2)?

(1) Rap. Valette cité par Mourlon, t. 2, p. 87 ; Demante, t. 2, n° 86 bis, 9 ; Demolombe, art. 766, n° 164.

(2) Rap. Chabot, art. 766, n° 7 ; Marcadé, art. 766, n° 3 ; Demante, *loc. cit.* ; Demolombe, art. 766, n° 165.

Les descendants des frères ou sœurs légitimes ont-ils le droit de reprendre dans la succession de l'enfant naturel les biens qui lui proviennent de l'auteur commun. Le texte du Code est formellement limitatif, la vocation héréditaire n'est ici conférée qu'aux frères et sœurs légitimes, leurs descendants en sont donc exclus. Cette solution se corrobore également par l'espèce d'antithèse qu'offre l'art. 766; quand la loi appelle à la succession de l'enfant naturel ses frères et sœurs naturels, elle a soin de parler aussi de leurs descendants; au contraire, dans le premier membre de phrase où elle attribue aux frères et sœurs légitimes de l'enfant naturel le droit de recueillir les biens héréditaires, elle ne fait nulle mention de leurs descendants, cette omission n'est-elle pas hautement significative (1)? Il appartient, donc, à l'Administration des Domaines, s'il est de l'intérêt du Trésor, de provoquer au nom de l'État l'envoi en possession de la succession délaissée par l'enfant naturel décédé sans frères et sœurs naturels ou descendants d'eux, ni conjoint survivant.

Le droit de retour accordé aux frères et sœurs légitimes de l'enfant naturel sur les biens qu'il a reçus de son père ou de sa mère ne peut s'ouvrir qu'autant que les père et mère sont tous deux prédécédés. La particule *et* a été employée ici à des-

(1) Rap. C. Paris, 10 mai 1851, D. P., 53, 2, 114; Cass., 1er juin 1853, D. P., 53, 1, 177; Grenier, t. 2, n° 677; Malpel, n° 164; Demante, t. 3, n° 86 bis, 4; Massé et Vergé sur Zachariæ, t. 2, p. 281.

sein, elle a sa valeur grammaticale, sa portée précise que l'on ne saurait méconnaître sans renverser l'ordre successif établi par la loi (1).

Les frères et sœurs légitimes de l'enfant naturel ne peuvent recueillir les autres biens de sa succession, c'est-à-dire ceux qui ne lui proviennent point de son auteur. En effet, la parenté soit légitime, soit naturelle, ne confère jamais la vocation héréditaire qu'en vertu d'une disposition expresse de la loi; or, il n'existe aucun article du Code qui défère aux frères et sœurs la succession ordinaire de l'enfant naturel; donc, en l'absence de frères et sœurs naturels, ou de leurs descendants, et du conjoint survivant, cette succession appartient à l'État (2).

Art. 760. L'enfant naturel ou ses descendants sont tenus d'imputer sur ce qu'ils ont droit de prétendre, tout ce qu'ils ont reçu du père ou de la mère dont la succession est ouverte, et qui serait sujet à rapport, d'après les règles établies pour les successions régulières.

Le rapport et l'imputation ne doivent pas être confondus, ils sont gouvernés par des règles différentes et produisent des effets opposés.

(1) Rap. C. Dijon, 1er août 1818, D. P., 19, 2, 28; Riom, 4 août 1820, D. P., 22, 2, 14; Paris, 27 novembre 1845, D. P., 45, 2, 189; Aubry et Rau sur Zachariæ, t. 4, p. 227; Demante, t. 3, nos bis, 2; Demolombe sur l'art. 760, no 155.

(2) Art. 768, Rap. C. Grenoble, 15 janvier 1840, D. P., 40, 2, 210; Colmar, 18 janvier 1850, D. P., 51, 2, 161; Vazeille, art. 766, no 7; Poujol, art. 766, no 6; Marcadé, art. 766, no 5; Demolombe, art. 766, no 166.

1° On peut être dispensé du rapport par une clause expresse (art. 843); l'imputation, au contraire, est toujours de rigueur, on ne saurait d'aucune manière en atténuer les effets. L'enfant naturel est placé sous le coup d'une incapacité relative; il ne peut rien recevoir au delà de ce que la loi lui accorde (art. 908); il en résulte qu'il est tenu d'imputer sur ses droits tous les avantages qu'il a reçus de son père ou de sa mère.

2° Les héritiers légitimes sont soumis au rapport réel des immeubles qui se retrouvent en nature dans la succession ; il n'en est pas de même de l'enfant naturel; simplement tenu *d'imputer* sur les droits que la loi lui confère le montant de l'objet qui lui a été donné, il en acquiert donc la propriété incommutable, il doit précompter la valeur que cet objet avait *au jour de la donation*, c'est un véritable rapport *en moins prenant* (1). D'où il faut conclure que si l'immeuble donné à l'enfant naturel vient à périr avant l'ouverture de la succession, il en supporte la perte ; tandis que, dans le même cas, l'héritier n'est point astreint à l'obligation du rapport (art. 855).

3° Les descendants d'un enfant légitime ne rapportent point les avantages faits à leur père, lorsqu'ils succèdent de leur chef (art. 848); mais,

(1) Rap. les considérants d'un arrêt de la Cour de Pau du 14 juillet 1827, D. P., 28, 2, 49 et d'un arrêt de la Cour de cassation du 11 janvier 1851, D. P., 51, 1, 60; Chabot, art. 760, n° 2; Marcadé, art. 760, n° 1.

en pareille circonstance, l'imputation est imposée aux descendants légitimes d'un enfant naturel, aussi bien pour les dons et legs qui leur ont été faits à eux-mêmes que pour ceux dont leur auteur a été personnellement gratifié (art. 760 et 908). Et ces dispositions combinées me portent à penser que le vœu de la loi serait méconnu, si l'on décidait le contraire, dans le cas même où le don fait par l'aïeul aux descendants de l'enfant naturel aurait été consenti postérieurement à l'ouverture de la succession de leur auteur (1).

Il s'agit maintenant de préciser le mode d'imputation. Faut-il pour déterminer le montant des droits de l'enfant naturel, opérer seulement sur les biens existant en nature au moment de l'ouverture de la succession, ou bien réunir à ces valeurs celles que l'enfant naturel est tenu d'imputer? Le premier système a trouvé des partisans, mais il s'écarte trop visiblement des principes de la loi pour être dans le vrai.

Voici le cas : Un enfant naturel, en concours avec un enfant légitime, a reçu par avancement d'hoirie,............................ 10,000ᶠ
les biens de la succession existant en nature au décès, s'élèvent à 60,000ᶠ
ci.. 60,000ᶠ

Total.......... 70,000ᶠ

(1) Rap. C. Paris, 26 décembre 1828, D. P., 29, 2, 58; Marcadé, art. 908, n° 1; Toullier, t. 4, n° 260; Duranton, t. 8, n° 247; Demolombe, art. 759, n° 95.

Le tiers de la portion d'enfant légi-
time revenant à l'enfant naturel est de.   11,666ᶠ 66ᶜ
Il a déjà reçu....................   10,008ᶠ
Il ne reste plus à prélever que. .   1,666ᶠ 66ᶜ

Si la réunion fictive ne devait pas avoir lieu, l'héritier irrégulier, déjà saisi par anticipation de sa portion héréditaire, n'aurait plus rien à prétendre sur les valeurs de la succession; mais, en réalité, l'imputation est à faire sur l'ensemble des biens qu'elle comprend; les termes du Code le font supposer lorsqu'ils disposent ainsi : l'enfant naturel ou ses descendants sont tenus d'imputer sur *ce qu'ils ont droit de prétendre*, tout ce qu'ils ont reçu de leur père ou de leur mère ; s'il en était autrement, ils ne recevraient qu'une fraction incomplète de leur part réelle, ils se verraient lésés dans leurs droits. Presque tous les auteurs sont d'accord sur ce point (1).

Art. 761. Toute réclamation est interdite aux enfants naturels, lorsqu'ils ont reçu, du vivant de leur père ou de leur mère, la moitié de ce qui leur est attribué par les articles précédents, avec déclaration expresse, de la part de leur père ou mère, que leur intention est de réduire l'enfant naturel à la portion qu'ils lui ont assignée. Dans le cas où cette portion serait inférieure à la moitié de ce qui devrait revenir à l'enfant naturel, il ne pourra réclamer que le supplément nécessaire pour parfaire cette moitié.

(1) Rap. Vazeille, art. 760, n° 5; Marcadé, art. 760, n° 2; Aubry et Rau sur Zachariæ, t. 4, p. 598; Massé et Vergé sur le même auteur, t. 2, p. 458; Demolombe, art. 760, n° 97.

C'est dans le double but de conserver l'harmonie au sein de la famille et de maintenir l'enfant naturel dans la ligne du devoir, que le législateur a jugé convenable d'édicter cette disposition ; deux conditions sont requises pour sa légalité : 1° l'enfant naturel doit avoir reçu *du vivant* de son père ou de sa mère la moitié de sa part dans l'hérédité ; 2° le donateur est tenu *d'exprimer formellement* son intention de restreindre les droits de l'enfant naturel à cette attribution.

La réduction n'a pas besoin d'ailleurs d'être acceptée par l'enfant naturel, c'est un acte souverain de pouvoir domestique. Je ne méconnais point la gravité des considérations invoquées par l'opinion contraire. La donation ne se forme que par le concours de deux volontés, le défaut d'acceptation la laisse à l'état de simple projet ; dès lors, le consentement de l'enfant naturel est une condition essentielle de la libéralité anticipée. Mais la faculté accordée au père par notre article deviendrait illusoire, si l'enfant naturel pouvait par son refus en paralyser l'exercice (1).

Concluons, dès lors, que l'abandon anticipé fait par le père à l'enfant naturel, même en l'absence de l'acceptation du dernier, est passible du droit fixé

(1) Rap. Cass. 21 avril 1835, D. P. 35, 1, 225 ; 31 août 1847, D. P. 47, 1, 524 ; C. Douai, 27 février 1834, D. P. 34, 2, 177 ; Toulouse, 29 avril 1845, D. P. 45, 2, 165 ; Metz, 27 janvier 1853, D. P. 54, 2, 252 ; Toullier, t. 4, n° 262 ; Duranton, t. 6, n°* 304 et s.; Dalloz, v° success., n° 326 ; Masse et Vergé sur Zachariæ, t. 2, p. 278, note 22.

pour les transmissions entre-vifs à titre gratuit en ligne directe.

Il importe de savoir si c'est à la moitié de sa réserve ? ou bien à la moitié de sa part dans la succession entière, que l'enfant naturel peut être réduit, quand son auteur a fait des dispositions qui ont épuisé la quotité disponible. Je ne puis adhérer à la seconde interprétation que l'on fait reposer sur ces mots de l'art. 761 : l'enfant naturel ne peut plus rien réclamer, lorsqu'il a reçu la moitié de ce qui lui est attribué par *les articles précédents*. Mais l'art. 757, l'un de ceux auxquels il faut se reporter, ne prévoit pas exclusivement le cas d'une succession dévolue *ab intestat*, il se borne à dire que l'enfant naturel, en concours, par exemple, avec un frère du défunt, a droit à la moitié de ce qu'il aurait eu, s'il eût été légitime, c'est-à-dire au quart des biens, en présence d'un legs universel ; donc, par l'effet de la réduction, sa part est susceptible d'être limitée, dans l'espèce, au huitième de la succession (1).

Les enfants naturels en concours avec des enfants légitimes seraient-ils fondés, lors de l'ouverture de la succession de leur auteur, à bénéficier de la réduction apportée aux droits d'un enfant naturel ? La négative ne me paraît point douteuse ; la réduction devrait exclusivement profiter aux enfants légitimes, parce que les enfants naturels ne peuvent jamais re-

(1) Rap. Toullier, *loc. cit.*; Grenier, t. 2, n° 674 ; C. Toulouse, *loc. cit.*, Cass., 31 août 1847.

cueillir une part supérieure à celle qui leur est attribuée par la loi (1).

La réduction peut-elle profiter à d'autres qu'aux héritiers du sang? Cette question importante, je dois l'élucider, elle n'est point de celles que l'on peut rencontrer sans s'y arrêter. Précisons les faits : Un père a réduit son enfant naturel à la moitié des droits héréditaires, les héritiers légitimes prédécèdent ; à la mort du père, l'enfant naturel sera-t-il écarté de la succession par le conjoint survivant, ou, à son défaut, par l'Etat, mais c'est lui précisément qui exclut ces successeurs irréguliers (art. 723). La réduction a été établie dans l'intérêt de la famille légitime, c'est un sûr moyen d'éviter des contestations dans l'avenir, elle n'a plus de raison d'être, dès que ces contestations ne peuvent s'élever ; il n'y a, dans l'espèce, aucun texte de loi qui permette de déroger à la règle générale de la dévolution des biens *ab intestat*. Les partisans de l'opinion adverse s'enferment ainsi dans une solution sans issue, malgré les amendements qu'ils peuvent introduire dans leur système (2).

Art. 762. 763. 764. Grande est la différence entre la filiation naturelle simple et la filiation adultérine ou incestueuse.

Le législateur ne pouvait permettre de légaliser, en

(1) Art. 908. Rap. Duranton, t. 6, n° 508 ; Demolombe, art. 761, n° 118.

(2) Marcadé, art. 761, n° 5, Vazeille, même art., n° 12 ; Massé et Vergé sur Zacharie, t. 2, p. 285 ; Demolombe, sur l'art. 761, n° 119.

quelque sorte, la naissance d'un enfant adultérin ou incestueux, qui est une atteinte aux éternelles lois de la morale.

Destitué de tout droit de successibilité vis-à-vis de ses auteurs, cet enfant, marqué au front d'une tâche indélébile, n'a qu'une simple créance alimentaire; et encore l'obligation pour la succession de fournir des aliments cesse, si le père ou la mère lui ont fait apprendre un art mécanique, ou s'ils l'ont mis à même d'exercer une profession qui lui procure les moyens de vivre.

Les aliments sont réglés eu égard aux facultés du père ou de la mère, au nombre et à la qualité des héritiers légitimes.

Les biens de l'enfant adultérin ou incestueux sont une épave qui passe à l'Etat, s'il meurt sans descendants ni conjoint (1).

La question de savoir si l'enfant naturel reconnu peut être adopté par son auteur divise profondément les civilistes.

L'institution civile de l'adoption a pour effet d'accorder à l'adopté sur la succession de l'adoptant les droits d'un enfant légitime (art. 350); l'assimilation est complète sous ce rapport. En présence de parents au degré successible, l'enfant naturel reconnu ne peut jamais recueillir l'entière succession de son père ou de sa mère (art. 757, 758 et 908).

(1) Rap. C. Nîmes, 13 juillet 1824, Sirey, 25, 2, 218; Chabot, t. 2, p. 355, Duranton, t. 6, n° 340; Poujol, art. 765, no 4; Marcadé, art. 766, no 4.

Si l'on pouvait par l'adoption élargir le cercle de la capacité de l'enfant naturel, ce serait priver indirectement les parents légitimes de la garantie tutélaire que le Code a voulu leur accorder; ne serait-ce point aussi affaiblir l'action modératrice de la loi sur les mœurs publiques ? Ces raisons font pencher quelques auteurs du côté de l'invalidité de l'adoption en pareil cas (1). Néanmoins, cette solution n'a pas été admise en jurisprudence; il a été décidé que l'enfant naturel reconnu pouvait être adopté par son père, malgré la présence d'autres enfants naturels, l'adoption n'étant interdite qu'à celui qui a une postérité légitime. (2).

SECTION II.

Des droits du conjoint survivant et de l'Etat.

Art. 767. 768. Lorsqu'une personne décède sans laisser de parents légitimes ni enfants naturels, sa succession est dévolue à son conjoint survivant et, à défaut de conjoint survivant, elle passe à l'Etat.

Art. 769. 770. Les enfants naturels, le conjoint survivant et l'administration des Domaines au nom de l'Etat, sont tenus de faire apposer les scellés sur les meubles de la succession, de les faire constater par un inventaire régulier, de faire procéder à trois

(1) Rap. Marcadé, sur l'art. 346; Demante, t. 2, n° 80 bis, 3 ; Demolombe, sur l'art. 346, n° 52.

(2) Rap. Cass., 28 mars 1841, 5 juin 1861, D. P. 61, 1, 557.

publications et affiches, suivant les formes prescrites, et de demander l'envoi en possession au Tribunal civil de l'arrondissement dans lequel la succession s'est ouverte. Le Tribunal ne peut statuer qu'après audition des conclusions du procureur impérial.

Art 771. 772. 773. Les enfants naturels et l'époux survivant sont encore tenus, sous peine de dommages-intérêts envers les héritiers, s'il s'en représente, de faire emploi du mobilier ou de donner caution suffisante pour en assurer la restitution, au cas où, dans l'intervalle de trois ans, la succession serait réclamée par les héritiers.

Il n'a point paru convenable d'assujettir à cette double obligation l'Etat qui est toujours réputé solvable.

On n'a pu sérieusement contester à l'Etat le droit de revendiquer les valeurs mobilières délaissées par un étranger décédé en France, sans laisser d'héritiers ; l'appréhension par l'Etat des biens de toute sorte vacants et sans maître dérive de son droit universel et absolu de souveraineté ; il serait anormal de voir une nation étrangère réclamer les meubles dépendant de la succession d'un de ses nationaux ouverte en France ; cette dévolution pourrait faire naître des conflits, des difficultés qu'il convient d'éviter (1).

En dehors des ordres successifs définis par le Code,

(1) Rap. C. Paris, 15 novembre 1833, D. P., 34, 2, 2 ; Bordeaux, 17 août 1833, D. P., 34, 2, 154 ; Demolombe, sur l'art. 768, n° 178.

il existe deux cas particuliers de succession dont il est utile de parler.

Aux termes de l'art. 8 de la loi du 15 pluviose, an 13, les successions des enfants mineurs et non émancipés sont tout entières dévolues à l'hospice où ils sont décédés quand il ne se présente aucun héritier ; comme tout successeur irrégulier, l'hospice doit se faire envoyer en possession, à la diligence du Receveur et sur les conclusions du ministère public.

S'il se présente ensuite des héritiers, ils ne peuvent répéter les fruits que du jour de la demande ; ceux précédemment perçus demeurent la propriété irrévocable de l'hospice.

En vertu de l'art. 9 de la même loi, les héritiers qui se présentent pour recueillir la succession d'un mineur décédé à l'hospice, avant son émancipation, sont tenus d'indemniser l'établissement des aliments fournis et des dépenses faites pour l'enfant décédé, pendant le temps qu'il est resté à la charge de l'Administration, sauf à faire entrer en ligne de compte, jusqu'à due concurrence, les revenus perçus par l'hospice.

C'est à titre d'indemnité de soins que les établissements hospitaliers recueillent les biens des mineurs ; pour ce motif, ils ne sont tenus d'acquitter aucun droit de mutation par décès (1).

D'après un avis du conseil d'Etat, des 3-8 novembre 1809, les effets mobiliers apportés par les malades

____

(1) D. M. F., 25 juin 1858, L. 2132 § 4.

décédés dans les hospices et qui y ont été traités gratuitement sont dévolus aux hospices, à l'exclusion du domaine, en cas de déshérence, et ajoutons, bien que cette interprétation ait été contestée, même des héritiers qui peuvent se présenter. (1)

Le mot, effets mobiliers, ne s'entend que des meubles de faible valeur à l'usage personnel des malades et non d'une somme d'argent ou d'autres objets d'une valeur importante. (2)

Le Code Napoléon a fait table rase des statuts et réglements qui attribuaient à certains hospices la succession des personnes admises et mortes dans ces établissements ; vainement, quelques hospices ont tenté de ressusciter des dispositions abrogées ; la jurisprudence a repoussé leurs prétentions (3).

Au termes de l'avis du Conseil d'Etat du 8 novembre 1809, les effets mobiliers laissés dans un hospice par un militaire ou un marin qui vient à y mourir ne sont point la propriété de cet établissement ; l'agent comptable en transmet l'état à la famille du militaire ou du marin décédé et il en effectue la remise aux héritiers. Les effets non réclamés sont vendus à la diligence du sous-intendant militaire et le prix en est versé à la caisse des dépôts et consignations.

(1) Rap. C. Paris, 15 novembre 1833, et Bordeaux, 17 août 1833; Chabot, art. 768, no 2; Demante, t. 3, no 94 bis, 3; Demolombe, t. 2, des succ., no 195.

(2) Rap. arrêts précités; Demolombe, no 194.

(3) Rap. Cass., 20 juillet 1831, D. P., 31, 1, 317; 29 juin 1836, D. P., 36, 1, 292; 17 avril 1838, D. P., 38, 1, 233; C. Orléans, 3 février 1837; Demolombe, no 192.

L'Etat ne peut se payer de droits à lui-même ; il s'ensuit que l'immunité de l'impôt est assurée aux successions qui lui sont dévolues par voie de déshérence (art. 70, § 2, n° 4 de la loi du 22 frimaire, an 7) ; mais, l'exigibilité du droit de mutation par décès atteint les héritiers qui rentrent en possession des biens et leur déclaration doit être faite dans un délai de six mois à compter de la décision ministérielle qui autorise la remise des valeurs de la succession (1).

CHAPITRE V.

De l'acceptation et de la répudiation des successions.

SECTION Ire.

De l'acceptation.

Art. 774, 775. L'acceptation est l'acte par lequel une personne déclare vouloir confirmer en elle les effets de la vocation héréditaire.

L'héritier peut accepter purement et simplement ou sous bénéfice d'inventaire la succession qui lui est échue. Il est saisi instantanément des droits et actions du défunt, tel est le côté pratique avantageux du système que le Code a consacré ; mais l'hérédité est parfois onéreuse, il convenait, à ce point de vue, de permettre d'anéantir les effets de la saisine, l'héritier trouve cette faculté dans la latitude de ne

(1) D. M. F., 8 frimaire an 9.

point accepter la succession, s'il le juge convenable. Nul n'est tenu d'accepter une succession qui lui est échue, dit le Code, c'est la reproduction de la formule de notre ancien droit : *Nul n'est héritier qui ne veut !*

Art. 777. L'acceptation fixe la saisine, elle ne comporte ni restriction, ni révocabilité, ni condition, elle doit être entière, irrévocable, formelle ; elle produit, une fois exprimée, tous ses effets dès le jour même de l'ouverture de la succession. Les intérêts des tiers, le respect dû aux conventions légalement contractées, la stabilité, l'ordre dans les affaires, exigent qu'il en soit ainsi.

Il convient, en cette matière, de rechercher le fondement de l'irrévocabilité dans le quasi-contrat que l'acceptation présuppose. Notez que je parle d'un quasi-contrat. En effet, le contrat, c'est l'accord, l'union intime de deux volontés, et, ici, le lien de droit se forme vis-à-vis des autres héritiers et des tiers par l'adhésion de l'héritier acceptant à l'offre qui émane de la loi elle-même ; j'ai donc eu raison de dire qu'il ne s'agissait pas en réalité d'un contrat ; toutefois, les effets qu'il produit n'en existent pas moins dans l'espèce. Ce point de vue est très-important, il m'a paru utile de ne point le passer sous silence.

Art. 776. Les femmes mariées ne peuvent valablement accepter une succession sans l'autorisation de leur mari ou de la justice, conformément aux dispositions du chapitre 6 du titre du mariage.

Quant aux successions échues aux mineurs et aux interdits, elles ne peuvent être acceptées sans une autorisation préalable du conseil de famille, et l'acceptation ne peut avoir lieu que sous bénéfice d'inventaire (art. 461 et 776).

Il n'y a, d'ailleurs, sous le rapport de la forme de l'acceptation, aucune distinction à établir entre les mineurs non émancipés et les mineurs émancipés (art. 484). Seulement, dans le premier cas, l'initiative de l'acceptation bénéficiaire, au nom du mineur, appartient au tuteur (art. 450) ; tandis que, dans le second cas, c'est le mineur émancipé lui-même, assisté ou non de son curateur, qui fait au greffe la déclaration voulue par la loi.

Les personnes pourvues d'un conseil judiciaire pour cause de faiblesse d'esprit ou de prodigalité peuvent, avec l'assistance de ce conseil accepter une succession, soit sous bénéfice d'inventaire, soit purement et simplement, sauf au conseil judiciaire à opter pour l'acceptation bénéficiaire s'il juge ce parti le plus convenable à prendre (1).

Art. 778. L'acceptation peut être expresse ou tacite : elle est expresse quand on prend le titre ou la qualité d'héritier dans un acte authentique ou sous-seing privé et même dans un acte judiciaire ou extrajudiciaire à moins que l'on ne désavoue l'officier ministériel ; elle est tacite, quand, sans restreindre la portée du fait, ni stipuler aucune réserve, l'hé-

(1) Rap. Chabot, art. 776, n° 10 ; Toullier, t. 4, n° 341 ; Duranton, t. 4, n° 420.

ritier consent un acte qui suppose nécessairement son intention d'accepter et qu'il n'aurait droit de faire qu'en sa qualité d'héritier.

La qualité d'héritier prise dans une lettre missive emporte-t-elle acceptation de la succession ? la question me paraît devoir être résolue à l'aide d'une distinction ; la lettre a-t-elle un caractère intime et confidentiel, l'héritier conserve toute sa liberté d'action pour l'avenir; mais il se trouve irrévocablement lié, s'il s'agit d'une correspondance de nature à faire preuve en justice, telle, par exemple, que celle qui le met en relation d'affaires soit avec l'un de ses cohéritiers, soit avec un créancier ou un légataire de la succession (1).

C'est accepter une succession que de prendre la qualité d'héritier dans une procuration pour gérer les biens qui en font partie, et l'acceptation serait irrévocable, quand même il n'y aurait eu aucun commencement d'exécution, quand même le mandat n'aurait pas été accepté (2).

La loi a ainsi voulu faire consister l'acceptation dans la manifestation formelle de la volonté d'être l'héritier, sans se préoccuper des conséquences de l'acte d'acceptation, et l'acceptation ne serait pas anéantie malgré la nullité pour vice de forme ou

(1) Rap. Delvincourt, t. 2, p. 27, note 1; Chabot, art. 778, n° 5; Toullier, t. 4, n° 325; Duranton, t. 6, n° 373; Poujol, art. 778, n° 1; Demolombe, art. 778, n° 380.

(2) Rap. Cass., 29 décembre 1846; Dev., 47, 1, 18; 4 avril 1849, 1. 1844, § 8; Chabot, art. 778, n° 4; Duranton, t. 6, n° 339; Zacharie, Aubry et Rau, t. 4, p. 261; Demolombe, sur l'art. 778, n° 387.

tout autre motif de l'acte dans lequel elle aurait été formulée (1).

Toutefois comme l'acceptation réside plutôt dans l'intention que dans le fait, il ne faut pas toujours s'attacher exclusivement aux termes de l'acte, quelquefois le successible a pris le mot *héritier* pour celui *d'habile à succéder* ; l'on doit, en cette matière, apporter une scrupuleuse attention à l'examen des actes; le but que l'héritier s'est proposé, l'esprit dans lequel il a agi, les circonstances de l'affaire, voilà les éléments d'appréciation sur lesquels il convient de se baser (2).

Ainsi la qualité d'héritier prise dans la procuration donnée pour la levée des scellés, la confection de l'inventaire et la vente du mobilier, n'emporte point acceptation de la succession, si l'héritier s'est réservé la faculté d'accepter la succession sous bénéfice d'inventaire ou d'y renoncer, et qu'il n'ait d'ailleurs appréhendé aucun objet. (3)

Dans le même ordre d'idées, il a été décidé qu'à moins d'une déclaration continue, expresse et positive, les qualités données aux parties dans l'inventaire des valeurs d'une succession, ne sont point définitives, mais seulement subordonnées aux acceptations et renonciations toujours permises ultérieure-

(1) Rap. C. Caen, 16 juillet 1854, D. P., 55, 2, 180; Duranton, t. 6, n° 585; Zachariæ, Massé et Vergé, t. 2, p. 504, note 10.

(2) Rap. Toullier, t. 4, n° 325; Duranton, n° 375; Vazeille, sur l'art. 778, n° 1; Massé et Vergé sur Zachariæ, t. 2, p. 504.

(3) Rap. Cass., 1er août 1809; Sirey, 10, 1, 8; Riom, 10 février 1821; Sirey, 22, 2, 100; Toullier, *loc. supra cit.*

ment ; qu'il en est surtout ainsi , quand l'inventaire renferme la réserve formelle que les qualités qui y sont prises ne pourront nuire à qui que ce soit. (1).

Malgré sa rédaction, l'art. 778 ne subordonne point cependant l'acceptation tacite au concours de deux conditions ; il n'exige pas que non-seulement l'héritier ait fait un acte qui suppose nécessairement son intention d'accepter , mais encore qu'il n'ait eu le droit de faire cet acte qu'en sa qualité d'héritier. Le Code a été rédigé dans un autre esprit ; pour imprimer la qualité d'héritier , la loi ne s'attache qu'à une seule chose , elle veut que le successible accomplisse un acte que , dans sa pensée , il pouvait seulement faire en sa qualité d'héritier , un acte qui suppose nécessairement son intention d'accepter. Ainsi , une personne vend un immeuble qu'elle croyait lui provenir de la succession de son père , mais qu'en réalité elle possédait du chef de sa mère ; elle aura accepté la succession paternelle , car c'est l'intention qu'il faut considérer. (2).

Art. 780. Le Code range parmi les actes d'acceptation :

1° La donation , vente ou transport que fait de ses droits successifs un des cohéritiers , soit à un étranger , soit à tous ses cohéritiers , soit à quelques-uns d'eux.

2° La renonciation , même gratuite , que fait un

(1) Art. 779, 796 et art. 900 du Code de procédure ; C. Orléans, 31 mars 1849, D. P., 51 , 2 , 17 ; Demolombe , art. 778, n° 385.
(2) Rap. Duranton , t. 6 , n° 375 ; Marcadé , art. 778 ; Demolombe, art. 778 , n°° 398 et s.

des héritiers au profit d'un ou de plusieurs de ses cohéritiers.

3° La renonciation qu'il fait même au profit de tous ses cohéritiers indistinctement, lorsqu'il reçoit le prix de sa renonciation.

L'héritier qui donne ses droits même à tous ses cohéritiers fait autre chose que s'il y renonçait, il appréhende sa part pour la transmettre, il accepte ainsi virtuellement la succession ; l'opération établit entre les parties des rapports juridiques qui n'existent pas dans le cas d'une renonciation.

Pourquoi la renonciation même gratuite consentie par un héritier au profit d'un ou de plusieurs de ses cohéritiers implique-t-elle acceptation de l'hérédité ? Quand la renonciation est pure et simple, l'accroissement est l'œuvre de la loi, il profite à tous les cohéritiers indistinctement ; mais, dans l'espèce, il profite seulement à quelques-uns d'entre eux, il est donc l'effet de la volonté même de l'héritier ; or, cet héritier, a préalablement accepté, puisqu'il dirige le cours des biens.

A plus forte raison, en est-il ainsi lorsque le tiers appelé à recueillir le fruit de la renonciation est étranger à la succession (1).

La renonciation *in favorem* n'est point soumise, sous peine de nullité, à la forme authentique, à l'acceptation expresse ; c'est un contrat particulier à titre gratuit auquel l'art. 780 n'impose pas les

____

(1) Rap. Cass., 17 août 1815 ; Sirey, 15, 1, 445.

entraves d'une forme spéciale; du moins la Cour de cassation l'a ainsi jugé (1).

Lorsque l'héritier renonce au profit de tous ses cohéritiers, moyennant un prix ou plus généralement *aliquo dato*, il accepte tacitement, car il fait acte de maître à l'égard de ses droits, l'acte équivaut à vente.

Dans tous ces cas, deux transmissions s'accomplissent; les objets héréditaires vont du patrimoine du défunt dans celui de l'héritier, ils passent ensuite des mains de l'héritier dans celles de ses cohéritiers ou de l'étranger; il y a donc lieu de percevoir d'abord le droit de mutation par décès, au taux déterminé par le degré de parenté existant entre le défunt et le prétendu renonçant; puis le droit de transmission à titre gratuit ou onéreux, suivant que l'opération qu'il s'agit d'imposer est une donation ou une vente.

La renonciation gratuite par un héritier *au profit* de tous ses cohéritiers indistinctement est une véritable renonciation passible d'un simple droit fixe d'enregistrement. L'héritier, en effet, laisse les biens suivre la direction que la loi elle-même leur imprime; l'art. 780 qui considère comme un acte d'acceptation la donation par l'un des cohéritiers à tous ses cohéritiers n'attache, en pareille circonstance, la même force à la renonciation que si elle est à titre onéreux.

(1) 15 novembre 1858, D. P., 58, 1, 453; Rap. C. Caen, 26 février 1827, D. P., 28, 2, 74.

Ces mots *au profit* de tous les cohéritiers n'ont aucune valeur juridique, ils ne peuvent transformer la nature de l'opération, c'est une formule explétive et surabondante. Toutefois, il en serait autrement si l'héritier, en renonçant au profit de tous ses cohéritiers, exprimait l'intention formelle de leur faire une libéralité, ces termes exerceraient une influence décisive sur la perception.

Il se pourrait aussi que les effets légaux du droit d'accroissement fussent modifiés par une renonciation même gratuite consentie en faveur de tous les cohéritiers, et c'est ce qui aurait lieu, dans le cas d'une succession dévolue à des ascendants et à des collatéraux privilégiés, si l'un des ascendants appelait l'autre ascendant à recueillir avec les collatéraux le bénéfice de sa renonciation; comme dans l'hypothèse précédente, le droit de donation devrait être perçu.

On doit considérer comme des actes d'adition d'hérédité la demande en partage de la succession (1); la demande en nullité ou rescision d'une convention ou disposition émanée du défunt; la transaction ou le compromis sur un procès qui concerne la succession (2); la renonciation faite par un successible à la communauté ayant existé entre son auteur et l'époux de celui-ci (3); la procuration donnée pour procéder au partage de la succession et non révoquée, avant que le mandant en ait fait usage (4).

(1) C. Paris, 30 décembre 1857, Poujol, p. 392, 393.
(2) Rap. C. Agen, 13 juin 1825; Bordeaux, 19 janvier 1858.
(3) Cass., 23 décembre 1846, D. P., 47, 1, 21.
(4) Poujol, p. 399; Demolombe, art. 778, n° 461.

Faire de grosses réparations non nécessaires ni urgentes, des coupes de bois non mis en coupe réglée, apporter des changements essentiels soit à la surface du sol, soit à la forme des édifices, voilà encore des actes de maître et par suite d'acceptation tacite (1).

Art. 779. Les actes purement conservatoires, de surveillance et d'administration provisoire, ne sont pas des actes d'adition d'hérédité, pourvu que l'on ait eu soin de ne pas y prendre le titre ou la qualité *d'héritier* (2).

Et d'abord, ce n'est pas accepter une succession que de faire procéder à des honneurs funèbres et d'acquitter les frais qu'ils occasionnent ; qui donc voudrait induire un fait d'acceptation d'un acte dicté par le plus pieux des devoirs, si même il ne procédait d'une simple considération de décence publique (3).

Faire procéder à l'apposition et à la levée des scellés, prendre inscription pour le compte de la succession ou renouveler une inscription, interrompre une prescription qui court au préjudice de l'hérédité, répondre aux demandes formées contre elle, procéder à des réparations urgentes, faire vendre le mobilier mais en ce conformant aux formalités légales, ce sont autant d'actes qui restent dans les bornes d'une sage administration, et ne révèlent pas,

(1) Rap. Toullier, t. 4, n° 328 ; Duranton, n°s 386 et 387 ; Vazeille, art. 779, n° 2.

(2) Cass., 27 juin 1837, Dev., 37, 1, 579.

(3) Rap. C. Agen, 24 novembre 1843, D. P., 43, 2, 132 ; Domat, lois civiles, 2e part., liv. 1er, tit. 3, 4, p. 15 ; le nouveau Denisart, v° adition d'hérédité, p. 221, n° 6 ; Toullier, t. 4, n° 333 ; Duranton, t. 6, n° 404 ; Demolombe, sur l'art. 779, n° 416.

de la part de l'héritier, l'intention d'accepter la succession (1).

Le bail d'un bien de la succession constitue-t-il un acte d'adition d'hérédité? Cette question est controversée et la solution n'en est point facile; la difficulté vient surtout des termes du Code qui ont trait à des actes *d'administration provisoire*. Mais, le bailleur n'agit-il pas en qualité de *negotiorum gestor* et non comme propriétaire? En principe, on doit le supposer, et cette présomption devient une certitude, si l'héritier a eu le soin d'affermer ou de louer pour une durée *ordinaire* (2). Plusieurs auteurs, tels que MM. Chabot, t. 2, p. 492; Duranton, t. 6, n° 405; et Vazeille, sur l'art. 779, n° 2, évitent de se prononcer; d'accord sur ce point avec Pothier (des succ. chap. 3, sect. 3, art. 1, § 1), ils engagent l'héritier à se faire autoriser par la justice; c'est là, sans doute, je le reconnais, une excellente mesure à prendre, mais il ne semble pas qu'elle soit réellement indispensable.

Que l'on ne m'oppose point comme tranchant la difficulté dans le sens de l'acceptation l'arrêt rendu, en matière d'enregistrement, par la Cour suprême, le 27 juin 1837. Dans l'espèce de cet arrêt, le bailleur avait pris la qualité de *propriétaire*; cette circonstance était décisive, il importe de la mettre en lumière.

La déclaration de succession ne règle que les rap-

(1) Cass., 16 mai 1815; Sirey, 15, 1, 191; Rennes, 3 mars 1820; Demolombe, sur l'art. 779, n° 416 et s.

(2) Demolombe, sur l'art. 779, n° 427 bis.

ports de l'héritier vis-à-vis du Trésor, elle ne le lie pas ordinairement à l'égard des tiers ; c'est d'ailleurs une formalité à laquelle l'héritier ne peut se soustraire dans le délai imparti par la loi, sans encourir la peine du demi-droit en sus. Il est généralement admis que le paiement des droits de mutation par décès n'est pas un acte d'adition d'hérédité, à moins que l'héritier n'ait fait insérer dans la déclaration son intention positive d'accepter (1).

Le successible qui acquitte des dettes de la succession accomplit-il un acte de simple administration ou d'adition d'hérédité? Il faut distinguer.

Le paiement a-t-il lieu avec les propres deniers de l'héritier ? L'on se trouve dans le cas de la première situation, parce qu'il s'agit évidemment d'un acte que l'héritier fait comme *negotiorum gestor* ; or, il faut, pour l'acceptation tacite d'une succession, que l'héritier présomptif ait fait un acte qui implique forcément sa volonté d'accepter. Pour conserver toute sa liberté d'action dans l'avenir, l'héritier n'a même pas besoin de faire aucune réserve particulière à cet égard. (2).

(1) Rap. C. Grenoble, 12 août 1826, Sirey, 27, 2, 471 ; Limoges, 19 février 1851, Dev., 55, 2, 349 ; Bordeaux, 15 janvier 1848, Dev., 48, 2, 265 ; Cass., 24 décembre 1828 ; 1er février 1845, Dev., 45, 1, 458 ; 7 juillet 1816, Dev., 46, 1, 868 ; Poujol, sur l'art. 779, n° 2 ; Belost-Jolimont, sur Chabot, même article, Obs., 2 ; Championnière, t. 5, n° 2572 ; Massé et Vergé sur Zachariæ, t. 2, p. 505, note 15.

(2) Rap. C. Agen, 24 novembre 1842 ; Bordeaux, 11 mai 1855 et 16 janvier 1859 ; Dalloz, jurisp. gén., vo success., n° 501 ; Delvincourt, t. 2, p. 78 ; Toullier, t. 4, n° 527 ; Duranton, t. 6, n° 402 ; Vazeille, sur l'art. 778, n° 14.

Mais le successible a-t-il acquitté des dettes du défunt avec des deniers de la succession ? Ce paiement implique un acte de libre disposition des biens et, par suite, d'acceptation de l'hérédité, à moins qu'il ne s'agisse de paiements urgents ou de peu d'importance; dans ce cas, l'héritier se borne à effectuer un acte de pure administration. (1).

Le successible qui prend la qualité d'héritier dans un acte d'administration peut y déclarer qu'il n'entend point cependant accepter la succession, il détermine ainsi l'intention dans laquelle il agit; mais il ne lui servirait à rien de protester contre un acte formel d'adition d'hérédité, car cette protestation serait contredite par la nature même du fait : *Contra actum protestatio non valet*. S'il en était autrement, l'on pourrait facilement éluder les conséquences des actes d'acceptation (2).

Art. 781. Du principe que les héritiers succèdent à tous les droits et actions du défunt, il résulte qu'ils peuvent accepter ou répudier de son chef une succession qui lui était échue, mais qu'il n'aurait lui-même ni répudiée ni acceptée expressément ou tacitement.

Art. 782. Si les héritiers ne sont pas d'accord sur le parti à prendre, il ne leur appartient pas,

(1) Rap. Cass., 13 mai 1863, D. P., 63, 1, 409; C. Paris, 10 janvier 1833, Dev., 33, 2, 473; Duranton; t. 14, n° 458; Demolombe, sur l'art. 779, n°° 427, 430.

(2) Rap. Pothier, des success., chap. 3, section 1, art. 1, § 1; Lebrun, liv. 3, chap. 8, sect. 2; Delvincourt, t. 2, p. 27, note 2; Chabot, t. 3, p. 488; Toullier, t. 4, n° 331; Duranton, t. 6, n° 388; Poujol, n° 405; Demolombe, art. 778, n°° 390, 464.

chacun en se déterminant à sa convenance, d'altérer le droit indivisible d'accepter ou de renoncer né dans la personne du défunt; la succession doit être acceptée sous bénéfice d'inventaire.

La faculté de renoncer du chef d'une personne décédée à une succession qu'elle n'a point encore acceptée est efficace, même au point de vue de la perception de l'impôt. En l'absence de circonstances de fraude, une renonciation de cette nature exonère l'héritier des droits de mutation par décès (1). Mais les parties ne devraient se servir qu'avec une extrême précaution de l'arme que la loi met entre leurs mains, car leur renonciation pourrait se trouver paralysée par une acceptation expresse ou tacite émanée de l'héritier, alors elles auraient encouru le demi-droit en sus.

Il en serait tout autrement si le mari, institué donataire ou légataire universel de sa femme, renonçait, du chef de cette dernière, à la communauté qui a existé entre eux ; cette renonciation ne saurait l'affranchir du paiement des droits de mutation, elle n'a pas un caractère sérieux, c'est un acte privé de tout effet juridique. En effet, d'un côté, la loi réserve à la femme seule qui ne s'est pas immiscée dans la communauté le droit d'y renoncer (art 1453, 1454); d'autre part, la position créée au mari par l'art. 1421 l'appelle forcément à des actes d'immixtion; donc, ce dernier ne se trouve pas dans les

(1) Rap. Cass., 27 juin 1837, Dev., 37, 1, 579; 2 mai 1849, D. P., 49, 1, 132; 24 avril 1854, D. P., 54, 1, 157.

conditions voulues pour rendre sa renonciation efficace (1).

Art. 783. Le majeur ne peut attaquer l'acceptation expresse ou tacite qu'il a faite d'une succession,
que dans le cas où cette acceptation aurait été la
suite d'un dol pratiqué envers lui ; il ne peut jamais
réclamer sous prétexte de lésion, excepté seulement
dans le cas où la succession se trouverait absorbée
ou diminuée de plus de moitié, par la découverte
d'un testament inconnu au moment de l'acceptation.

Cet article a en vue l'actif brut et non l'actif net
de la succession; ainsi, une succession se compose
de 50,000 fr., les legs relatés dans le testament découvert depuis l'acceptation s'élèvent à 26,000 fr.,
le passif est de 25,000 francs, le chiffre des legs
dépasse la moitié de l'actif brut, l'acceptation de l'héritier qui a fait inventaire, bien entendu, est res-
cindable.

Suivant plusieurs auteurs, il n'y a point lieu d'assimiler les legs aux dettes, sous le rapport de l'obligation imposée à l'héritier d'acquitter le passif *ultra
vires successionis* ; une personne peut contracter
autant de dettes qu'elle veut, mais elle n'a pas le
droit de donner plus qu'elle ne possède, les legs
sont une délibation du patrimoine. Pour saisir le sens
de la disposition précitée, il faut alors supposer que
si l'héritier vient à découvrir des dettes inconnues
après l'acquittement du passif connu, il a bien un

____

(1) Rap. Cass., 8 mars 1842, 1. 1675, § 4 ; 20 nov. 1849, 1.
1857, § 6.

recours contre les légataires, mais ce recours sera illusoire, si, dans l'intervalle, les légataires deviennent insolvables. Cette interprétation ne me paraît point fondée. En effet, l'art. 724 dispose que les héritiers sont saisis des biens du défunt, sous l'obligation d'acquitter *toutes* les dettes de la succession; d'autre part, les art. 870 et 873, qui statuent sur le mode de contribution au passif, parlent des dettes et *charges* de la succession; or, l'expression *charges* est trop générale pour qu'on puisse la restreindre aux simples frais funéraires, il convient d'en étendre l'application aux legs, et, par suite, de décider que l'héritier non réservataire est tenu d'acquitter les legs même au delà des forces de la succession (1).

SECTION II.

De la renonciation aux successions.

Art. 784. La renonciation est l'acte par lequel on déclare se dépouiller de la qualité d'héritier; elle ne se présume pas, et, à la différence de l'acceptation, elle ne peut pas être tacite; elle doit être publique; elle se fait au greffe du tribunal de première instance de l'arrondissement dans lequel la succession s'est ouverte. Des considérations d'ordre public ont provoqué cette règle. A défaut de publicité, les tiers qui ont contracté avec des héritiers

(1) Rap. C. Poitiers, 16 mars 1864, D. P., 64, 2, 117; Delvincourt, t. 2, p. 53, note 5; Toullier, t. 5, n° 556; Duranton, t. 6, n° 462; Chabot, art. 873, n° 32; Vazeille, art. 1017, n° 3; Grenier, des donat., t. 1, n° 313; Zachariæ, Aubry et Rau, t. 5, p. 150 et 192; Demolombe, art. 783, n° 522.

et qui ont pris toutes les précautions nécessaires pourraient voir leur gage échapper, leurs intérêts seraient ainsi compromis.

Une renonciation notariée à un legs particulier ou à une donation éventuelle arrête la demande des droits de mutation par décès, l'administration n'a point qualité pour en décliner la forme et en ôter le bénéfice à l'héritier. (1).

En matière de renonciation à succession, les formalités légales doivent être observées, sous peine de nullité, même vis-à-vis du Trésor; c'est du moins ce que l'on peut augurer des termes de l'arrêt précité.

La même déchéance me paraît applicable à la renonciation à une communauté entre époux si elle n'a pas lieu au greffe (2).

Il est dû un droit *par chaque renonçant* et *pour chaque succession* à laquelle on renonce, lorsque la renonciation est pure et simple; il y a lieu de se conformer à la même règle en matière d'acceptation (3).

Ce mode d'opérer n'est qu'une application particulière du principe que retrace l'art. 11 de la loi précitée et qui est comme l'axe sur lequel se meut la perception tout entière.

Le procédé qui préside à la formalité est ici bien simple, il se traduit par une pure opération de calcul; il en est de même quand un tuteur dans les mains

(1) Cass., 24 novembre 1857, 1. 2148, § 6, et 1. 1446, § 5.
(2) Code de procédure, art. 997.
(3) Art. 68, § 1, n°s 1, 2, de la loi du 22 frimaire an 7.

duquel est concentré un intérêt multiple renonce pour le compte de ses pupilles à plusieurs successions ; c'est absolument comme si chaque mineur pris isolément renonçait aux différentes successions.

Art. 785. 786. La renonciation efface la saisine, elle a un effet rétroactif au jour de l'ouverture de la succession. L'héritier renonçant perd tous ses droits à l'hérédité, il est censé n'avoir pas un seul instant succédé, un seul instant ! quoi de plus expressif ! sa part accroît à ses cohéritiers, s'il est seul, elle est dévolue au degré subséquent. Remarquons, toutefois, que si la renonciation se produisait après une acceptation expresse ou tacite, elle ne saurait créer aucun effet civil, elle ne pourrait anéantir l'obligation d'acquitter les droits de succession, le principe de l'irrévocabilité de l'acceptation appelle cette conséquence (1).

Le Code dit : la part du renonçant *accroît*. Non ! suivant la pureté du mot, la rigueur du terme, la part n'accroît point, les parts des cohéritiers acceptant ne *décroissent point*, voilà ce qu'il est vrai de dire. Trois héritiers recueillent une succession, la vocation héréditaire de chacun d'eux comprend la succession tout entière, sous la condition suspensive, bien entendu, de la renonciation de ses cohéritiers ; que cette renonciation vienne à se produire, et, alors l'investiture éventuelle de l'intégralité de la succession

(1) Rap. Cass., 27 juin 1837, 1. 1302, § 16 ; C. Poitiers, 4 avril 1842, D. P., 43, 4, 40 ; Pothier, success., chap. 3, sect. 4, § 2 ; Merlin, quest. de droit, vo héritier, § 2.

au profit du seul héritier acceptant devient un fait réel (art. 1181). Les droits de l'héritier renonçant profitent à tous ses cohéritiers. Cette formule est trop générale, quelques exemples seront nécessaires pour en expliquer le sens et en restreindre la portée. Mais d'abord, je dois signaler une conséquence remarquable de l'accroissement, ou mieux du non-décroissement. Le non-décroissement est forcé, les cohéritiers du renonçant ne peuvent pas renoncer à sa part dans la succession; car cette part est fictivement comme si elle n'avait jamais existé, et il n'est permis d'accepter ou de répudier une succession que pour la totalité.

Ce n'est point tout; « C'est sur la succession elle-
» même, dit M. Demolombe, sur l'art. 786, n° 47,
» que l'accroissement ou la dévolution agit avec son
» effet rétroactif; et dès lors, l'accroissement ou
» la dévolution peut profiter aux héritiers, aux lé-
» gataires et à tous les successeurs quelconques de
» l'héritier, *qui serait décédé avant la renonciation*
» *qui y a donné lieu.* »

Je trouve la même pensée dans Pothier (1).

Art. 786. Je vais maintenant parcourir successivement l'effet du droit de non-décroissement dans les différents ordres d'héritiers.

Dans l'ordre des descendants, si tous sont au premier degré, les droits de celui qui renonce se répartissent indistinctement entre ses frères et sœurs (art. 745).

(1) Traité des succ., chap. 3, sect. 3, § 4.

Si des petits-enfants, issus d'un enfant prédécédé, concourent avec des oncles et des tantes, la part du fils renonçant profite à sa branche et non aux petits-enfants qui viennent par représentation (art. 740, 743). Si l'un des petits-enfants renonce, sa part se partage exclusivement entre ses frères et sœurs (1).

Il ne se fait de dévolution d'une souche à l'autre que lorsqu'il ne se trouve dans une souche aucun héritier acceptant (2).

Voici une autre hypothèse : le *de cujus* a laissé deux enfants qui ont eux-mêmes des fils, l'un des fils est exclu de la succession de son père comme indigne, la succession est entièrement dévolue aux enfants de l'autre fils capable de succéder (art. 744, 745).

Dans l'ordre des ascendants, la part du renonçant accroît exclusivement aux ascendants de sa ligne : soit, un aïeul et une aïeule maternels et un aïeul paternel, la part de l'aïeul maternel renonçant n'accroîtra qu'à l'aïeule maternelle (3); il y a plus, si l'aïeul paternel renonçait, sa part serait dévolue aux collatéraux de sa ligne (art. 753).

Dans l'ordre des collatéraux privilégiés, si des frères et sœurs ou descendants d'eux viennent en

(1) Rap. C. Grenoble, 17 décembre 1855, Dev., 56, 2, 689.

(2) Art. 745; Rap. Lebrun, liv. 1, chap. 3, sect. 1re, no 56; Chabot, t. 2, p. 332; Duranton, t. 6, no 501; Delvincourt, t. 2, p. 53, note 9; Demolombe, sur l'art. 786, no 38.

(3) Art. 753, 746; Rap. Lebrun, Chabot, *loc. cit.*; Toullier, t. 4, no 343; Duranton, Delvincourt, Demolombe, *loc. cit.*

concours avec le père et la mère, et que, par exemple, un frère renonce, sa part profite tout entière à ses frères et sœurs, à l'exclusion des père et mère ; mais la part de l'ascendant qui renonce passe aux collatéraux, sans que l'autre ascendant puisse y prétendre aucun droit (art. 749, 750 et 751).

S'il existe des frères et sœurs, l'accroissement se fait, d'une manière différente, suivant qu'ils sont du même lit ou de plusieurs lits. Dans la première hypothèse, la part du renonçant est également dévolue à tous les autres frères et sœurs ; mais, dans la seconde, elle ne peut profiter qu'à ceux qui sont du même lit que le renonçant (art. 752).

La représentation est admise en faveur des descendants des frères et sœurs ; il convient donc de faire l'application, quant au droit de non-décroissement par tête ou par souche, de la règle tracée précédemment en ce qui concerne l'ordre des descendants (art. 742).

Dans l'ordre des collatéraux non privilégiés, la part du renonçant, dans une ligne, profite uniquement aux collatéraux de sa ligne (art. 733 et 752.) Pour que la dévolution fût susceptible de s'opérer d'une ligne à l'autre, il faudrait que dans celle du renonçant il n'y eût pas de parents au degré successible, ou que, dans le cas contraire, tous les héritiers d'une ligne vinssent à renoncer (art. 755).

Tout ce qui vient d'être dit au sujet de la dévolution des droits du renonçant doit être étendu aux héritiers irréguliers, car le mot héritiers ne doit pas être pris ici dans un sens restreint, et d'ailleurs, la saisine judiciaire produit dans la personne des héritiers irréguliers les mêmes effets que la saisine légale dans celle des héritiers réguliers (1).

Il se peut que l'un des héritiers dans une ligne renonce à la succession pour conserver un don ou un legs fait sans dispense de rapport ; dans ce cas, les parents de l'autre ligne sont-ils fondés à exiger que la libéralité s'impute exclusivement sur la ligne du renonçant, au lieu d'en considérer le montant comme un objet placé par la renonciation en dehors des valeurs soumises aux lois de la dévolution *ab intestat* ; on a essayé de le soutenir, et l'on paraît s'être surtout préoccupé d'un danger de fraude ; car il est bien possible que l'héritier renonce uniquement pour échapper au rapport et avantager les héritiers de sa ligne au détriment de ceux de l'autre ligne. Cette opinion n'a pas été admise, et, en réalité, elle ne pouvait point l'être. En effet, l'héritier qui a renoncé est devenu étranger à la succession, il ne saurait être ici question de rapport, puisque l'obligation de rapporter est seulement imposée à l'héritier vis-à-vis de son co-héritier (art. 843, 857) ; le partage des biens du défunt doit s'opérer par égales portions entre les deux lignes (art. 733). « S'il en était autrement, dit M. Demolombe, » sur l'art. 786, n° 46, il se pourrait qu'il n'y » eût pas de successeurs dans la ligne du renon-

(1) Demolombe, art. 786, n° 42.

» çant ; si, en effet, la libéralité par lui reçue
» était supérieure ou égale à sa part héréditaire,
» que donnerait-on à l'acceptant ! » Cet argument
de l'illustre jurisconsulte est irrésistible, il réduit
toute réplique au silence (1).

Quelle est la nature de la convention par laquelle
un héritier s'obligerait envers ses cosuccessibles à
ne pas revendiquer ses droits à l'hérédité ; cette convention, sans portée vis-à-vis des tiers, serait néanmoins valable entre les parties contractantes, et,
encore, pour en restreindre ainsi les effets, il faudrait examiner si la renonciation n'aurait pas eu lieu
moyennant un prix, ce qui devrait alors la faire considérer comme une véritable acceptation (art. 780.) (2).

« Toute renonciation, dit M. Marcadé, faite ail-
» leurs qu'au greffe et par *convention* entre les co-
» héritiers, ne serait plus aujourd'hui une renoncia-
» tion régulière, et ne pourrait pas être opposée
» aux créanciers ou légataires ; mais elle ne serait pas
» nulle comme convention particulière, et elle serait
» valablement opposée à celui qui l'aurait consentie
» par ceux au profit desquels elle a eu lieu. Ceux-ci

(1) Rap. C. Paris, 1er juillet 1811, D. P., 11, 2, 196; Grenoble,
17 décembre 1835, Dev., 36, 2, 689; Chabot, t. 2, p. 334; Delvincourt, t. 2, p. 55, note 9; Duranton, t. 6, n° 501; Favard, v°
renonciation, § 1, n° 13; Vazeille, art. 786, n° 4; Grenier, des
donat., t. 3, n° 505; Toullier, t. 4, n° 462.

(2) Rap. Cass., 11 août 1825, D. P., 25, 1, 407; 6 novembre
1827, Sirey, 28, 1, 277; 4 mars 1836, Dev., 56, 1, 872; C. Nîmes,
30 juin 1849, D. A., 12, 530, n° 2; Bordeaux, 4 avril 1855, J. du
Palais, t. 1, 1857, p. 107; Vazeille, sur l'art. 784, n° 2; Championnière, Tr. d'enreg., t. 1, n° 517; Marcadé, art. 784; Demolombe,
art. 784, n° 21.

« pourraient donc, en vertu du principe que toute
« convention lie ceux qui l'ont faite (art. 1134),
« s'opposer à ce que leur cohéritier vînt prendre
« les biens de la succession. Mais ce cohéritier ne
« resterait pas moins soumis, vis-à-vis des tiers, à
« toutes les charges héréditaires, jusqu'à ce qu'il eût
« fait une renonciation dans les formes légales. »

Pas plus que l'acceptation, la renonciation à une succession ou à un legs ne saurait être partielle ; la vocation légale ou testamentaire est une et indivisible. Tels étaient déjà les principes consacrés par la loi Romaine 58, ff., *de legat*, 2°, qui disposait : *si cui res legata fuerit et omnino aliqua ex parte voluerit suam esse, totum acquirit*. Il est évident que si la renonciation n'est pas entière, l'héritier règle personnellement la transmission des biens ; partant, il fait acte d'acceptation ; le droit de mutation par décès est exigible sur l'intégralité des valeurs qui font l'objet de la succession ou du legs (1). Mais cette règle serait inapplicable au cas où, par exemple, l'institution testamentaire porterait sur la propriété de tous les meubles et l'usufruit de tous les immeubles, il s'agirait de deux legs à titre universel entre lesquels il n'existerait aucune connexité ; il serait donc parfaitement licite de renoncer à l'un pour s'en tenir à l'autre (2).

(1) Rap. Cass., 6 janvier 1830, I. 1320, § 9; 10 novembre 1847, I. 1814, § 13; 18 novembre 1851, I. 1912, § 5; Chabot, art. 784, no 3; Toullier, t. 4, no 312.

(2) Rap. Cass, 5 mai 1856, D. P., 56, 1, 218.

La renonciation ne doit pas être non plus affectée d'une condition ; s'il en est ainsi, elle perd le caractère de simplicité qui est la condition même de son existence, elle opère acceptation et par suite transmission (I, 1173, § 7).

La renonciation faite par un parent à une succession à laquelle il se trouve appelé en vertu de sa vocation héréditaire directe et comme ayant-cause d'un cohéritier décédé n'est présumée avoir pour objet que ses droits personnels (1).

Art. 789. La faculté d'accepter une succession ou d'y renoncer se prescrit par le laps de temps requis pour la prescription la plus longue des droits immobiliers.

Ces termes sont peu clairs, ils ne révèlent pas suffisamment la pensée du législateur, ils ont fourni matière à une controverse sur laquelle les auteurs et la jurisprudence ne sont point d'accord.

Trois systèmes principaux sont en présence :

1° Lorsqu'une succession s'ouvre, les héritiers sont saisis immédiatement des biens du défunt, la saisine forme le droit commun, elle place les héritiers sous le coup d'une acceptation tacite à laquelle ils ne peuvent se soustraire qu'en renonçant ; s'ils n'ont point pris ce parti, ils sont présumés n'avoir rien voulu changer à l'ordre normal et naturel, à la situation légale, la qualité d'héritiers acceptants leur est imprimée d'une manière irrévocable. (2).

(1) Rap. C. Limoges, 22 juin 1840, D. P., 41. 2. 41.
(2) Rap. C. Bordeaux, 26 janvier 1827, et 6 mai 1841, Dalloz,

Telle est la solution la plus conforme aux vrais principes ; MM. Massé et Vergé l'enseignent également, mais ils y apportent une restriction importante : « Toutefois, disent-ils, il n'en est ainsi
» que dans le cas où l'héritier qui s'est abstenu ne
» se trouve pas en présence d'autres héritiers qui
» ont appréhendé la succession. Le silence de l'hé-
» ritier équivaut à une renonciation de sa part, et
» il perd la faculté d'accepter qui se prescrit par
» le laps de temps de trente ans, non à partir du
» jour où les autres héritiers ont appréhendé la
» succession, mais à partir du jour de son ouver-
» ture auquel, par une fiction légale, remonte la
» possession de ces héritiers. (Argument des art.
» 785 et 790). »

2° Suivant d'autres auteurs, l'héritier ne peut, à l'expiration de trente ans, modifier la situation dans laquelle il se trouvait au moment de l'échéance de la prescription, il perd ainsi la faculté d'accepter la succession s'il l'avait auparavant répudiée, et celle d'y renoncer, s'il n'avait point modifié la saisine. (1).

3° Enfin, d'après le troisième système que la jurisprudence a consacré, l'héritier qui est resté trente ans sans prendre qualité, est privé de tous ses droits à la succession, il est réputé renonçant. (2).

Jur. gén., v° success., n° 591 ; Blтом, 1ᵉʳ février 1847, D. P., 47, 2, 85 ; Marcadé, sur l'art. 789, n° 2 ; Demolombe, même art., n° 315 ; Poujol, ibid.

(1) Chabot et Belost-Jolimont, art. 789, n° 2.

(2) Rap. Cass., 14 juillet 1840, D. P., 40, 1, 233 ; 23 janvier 1855, D. P., 55, 1, 116 ; 15 juin 1855, 1, 2041, 29 janvier 1862,

Art. 790. En principe, la renonciation est irrévocable, mais cette règle de l'irrévocabilité n'est pas absolue, elle reçoit une exception dont notre article détermine les conditions; il est ainsi conçu : « Tant
» que la prescription du droit d'accepter n'est pas
» acquise contre les héritiers qui ont renoncé, ils
» ont la faculté d'accepter encore la succession, si
» elle n'a pas déjà été acceptée par d'autres héri-
» tiers; sans préjudice néanmoins des droits qui peu-
» vent être acquis à des tiers sur les biens de la
» succession, soit par prescription, soit par actes
» valablement faits avec le curateur à la succession
» vacante. »

L'exercice de la faculté accordée à l'héritier de revenir sur la renonciation est donc soumis à une double condition. Il faut : 1° que la prescription du droit d'accepter ne soit pas acquise contre l'héritier renonçant; 2° que la succession n'ait point déjà été acceptée par d'autres héritiers.

Il est à remarquer que l'acceptation des héritiers de l'une des lignes ne serait pas un obstacle au retour vers la succession de l'héritier renonçant de l'autre ligne; car, dans cette hypothèse, la loi, séparant le patrimoine en deux parts, fait d'une seule succession comme deux successions distinctes, l'une pour les parents de la ligne paternelle et l'autre pour ceux de la ligne maternelle. (1).

On a émis l'avis que le successible renonçant pouvait, même après trente ans, ressaisir la succession, tant qu'elle n'avait pas été acceptée par d'autres héritiers ; mais cette interprétation ne paraît point fondée, elle est contraire au texte formel du Code, qui déclare le renonçant déchu, au bout de trente ans, du droit de rétracter sa renonciation ; j'en conclus que le droit de l'héritier est renfermé dans un délai fatal, et ce délai court à partir du jour de l'ouverture de la succession. La déchéance que le renonçant aurait encourue pourrait lui être valablement opposée par toute personne intéressée à le faire, et, dans ce cas, il trouverait le curateur à la succession si elle avait été déclarée vacante. (2).

D'autre part, le mot *héritiers* que l'art. 790 emploie s'applique aux héritiers irréguliers, aux légataires et aux donataires universels, comme aux héritiers réguliers. (3).

Mais l'on conteste aux héritiers irréguliers le droit de paralyser le retour du renonçant, tant qu'ils n'ont pas obtenu l'envoi en possession de la succession ;

(1) Rap. Marcadé, art. 790, n° 1 ; Demolombe, art. 790, n° 65.

(2) Rap. Aubry et Rau sur Zacharie, t. 5, p. 469 ; Demante, t. 3 ; n° 3 bis, 4 ; Marcadé sur l'art. 790 ; n° 2 ; Demolombe, même art., n°s 56 et s.

(3) Rap. C. Pau, 31 août 1854, Dev., 54, 2, 228 ; Paris, 13 janvier 1857, Dev., 57, 2, 301 ; Cass., 23 janvier 1857, Dev., 57, 1, 303 ; Toullier, t. 4, n° 347 ; Aubry et Rau sur Zacharie, t. 5, p. 470 ; Demolombe sur l'art. 790, n°s 61 à 65 inclusivement.

c'est là, il me semble, aller au-delà du vœu de la loi, et la simple *demande d'envoi en possession* paraît, dans l'espèce, suffisante pour mettre obstacle à l'efficacité de la rétractation de la renonciation (1).

On a enseigné que l'héritier appelé à recueillir la succession par la renonciation du successible le plus proche n'était point saisi des droits du défunt, mais cet héritier n'est-il point également rattaché au défunt par l'énergique et irrésistible effet de la saisine légale? Il ne saurait y avoir interruption dans le droit héréditaire (art. 724, 784 et 786). Pourquoi, alors, la latitude laissée à l'héritier de rétracter sa renonciation? On l'explique par une faveur particulière de la loi, il y aurait de l'inconvénient à jeter de l'incertitude dans la possession des biens.

La faculté accordée par l'art. 790 de revenir, sous certaines conditions, sur la renonciation d'une succession, appartient d'ailleurs aux successeurs testamentaires, aussi bien qu'aux héritiers légaux (2).

L'acceptation par un héritier d'une succession qu'il avait commencé par répudier n'est soumise à aucune forme particulière. Il est seulement nécessaire que l'intention d'accepter ne laisse point prise au doute; il faut que l'acte dont on prétend induire l'acceptation *procède de l'héritier lui-même* (3).

(1) Rap. C. Caen, 15 janvier 1848, D. P., 48, 2, 78; Delvincourt, t. 2, p. 34, note 13; Toullier, t. 4, n° 347; Chabot et Belost-Jolimont, art. 790, obs. 2; Poujol, art. 790, n° 3; Marcadé, art. 790, n° 5; Marcadé, art. 790; Demolombe, art. 790, n° 60.

(2) Rap. Cass., 23 janvier 1837; C. Grenoble, 22 mars 1830, D. P., 31, 2, 38; Troplong, des donat., t. 4, n° 2138.

(3) Rap. Cass., 15 avril 1815, D. A., 12, 345, 4; 13 février 1853,

L'acceptation de la succession fait revivre contre l'héritier qui avait renoncé la créance des droits de mutation par décès momentanément éteinte. La peine de demi-droit en sus me paraît encourue, à défaut de l'acquittement du supplément exigible dans les six mois à compter du jour de la révocation de la renonciation considéré comme point de départ de la prescription. Cette conséquence s'induit, par voie d'analogie, d'un arrêt rendu le 5 septembre 1809 par la Cour de cassation, dans une espèce où des héritiers d'abord évincés avaient repris plus tard possession de la succession.

Supposons qu'après avoir renoncé à un avantage en usufruit, le légataire ou le donataire fasse un acte ostensible de propriété. L'acceptation rétroactive de l'usufruit jette sur la renonciation son véritable jour, elle en fait pénétrer le peu de sincérité et la portée réelle qui était de permettre d'éluder le paiement des droits de mutation par décès ; mais l'utilité de la demande formée par le trésor se trouve ici, sous peine de déchéance absolue, renfermée dans le strict délai de dix ans à partir du jour du décès, l'application du demi-droit en sus, le fait nécessairement supposer (1).

Une fraude se présente quelquefois dans les par-

<hr>

b. P., 1, 540 ; 13 mars 1860, I. 2185, § 5 ; C. Rennes, 22 août 1820, Dalloz, jurisp. gén., v° success., n° 480 ; Rouen, 30 juin 1857, D. P., 58, 2, 173 ; Belost-Jolimont sur Chabot, art. 790, obs. 3 ; Zachariæ, Massé et Vergé, t. 2, p. 507, note 9.

(1) Rap. Cass., 27 mars 1855 ; 18 juillet 1860, I. 2012, § 8, 2185, § 6 ; 17 août 1863, I. 2274, § 7.

tages anticipés; l'ascendant donateur y renonce en même temps à l'usufruit que son conjoint lui a laissé, et l'abandon a lieu moyennant l'obligation, pour les donataires, de servir au disposant une rente viagère dont le capital dépasse le revenu des biens propres. En apparence, la renonciation met obstacle à la demande des droits de mutation, mais l'acte présente un tout indivisible, on ne doit pas isoler les unes des autres les différentes dispositions qu'il renferme, ce serait rompre l'unité de la convention. Le contrat n'est point désintéressé du côté du donateur; qui ne voit que sa renonciation n'est point gratuite? elle se rattache d'une manière intime à la fixation du chiffre de la rente viagère, elle a été évidemment prise en considération pour en déterminer l'importance; cette circonstance est décisive pour l'exigibilité du droit de mutation par décès.

L'art. 790 n'indique pas l'époque à laquelle les héritiers doivent accepter la succession qui a été répudiée par leur cohéritier ou par l'héritier du degré inférieur; il ne précise pas davantage le mode d'acceptation. Il s'ensuit : 1° que l'acceptation peut intervenir utilement, soit depuis la renonciation, ce qui est évident, soit avant; car, par la force de la renonciation qui remonte au jour de l'ouverture de la succession, les héritiers qui acceptent se trouvent également saisis de la part répudiée (art. 774, 785, 786); 2° qu'elle peut être expresse ou tacite (1),

____

(1) Rap. Cass., 18 décembre 1810.

pure et simple ou sous bénéfice d'inventaire (1).

La renonciation faite par l'héritier pour s'en tenir au don ou au legs dont il a été gratifié ne pourrait pas être annulée, au cas où la libéralité ne viendrait pas à sortir à effet ; car elle n'est pas censée renfermer une condition illégale ; l'héritier s'est borné à exprimer le motif de sa détermination, sa renonciation n'a point cessé d'être pure et simple (2).

La renonciation à une succession peut être rescindée, quand elle est le résultat du défaut de capacité, de la violence, du dol, ou quand elle a lieu *sciemment* au préjudice des droits des créanciers de l'héritier renonçant. Dans ce cas, les créanciers peuvent se faire autoriser par la justice à accepter la succession, du chef de l'héritier leur débiteur, la renonciation n'est annulée qu'en leur faveur et jusqu'à concurrence seulement de leurs créances, elle subsiste à l'égard de l'héritier qui a renoncé. D'où il suit que si, après que les créanciers du renonçant ont été désintéressés, il reste un excédant d'actif, cet excédant appartient aux cohéritiers du renonçant ou aux héritiers du degré subséquent.

Il importe de bien déterminer la nature de l'action *Paulienne* ou révocatoire ; tel est son effet que si

(1) Rap. Cass., 19 mai 1835, D. P., 35, 1, 304 ; Chabot, art. 790, n° 3 ; Duranton, t. 6, n° 567 ; Vazeille, art. 790, n° 3 ; Marcadé, art. 790, n° 1 ; Zachariæ, Aubry et Rau, t. 5, p. 170 ; Demolombe, art. 790, n° 64.

(2) Rap. Cass., 2 février 1830, Dev., 30, 1, 237 ; C. Nîmes, 6 février 1824, Sirey, 24, 2, 117 ; Grenoble, 20 juillet 1832, Dev., 32, 2, 531 ; Poitiers, 7 août 1833, Dev., 34, 2, 106 ; Massé et Vergé sur Zachariæ, t. 2, p. 318 ; Demolombe sur l'art. 790, n° 98.

l'aliénation faite par le débiteur a été annulée sur les poursuites de ses créanciers, l'objet aliéné est réputé, par une fiction légale, n'être jamais sorti de son patrimoine. Il ne s'agit point d'ailleurs au profit des créanciers de l'héritier renonçant d'une investiture de la propriété de ses valeurs héréditaires, mais seulement d'une sorte de main-mise qui leur confère le droit de les faire vendre.

Art. 792. Les héritiers qui auraient diverti ou recélé des effets d'une succession sont déchus de la faculté d'y renoncer ; ils demeurent héritiers purs et simples, nonobstant leur renonciation, sans pouvoir prétendre aucune part dans les objets divertis ou recélés.

Il ne semble point que l'on puisse établir une différence bien précise entre le *divertissement* et le *recélé* ; ce sont deux expressions qui se rapportent à des faits à peu près identiques.

Le divertissement implique le détournement, la soustraction d'un effet de la succession. Le recélé caractérise l'action de cacher et de dissimuler un objet diverti. Dans son répertoire de jurisprudence (v° recélé n° 1), Merlin disait que le recélé est l'action par laquelle on détourne ou cache les effets d'une succession.

La loi frappe ainsi d'une double pénalité l'héritier qui est l'auteur d'un divertissement ou d'un recélé, elle ne se borne pas à le priver de toute part dans les objets divertis ou recélés, elle le déclare encore héritier pur et simple.

L'acte de divertissement ou de recélé peut seulement se rapporter aux effets qui se trouvent dans la succession, à l'époque de son ouverture, il ne saurait concerner les valeurs mobilières que le défunt a détachées de son patrimoine, par l'effet d'une donation entre-vifs faite en faveur de son héritier. En effet, ces valeurs qui sont devenues la propriété du donataire peuvent bien fournir l'occasion d'un rapport en moins prenant pour les meubles ou d'une action en réduction ; mais, comme l'a fort exactement décidé la Cour de Rennes. « Le châtiment » infligé par l'art. 792 à l'héritier qui divertit ou » qui recèle au préjudice de ses cohéritiers, des effets » d'une succession, ne peut devenir, par une extension arbitraire, la sanction des dispositions légales, qui fixent les réserves et les quotités disponibles. » (1).

Il ne faut pas perdre de vue que le divertissement ou le recélé commis par l'héritier après sa renonciation devenue irrévocable par l'acceptation de ses cohéritiers ou des héritiers du degré subséquent constitue un véritable vol passible des peines correctionnelles.

Art. 791. On ne peut, même par contrat de mariage, renoncer à une succession future ni aliéner ses droits éventuels à cette succession.

Dans les pays régis par le droit coutumier, le désir de conserver les biens dans les familles avait

(1) Rap. 1er mai 1854, D. P., 55, 2, 134 ; C. Paris, 19 août 1859, Dev., 60, 2, 557.

fait admettre la renonciation des filles à la succession d'une personne vivante; mais le nouveau législateur, créateur d'un régime de sévère égalité dans les partages, a proscrit avec raison tous pactes quelconques de cette nature qui sont d'ailleurs une offense aux convenances et à la morale.

Un traité sur une succession non encore ouverte est néanmoins passible du droit proportionnel d'enregistrement (L. 1236 § 6 *infine*). C'est ici le lieu d'examiner de nouveau l'influence de la nullité sur la perception; ne pouvant suivre en cette matière toutes les évolutions de la jurisprudence, je vais me borner à rappeler le principe maintes fois consacré, ce principe est qu'il n'appartient pas aux parties d'invoquer la nullité des conventions pour les soustraire au paiement des droits exigibles. Aussi, le droit proportionnel a-t-il été appliqué aux actes présentés à l'enregistrement, par cela seul qu'ils offraient les caractères extrinsèques, apparents d'actes translatifs de propriété; il a paru que s'ils renfermaient quelque nullité, le receveur ne pouvait s'en rendre juge. Décider autrement, ce serait mettre la perception aux prises avec des difficultés insolubles; sans doute, l'employé de l'enregistrement doit être presque jurisconsulte pour accomplir avec sagacité l'œuvre de dissection intellectuelle que nécessite l'examen des conventions soumises à la formalité; mais il ne saurait se livrer à des appréciations et surtout à des recherches compatibles avec les seules fonctions de la magistrature. Cette théorie se justifie même par une considération d'équité ; en effet, si la partie soumet à l'enregistrement un acte nul, c'est qu'elle est censée le tenir pour valable, il convient donc, en pareil cas, de rattacher à la formalité le paiement de l'impôt. (1). La jurisprudence est donc fixée dans ce sens, la majorité des auteurs s'est ralliée à cette doctrine, s'il existe encore quelques esprits généreux enclins à la dissidence, ils se laissent séduire par le mirage trompeur qui brille à la surface des choses, c'est au cœur la question que l'on doit pénétrer et alors l'illusion se dissipe.

SECTION III.

Du bénéfice d'inventaire et de ses effets.

Art. 793. L'obligation pour les héritiers d'acquitter les dettes créées par leur auteur a son fondement dans une loi de stricte équité. Tout débiteur est tenu de satisfaire à ses engagements sur tous ses biens présents et à venir ; en d'autres termes, un débiteur ne doit pas s'enrichir aux dépens de ses créanciers. Mais n'arrive-t-il point parfois que le défunt laisse plus de dettes que de biens, fallait-il assujettir nécessairement l'héritier à les acquitter toutes ? Cette solidarité aurait été bien rigoureuse, c'eût été fatalement consommer la ruine de

(1) Rap. Cass., 17 avril 1853; 10 juin 1855; 15 novembre 1849; L. 1457, § 14; 1848, § 2; 1857, § 11.

l'héritier et détruire l'harmonie des rapports sociaux ; le danger prévu, il convenait de le conjurer en en prenant un moyen pour modérer l'action des créanciers. Voilà la raison d'être du bénéfice d'inventaire, institution d'ordre public dont nous trouvons la trace dans toutes les législations ; comment aurait-il pu ne point exister à Rome, en présence de l'héritier nécessaire ! du droit Romain, il s'implanta dans notre droit ancien, mais avec certaines modifications.

« L'acceptation sous bénéfice d'inventaire, disait
» Pothier (des succ. chap. 3, sect. 3, art. 2,
» § 1), ne diffère de l'acceptation pure et simple
» qu'en ce qu'elle donne à l'héritier le bénéfice de
» n'être point tenu des dettes de la succession sur
» ses propres biens. »

La faculté de renoncer ne sauvegarde point d'ailleurs les droits de l'héritier, au même titre et de la même manière que l'acceptation sous bénéfice d'inventaire. En effet, l'appréciation exacte de l'actif et du passif d'une succession ne peut pas toujours avoir lieu dans le principe, et forcer l'héritier d'accepter la succession purement et simplement ou de la répudier, c'eut été tantôt lui faire courir un risque de perte et tantôt le priver d'un gain.

L'acceptation sous bénéfice d'inventaire est un moyen terme qui permet à l'héritier d'agir en pleine connaissance de cause ; elle ne peut pas être tacite, elle doit être exprimée d'une manière expresse au greffe du Tribunal de première instance de l'arrondissement dans lequel la succession s'est ouverte.

Art. 794. La loi exige encore pour la validité de l'acceptation que l'héritier la fasse précéder ou suivre d'un inventaire des forces mobilières de la succession. Ces deux conditions sont de rigueur (1).

Je suppose une acceptation bénéficiaire faite sans la confection d'un inventaire ; dans quelle situation va se trouver l'héritier? Et d'abord ce n'est pas entre la qualité d'acceptant ou de renonçant que la controverse peut s'agiter ; le successible a déclaré accepter, et cette acceptation, il ne lui appartient pas de la rétracter, c'est incontestable, la consolidation de la saisine est définitive, le lien ne peut plus se rompre ; si donc l'héritier ne remplit pas toutes les formalités exigées pour l'acceptation bénéficiaire, il sera considéré comme héritier pur et simple (2).

Examinons maintenant une autre hypothèse ; le successible a pris la qualité d'héritier sous bénéfice d'inventaire dans un acte authentique ou sous-seing privé ; sera-t-il héritier bénéficiaire ou héritier pur et simple? La première qualité ne saurait lui être imposée, puisque le concours des conditions dont la loi fait dépendre l'acceptation sous bénéfice d'inventaire n'existe point ; car, il faut le remarquer, lorsque le Code a soumis l'héritier bénéficiaire à faire au greffe sa déclaration d'acceptation, il a eu en vue de sauvegarder par la publicité les intérêts des tiers

(1) Rap. Cass., 28 avril 1840, Dev., 40, 1, 821 ; Chabot, art. 794, n° 8 ; Poujol, art. 794, n° 2 ; Aubry et Rau sur Zachariæ, t. 5, p. 158 ; Demolombe sur l'art. 795, n° 128.

(2) Rap. Demolombe sur l'art. 795, n° 131.

que l'acceptation bénéficiaire touche si profondément, et dès lors, c'est une formalité intrinsèque, substantielle qu'il a entendu établir, il s'agit d'une condition indispensable et non purement accessoire. D'où il y a lieu de conclure qu'en pareil cas l'acceptation bénéficiaire ne saurait produire aucun effet, et le successible ne peut pas être non plus constitué héritier pur et simple, car il a déclaré ne vouloir accepter que sous bénéfice d'inventaire, et il n'est pas permis d'imprimer une autre portée à la manifestation de sa volonté (1).

Art. 801. L'héritier perd la faculté d'accepter la succession, sous bénéfice d'inventaire : 1° s'il a négligé *sciemment* et de *mauvaise foi* de porter dans un inventaire *authentique* tous les objets de la succession (2); 2° lorsqu'un jugement passé en force de chose jugée l'a condamné en qualité d'héritier pur et simple.

Art. 795. L'héritier a trois mois pour faire inventaire à compter du jour de l'ouverture de la succession, et pour délibérer sur son acceptation ou sa renonciation, un délai de quarante jours, à partir du jour de la clôture de l'inventaire ou de l'expiration des trois mois.

Art. 796. Si cependant il existe dans la succession des objets susceptibles de dépérir ou dispendieux à conserver, l'héritier peut, en sa qualité d'habile

(1) Rap. Demolombe, *loc. cit.*, n° 132.
(2) Rap. Cass., 11 mai 1825, Dalloz, v° success., n° 963; 11 août et 14 juillet 1865, D. P., 65, 1, 362 et 409; Aubry et Rau sur Zachariæ, t. 5, § 612, note 17; Demolombe sur l'art. 794, n° 159.

à succéder et sans qu'on puisse en induire de sa part une acceptation, se faire autoriser par la justice à procéder à la vente de ces effets. Cette vente doit être faite par le ministère d'un officier public après les affiches et publications réglées par les lois sur la procédure.

Art. 797. Pendant la durée des délais pour faire inventaire et pour délibérer, l'héritier ne peut être contraint à prendre qualité, et il ne peut être obtenu contre lui de condamnation, s'il renonce lorsque les délais sont expirés ou avant, les frais par lui faits légitimement jusqu'à cette époque sont à la charge de la succession.

Art. 798. Après l'expiration des délais ci-dessus, l'héritier, en cas de poursuites dirigées contre lui, peut encore demander un nouveau délai, que le tribunal accorde ou refuse suivant les circonstances.

Art. 799. Dans ce cas, les frais de poursuites sont à la charge de la succession, si l'héritier justifie qu'il n'avait pas eu connaissance du décès, ou que les délais ont été insuffisants : s'il n'en justifie pas, les frais restent à sa charge personnelle.

Art. 800. Après l'expiration des délais accordés par loi ou par la justice, l'héritier conserve encore la faculté de se porter héritier bénéficiaire, s'il n'a pas fait d'ailleurs acte d'héritier pur et simple, ou s'il n'existe pas contre lui un jugement passé en force de chose jugée, qui le condamne en cette qualité.

Le mineur est, de droit, héritier bénéficiaire

(1), et cette qualité, le mineur n'a pas la faculté de la modifier par l'acceptation pure et simple, il ne lui est pas permis de s'affranchir de la bienveillante sauvegarde que la loi lui impose. Il n'est donc pas exact de dire, comme certains auteurs, que le mineur puisse devenir héritier pur et simple, soit par son fait personnel, soit par celui de son tuteur (2).

Art. 802. L'acceptation sous bénéfice d'inventaire procure trois avantages ; elle accorde à l'héritier la faculté : 1° de n'être tenu d'acquitter les dettes que jusqu'à concurrence des valeurs de la succession ; 2° de ne point confondre ses biens avec ceux de la succession et de conserver le droit de lui réclamer le paiement de ses créances personnelles; 3° de se soustraire à l'acquittement des dettes en faisant l'abandon des biens de la succession aux créanciers et aux légataires.

Un héritier recueille une succession dont il était créancier ; l'accepte-t-il purement et simplement? Sa créance s'éteint par confusion en totalité, s'il est

(1) Art. 461, 776 ; Rap. Cass., 21 janvier 1839, 12 août 1830, 10 mai 1841, 16 février 1842 et 10 avril 1848, I. 1590, § 1 ; 1661, § 1 ; 1675, § 1 ; 1925, § 1 ; 11 décembre 1834, Dev., 55, 1, 277 ; C. Angers, 11 août 1809 ; Rouen, 24 janvier 1845, Dev., 46, 2, 659 ; Nimes, 21 juillet 1852, Dev., 53, 2, 701 ; Vazeille, art. 795, n° 6 ; Zachariæ, Aubry et Rau, t. 5, p. 256 ; Demolombe sur l'art. 795, n° 155.

(2) Rap. C. Nimes, 8 novembre 1827, D. P., 28, 2, 174 ; Rouen, 30 août 1828, D. P., 54, 2, 149 ; Besançon, 28 novembre 1858, Cass., 24 novembre 1841, Dev., 42, 1, 158 ; 3 mai 1848, Dev., 49, 1, 565 ; Demolombe sur les art. 776, n°s 554, 555, et 795, n° 155.

seul ayant-cause, en partie, pour sa portion héréditaire, s'il a des cohéritiers; il y a, en effet, incom-
patibilité entre la qualité de créancier et celle de débiteur, lorsque cette double qualité se réunit dans la
même personne (art. 1300). Au contraire, l'héritier
accepte-t-il la succession sous bénéfice d'inventaire?
Il conserve sa créance tout entière, il a le droit
d'en poursuivre le recouvrement contre la succession, et s'il meurt avant de l'avoir recouvrée, il la
transmet à ses propres héritiers. Pourquoi en est-il
ainsi? C'est que par une fiction légale la personnalité
civile de l'héritier ne s'absorbe pas dans celle du
défunt, elle s'en dégage, et alors la succession reste
le débiteur, l'héritier, le créancier (1).

Par voie de conséquence, la succession conserve
contre l'héritier bénéficiaire toutes ses créances (2);
à son tour, s'il acquitte de ses deniers personnels une
dette de la succession, il est subrogé légalement aux
droits du créancier désintéressé (art. 1251).

Les actions de l'héritier bénéficiaire contre la succession doivent être formées vis-à-vis de ses cohéritiers sous bénéfice d'inventaire ou purs et simples; s'il est seul ayant-cause ou que tous les héritiers prennent part à l'action, il y a lieu de provoquer la nomination d'un curateur à la succession
acceptée sous bénéfice d'inventaire, et ce curateur est

(1) Rap. Cass., 1er décembre 1812; 14 janvier et 10 décembre
1859, Dalloz, v° success., nos 799, 802, 806; 10 juillet 1844, Dev.,
44, 1, 593, Dev., 44, 1, 593; Demolombe, art. 802, n° 181.
(2) Cass., 5 avril 1860, Dev. 61, 1, 257.

tenu de répondre aux demandes dirigées contre l'hérédité (1).

Quelle est la signification juridique de l'abandon de biens dont l'héritier bénéficiaire a la faculté d'user? Implique-t-il renonciation à la succession? Cette idée avait tenté, mais sans succès, de se faire jour sous l'ancien droit, elle fut vivement combattue par Pothier (2).

Toullier, t. 5, n° 358,, enseigne, il est vrai, que l'héritier bénéficiaire ne peut renoncer à la succession; mais il se dément dans le même passage, car il ne voit dans l'abandon de biens qu'une renonciation implicite; Merlin avait déjà professé la même doctrine erronée (3).

Le droit nouveau n'a rien fait perdre de sa force à l'ancienne maxime : *semel hæres, semper hæres.* En effet, notre Code ne reconnaît que deux modes d'accepter une succession : 1° l'acceptation pure et simple; 2° l'acceptation sous bénéfice d'inventaire. Or, j'ai établi qu'en principe l'acceptation ne pouvait être rescindée; donc, pas plus que l'héritier pur et simple, l'héritier bénéficiaire ne peut revenir sur la qualité qu'il a prise, son acceptation produit un effet irrévocable. Il reste saisi des biens, en sorte que si, après l'acquittement des dettes, il existe un excédant d'actif, c'est lui qui en profite et non les héritiers du degré subséquent; ce reliquat ne peut

(1) Code de procédure, art. 990.
(2) Des succ. introd. au tit. 17 de la cout. d'Orléans, n° 53.
(3) Répert., v° bénéfice d'inv., n° 15.

donc leur être transmis, sans qu'il en résulte une libéralité passible du droit proportionnel.

Ces principes s'appliquent même au mineur au nom duquel une acceptation de la succession, sous bénéfice d'inventaire, a eu lieu au greffe; une renonciation ultérieure serait donc impuissante à le soustraire au paiement du droit de mutation par décès (1).

De ce que l'abandon autorisé par l'art. 802 n'empêche point la propriété de continuer à résider en la personne de l'héritier bénéficiaire, mais qu'il le dépouille seulement de l'administration des biens, il ne donne ouverture qu'à la perception du droit fixe de 5 fr. (loi du 22 frimaire an 7, art. 68, § 4, n° 1); mais s'il est fait au profit d'un ou de plusieurs des créanciers ou des légataires *avec l'intention avouée de les saisir de la propriété des biens*, c'est une dation en paiement passible du droit proportionnel qui emporte déchéance du bénéfice d'inventaire, car

(1) Rap. C. Paris, 10 août 1800, Sirey, 16, 2, 191; Metz, 22 mai 1817, Dalloz, v° success., n° 760; Colmar, 8 mars 1820, Sirey, 20, 2, 168; Bordeaux, 4 mars 1826, Dalloz, n° 777; Paris, 3 avril 1826, Sirey, 26, 2, 316; Toulouse, 29 mars 1832, Dev., 32, 2, 333; Grenoble, 4 juin 1836, Dev., 37, 2, 109; Pau, 24 novembre 1837, Lyon, 13 avril 1857, Dalloz, *loc. supra cit.*, n°ˢ 763, 772; Paris, 23 juin 1838, Dalloz, n° 774; Douai, 5 avril 1848, D. P., 48, 2, 169; Limoges, 30 juin 1852, D. P. 54, 5, 727; Cass., 24 décembre 1820, Dalloz, n° 774; 1er février 1830, D. P., 30, 1, 110; 20 avril 1833, 1. 1437, § 9; 25 mars 1840, D. P., 48, 1, 109; Delvincourt, t. 2, p. 52, note 4; Chabot, t. 3, p. 15; Grenier, des donat., t. 2 n° 303; Duranton, t. 7, n° 45; Vazeille, art. 808, n. 8; Poujol, art. 808, n° 1; Marcadé, même art., n° 1; Demolombe, ibid., n°ˢ 206 et s.

l'héritier fait acte de maître à l'égard des valeurs de la succession (1).

L'héritier n'est point tenu de comprendre dans l'abandon les biens que le défunt lui a donnés par acte entre-vifs, car ces biens sont sortis du domaine de la succession et le rapport n'est point dû aux créanciers (2).

Rien n'empêche l'héritier qui a fait l'abandon de reprendre les biens, à la condition néanmoins de s'engager à désintéresser complètement les créanciers et les légataires de la succession; et s'il use de cette latitude, comme il n'a pas été dessaisi, il ne s'opère point de mutation en sa faveur, le droit fixe est seulement exigible.

Il est de principe que l'acceptation sous bénéfice d'inventaire ne modifie point la position de l'héritier, sous le rapport de l'exigibilité des droits de succession. En effet, les droits de mutation par décès ne sont pas une dette de la succession, mais bien une contribution personnelle à l'héritier, une charge inhérente à sa qualité. Comment penser que le défunt ait pu être tenu d'une dette à laquelle son décès donne précisément ouverture? D'autre part, l'article 32 de la loi du 22 frimaire an 7 n'établit, en ce qui concerne le paiement du droit de mu-

---

(1) Rap. C. Amiens, 25 février 1809, Sirey, 10, 2, 90; Merlin, quest. de dr.; v° bénéf. d'inv., § 5, art. 11, n° 2; Zachariæ, Aubry et Rau, t. 5, p. 195; Massé et Vergé, t. 2, p. 343; Demolombe, art. 801, n° 214.

(2) Rap. Chabot, art. 802, n° 2; Demolombe, art. 802, n°s 163, 213.

tation par décès, aucune distinction entre l'héritier pur et simple et l'héritier bénéficiaire (1)

Les anciens feudistes enseignaient déjà cette doctrine (2).

Art. 803. L'héritier bénéficiaire peut être considéré sous deux points de vue différents ; dans ses rapports avec d'autres que les créanciers et les légataires, il personnifie le défunt, il est vrai propriétaire, comme l'héritier pur et simple, il a l'investiture légale de la possession c'est-à-dire la saisine ; mais dans ses rapports avec les créanciers et les légataires, il remplit le rôle d'un administrateur comptable, d'un mandataire ordinaire, car il faut entendre dans un sens assez large la mission dont il est revêtu.

L'héritier encourt la déchéance du bénéfice d'inventaire, s'il renonce expressément à ce bénéfice ou s'il fait des actes qui dépassent les bornes d'une simple administration.

Cette matière est délicate, elle prête beaucoup à l'interprétation, à cause du silence du Code sur ce point.

Je ne parlerai pas de ventes du mobilier corporel

(1) Rap. Cass., 20 germinal an 11; 5 nivose an 13; 21 avril et 28 octobre 1806; 9 juin 1813, Dalloz, enregist., nos 4019 et s.; 1er février 1830; 24 avril 1833; 7 avril 1835; 12 juillet 1836 et 28 août 1837, 1. 1320, § 5; 1437, § 9, 1498, § 7; 1528, § 10, 1562, § 19; Championnière, t. 3, no 2566; Dalloz, loc. cit., nos 4018 et s.

(2) Rap. Pocquet de Livonière, liv. 4, chap. 1, sect. 2; Ferrière sur l'art. 33, de la coutume de Paris; Henrys, t. 2, de ses arrêts, liv. 5, quest. 14.

et des rentes sur particuliers, ainsi que des ventes
d'immeubles, faites sans l'accomplissement des formes
légales, cette omission suffit pour faire considérer
l'héritier bénéficiaire comme héritier pur et simple
(Code procéd. art. 988, 989). Quant aux rentes
sur l'Etat, il ne peut en opérer le transfert, sans
une autorisation préalable, si elles dépassent 50 fr. (1)

Que décider à propos d'une cession de droits
successifs où l'héritier aurait ou non réservé sa
qualité d'héritier bénéficiaire ; la déchéance du bénéfice d'inventaire est-elle encourue ? Cette opinion
a été soutenue et l'on a invoqué l'art. 780 aux termes
duquel il faut induire un fait d'acceptation d'une
cession de droits successifs. Mais il n'y a point
d'analogie entre les deux cas. L'art. 780 a trait à
la position du successible qui n'a point encore pris
parti ; avec raison, la cession de droits successifs
est réputée consolider la saisine légale ; mais l'héritier bénéficiaire qui cède ses droits use des prérogatives attachées à sa condition, il n'indique point
d'ailleurs qu'il veuille convertir son titre en celui
d'héritier pur et simple ; la déchéance du bénéfice
d'inventaire ne saurait être encourue dans l'espèce (2).

Mais il convient de considérer, comme incompatibles avec l'idée de pure administration sur laquelle
repose la condition créée par le bénéfice d'inventaire,

(1) Avis du Conseil d'Etat du 11 juin 1808.
(2) Rap. C. Grenoble, 24 mars 1827, D. P., 28, 2, 60 ; Pau, 8
août 1837, D. P., 39, 2, 93 ; Merlin, quest. de dr., v° héritier, § 2 ;
Duranton, t. 7, n° 54 ; Vazeille, art. 806, n° 3 ; Troplong, de la
vente, n° 975 ; Demolombe sur l'art. 805, n° 590.

la transaction, le compromis et l'hypothèque consentis par l'héritier bénéficiaire (1).

Aucun texte de loi ne défend à l'héritier bénéficiaire de se rendre adjudicataire des biens de la succession. Il est vrai qu'aux termes de l'art. 1596 les mandataires, les administrateurs des biens qu'ils sont chargés de vendre ne peuvent, sous peine de nullité, les acquérir; mais cette prohibition n'est point applicable à l'héritier sous bénéfice d'inventaire intéressé, en sa qualité de propriétaire des biens de la succession, à ce qu'ils se vendent à un prix avantageux (2). En réalité, il ne s'opère, en pareil cas, aucun déplacement de propriété; voilà pour quel motif aucun droit de transmission à titre onéreux n'est exigible de l'héritier bénéficiaire qui est seulement assujetti à payer le droit de transcription.

L'héritier bénéficiaire doit rendre compte de son administration aux créanciers et aux légataires. Il ne peut être contraint sur ses biens personnels qu'après avoir été mis en demeure de présenter son compte, et faute d'avoir satisfait à cette obligation. Après l'apurement du compte, il ne peut être contraint sur ses biens personnels que jusqu'à concurrence seulement des sommes dont il se trouve reliquataire.

(1) Rap. C. Paris, 3 juin 1808, Sirey, 1808, 2, 209, 22 février 1814; Bordeaux, 21 mars 1828, D. P., 28, 2, 107; Cass., 22 juillet 1814, D. A., 1, 614; Merlin, répert., vo bénéf. d'invent., § 6; Duranton, t. 7, no 55; Vazeille, art. 805, no 6.

(2) Rap. Vazeille, art. 806, no 7; Duvergier, de la vente, t. 1, no 190; Demolombe, art. 802, no 191.

Art. 804. Il n'est tenu que des fautes graves dans l'administration dont il est chargé.

Art. 805. Il ne peut vendre les meubles de la succession que par le ministère d'un officier public, aux enchères, et après les affiches et publications accoutumées. S'il les représente en nature, il n'est tenu que de la dépréciation ou de la détérioration causée par sa négligence.

Art. 806. Il ne peut vendre les immeubles que dans les formes prescrites par les lois sur la procédure ; il est tenu d'en déléguer le prix aux créanciers hypothécaires qui se sont fait connaître.

Cet article renferme une inexactitude de rédaction ; en effet, comme le fait très-justement remarquer M. Vazeille sur l'art. 809, n° 2. « Le créancier inscrit » peut ignorer l'acceptation bénéficiaire et la succes- » sion même, mais il n'est pas permis à l'héritier » vendeur non plus qu'à l'acquéreur d'ignorer l'ins- » cription. »

Les créanciers d'une succession acceptée sous bénéfice d'inventaire sont privilégiés, hypothécaires ou chirographaires. Les premiers sont payés avant tous les autres, ils trouvent dans leur titre une cause légitime de préférence, les seconds viennent en deuxième ligne, enfin les troisièmes sont les derniers désintéressés, ils le sont au marc-le-franc.

Art. 807. L'héritier bénéficiaire est tenu, si les créanciers ou autres personnes intéressées l'exigent, de donner caution bonne et solvable de la valeur du mobilier compris dans l'inventaire et de la portion du prix des immeubles non déléguée aux créanciers hypothécaires. Faute par lui de fournir cette caution, les meubles sont vendus et leur prix est déposé, ainsi que la portion non déléguée du prix des immeubles, pour être employés à l'acquit des charges de la succession.

Art. 808. La manière dont les créanciers et les légataires doivent être payés avec les deniers que l'héritier bénéficiaire a touchés, varie suivant qu'il existe ou non des oppositions entre ses mains. Dans le premier cas, le paiement doit avoir lieu judiciairement suivant les formalités indiquées au titre de la distribution par contribution (Code proc. art. 990), à moins que les créanciers capables à cet effet ne s'accordent tous à l'amiable avec l'héritier bénéficiaire (1).

Si l'héritier bénéficiaire n'a reçu aucune opposition, il peut payer les créanciers et les légataires à mesure qu'ils se présentent.

Art. 809. Les créanciers qui ne se présentent qu'après l'apurement du compte et le paiement du reliquat n'ont de recours à exercer que contre les légataires, et cela est juste, car les légataires *certant de lucro captando*, tandis que les créanciers *certant de damno vitando*.

Dans l'un et l'autre cas, le recours se prescrit par le laps de trois ans, à compter du jour de l'apurement du compte et du paiement du reliquat.

Cette rédaction manque d'exactitude, l'article précé-

(1) Même Code, art. 656, 657.

dent ne prévoit qu'un seul cas, mais cependant il parle de l'un et de l'autre cas. Cette lacune s'explique par l'examen du projet du Code. L'on a jugé inutile de maintenir que les créanciers qui se présentent avant l'apurement du compte ont un recours contre les légataires ; du moment que les créanciers qui se présentent après l'apurement ne sont pas déchus de ce recours, les premiers ne doivent pas, à plus forte raison, encourir cette déchéance.

On admet généralement que les créanciers qui se présentent avant l'apurement du compte et le paiement du reliquat ne peuvent point, soit par voie de contribution, soit par privilège, poursuivre et faire réduire les créanciers déjà désintéressés (1).

Le bénéfice d'inventaire est non seulement utile pour les héritiers réguliers, mais encore pour les héritiers irréguliers et les légataires universels ou à titre universel, puisque tous ces successeurs sont de plein droit tenus de l'acquittement indéfini des dettes.

Art. 810. Les frais de scellés, s'il en a été apposé, d'inventaire et de compte sont à la charge de la succession.

SECTION IV.

Des successions vacantes.

Art. 811. Une succession est réputée vacante,

(1) Rap. C. Paris, 25 juin 1807, Sirey, 1807, 2, 996 ; Orléans, 15 novembre 1832, Dev. 33, 2, 541 ; Montpellier, 14 mars 1850, Dev., 50, 2, 479 ; Cass., 4 avril 1832, Dev., 52, 1, 136 ; Toullier, t. 4, n° 366 ; Delvincourt, t. 2, p. 33, note 6 ; Duranton, t. 7, n° 33 ; Demolombe sur l'art. 809, n° 325.

lorsqu'après l'expiration des délais pour faire inventaire et pour délibérer, il ne se présente personne qui la réclame, qu'il n'y a pas d'héritier connu ou que les héritiers connus y ont renoncé.

Le concours de trois circonstances est donc nécessaire pour qu'une succession soit réputée vacante; il faut : 1° que les délais pour faire inventaire et délibérer soient expirés; 2° qu'il ne se présente, pour la recueillir, ni parents légitimes, ni successeurs irréguliers, pas même l'Etat; 3° qu'il n'y ait pas d'héritier connu ou que les héritiers connus y aient renoncé.

Il est à remarquer que l'abstention des héritiers réguliers ne suffit pas pour faire déclarer la vacance d'une succession, leur renonciation est encore exigée; cette seconde condition n'est point imposée aux héritiers irréguliers.

Art. 812. Les Receveurs des domaines des chefs-lieux d'arrondissement où se sont ouvertes les successions vacantes, sont chargés de veiller à l'accomplissement des formalités nécessaires pour assurer la conservation des biens qui en font partie, tant dans l'intérêt des héritiers qui peuvent se présenter que dans ceux des créanciers; ils font apposer les scellés sur les biens de ces successions par le ministère des juges de paix, ils se concertent avec les magistrats du ministère public pour provoquer la nomination des curateurs dans le cas où les créanciers ou les autres parties intéressées auraient négligé de le faire, et ils veillent à ce que les jugements de nomination énoncent dans leur dispositif que les curateurs doivent se conformer aux prescriptions des articles 813 et 814 du Code.

Art. 813. Les curateurs sont tenus de faire constater l'état des successions vacantes par un inventaire, de poursuivre le recouvrement des droits et créances de toute espèce qui en dépendent, de répondre aux demandes et actions dirigées contre elles et de se faire autoriser par la justice, conformément aux articles 796 et 806 du Code, à procéder à la vente des effets mobiliers et des immeubles. Ils n'ont, d'ailleurs, aucune qualité pour toucher les deniers de ces successions, ils sont seulement autorisés à payer les créances ayant un privilége général sur les meubles, en vertu de l'art. 2101 du Code, telles que les frais de dernière maladie, d'honneurs funèbres, ceux d'apposition et de levée des scellés, ils doivent, quant au surplus, se borner aux diligences nécessaires pour faire verser à la caisse du Receveur des Domaines le numéraire trouvé dans les successions, le montant des créances recouvrées ainsi que le prix de la vente des meubles et des immeubles, déduction pour les immeubles du montant des collocations au profit des créanciers hypothécaires. (1). Après que toutes les opérations relatives à la liquidation ont été terminées, le montant de l'actif qui reste, déduction faite des sommes employées à l'acquittement des dettes, est remis aux héritiers qui se présentent; dans le cas contraire,

(1) Décisions du ministre de la justice, des 25 janvier-29 février 1806, 1. 500, et 26 mai 1842, 1. 1670.

l'administration des Domaines, agissant au nom et dans l'intérêt de l'Etat, fait déclarer la succession en deshérence et demande l'envoi en possession au Tribunal civil de l'arrondissement dans lequel elle elle s'est ouverte.

Faut-il dire, avec Merlin (1), que le curateur à une succesion vacante représente l'hérédité, être moral non encore personnifié dans un héritier connu au nom duquel sont exercés tous les droits actifs et passifs dont le défunt a été nécessairement dépouillé par l'évènement de son décès. Cette formule abstraite n'est point aussi satisfaisante qu'on pourrait le désirer, et l'on motive mieux, je crois, l'exigibilité du droit de mutation par décès, en faisant remarquer que le curateur occupe la place de l'héritier qui peut présenter ou se représenter (2).

Le droit de mutation par décès est exigible au taux fixé d'après le degré de parenté de l'héritier qui a renoncé, et il en est ainsi, parce que la qualité d'héritier repose encore virtuellement sur la tête du renonçant, tant que la prescription du droit d'accepter n'est pas acquise contre lui, ou que la succession n'est pas appréhendée par d'autres héritiers (art. 790);

(1) Questions de droit, v° successions vacantes, § 3.
(2) Rap. Cass., 18 nivôse an 12, L. 290, § 79; 9 prairial an 12; 4 floréal; 19 thermidor; 17 pluviose et 5 nivôse an 13; 5 juin; 15 juillet 1806; 4 août 1807; 5 décembre 1859, Dev., 1840, 1, 28; 25 juin 1857, 1, 2114, § 8; C. Amiens, 11 janvier 1855, Dev., 1855, 11, 537; Merlin, quest. de droit, v° success. vac., § 11; Championnière, t. 5, v° success. vac., n°° 1, 9; Toullier et Duvergier, t. 11, n° 402, note 2.

il appartient d'ailleurs à l'administration de réclamer un droit supplémentaire, si la succession vient à être recueillie par des héritiers d'un degré subséquent (1).

Comment convient-il d'entendre ces expressions du Code? lorsqu'il n'y pas d'héritier connu ou que les héritiers connus y ont renoncé; la vacance de la succession résulte-t-elle de la seule renonciation des héritiers du premier degré, ou bien faut-il que tous les héritiers connus jusqu'au dernier degré aient renoncé? La première hypothèse paraît admissible, elle était déjà suivie sous l'empire de l'ancien droit où Pothier développait ainsi son opinion : « Quoique, » dit-il, par la renonciation de tous ceux qui sont » appelés en premier lieu à la successsion, elle soit » dévolue aux parents du degré suivant, néanmoins, » tant qu'ils ne l'ont pas acceptée, les créanciers » peuvent faire déclarer la succession vacante et » y faire créer un curateur, sans être obligés d'atten- » dre que ceux du degré suivant se soient expliqués; » sauf à eux de l'accepter quand bon leur semblera, » et en ce cas, à se faire rendre compte par le » curateur » (2).

Depuis le Code, la même doctrine a été générale- ment enseignée. « On n'en finirait pas, fait très- » justement remarquer Chabot, sur l'art. 811 » n° 2, s'il fallait attendre que tous les parents qui » peuvent être appelés, en différents ordres, les » uns après les autres, se fussent expliqués, ou s'il

(1) l. 290 § 70; D. M. F., 7 juin 1808, l. 386 § 33.
(2) Introd. au tit. 17 de la cout. d'Orléans, n° 67.

» fallait agir contre les uns et les autres succes-
» sivement pour les forcer à s'expliquer. Que de
» frais inutiles pour la succession ! » (1).

Ces observations démontrent toute la régularité
du mode de perception applicable à l'espèce. Le curateur est passible de la peine du demi-droit en
sus pour défaut de déclaration de la succession, dans le délai légal qui prend son point de
départ au jour de son ouverture; mais ce délai
ne s'ouvre qu'à compter du jugement de nomination du curateur, si le jugement a été rendu après
l'expiration du délai accordé par l'art. 24 de la loi
du 22 frimaire an 7 (2).

Il se pourrait fort bien qu'une succession fût
déclarée vacante pour partie seulement ; c'est ce qui
arriverait, si elle était appréhendée par les héritiers
d'une ligne et répudiée par ceux de l'autre ; il y
aurait alors lieu de provoquer la nomination d'un
curateur, en ce qui concerne la portion vacante de
l'hérédité. Il est à peine besoin de faire remarquer
qu'une succession, une fois acceptée, ne peut tomber
en vacance, lors même que l'existence de l'héritier
acceptant deviendrait ensuite incertaine (3).

Quelle différence y a-t-il entre une succession
vacante et une succession en deshérence?

(1) Rap. C. Aix, 17 décembre 1807, Sirey, 1807, 2, 667; Paris,
31 août 1822, Sirey, 23, 2, 100; Merlin, rép., v° curatelle, § 3;
Duranton, t. 7, n° 62; Toullier, t. 4, n° 597; Delvincourt, t. 2,
p. 35, n° 1; Poujol, art. 811, n° 1; Marcadé, art. 770, n° 2 et
art. 811, n° 1; Demolombe sur l'art. 811, n° 408.
(2) I. 290 § 70.
(3) Rap. Cass., 18 mars 1854, D. P., 54, 1, 227.

J'ai déjà dit ce qu'était la première. Une succession en deshérence est celle qui est appréhendée par l'Etat à défaut d'héritiers connus et dont il obtient l'envoi en possession (1).

Il n'est donc pas exact de dire qu'une succession est en deshérence, quand seulement l'absence de parents au degré successible, d'enfant naturel ou de conjoint survivant est constatée.

Voilà bien l'image d'une successsion vacante ; mais entre la vacance et la deshérence il y a la différence du tout au tout.

L'Etat réclame l'hérédité vacante, si les intérêts du Trésor exigent cette mesure, et alors la vacance cesse immédiatement. Il n'y a même point lieu de procéder à la nomination d'un curateur jusqu'à l'envoi en possession de l'Etat (2).

Il ne saurait en être autrement. Une succession n'est réputée vacante que si personne *ne se présente pour recueillir ;* or, l'Etat se présente ; donc la vacance ne peut exister. Cette règle se justifie surtout à l'égard de l'Etat, vaste unité en qui toutes les épaves viennent s'absorber, et, une fois qu'il a manifesté l'intention de se porter héritier, les intérêts des tiers, en contact avec l'hérédité, ne sont-ils pas suffisamment sauvegardés ?

(1) Art. 767, 768, D. M. F., 13 août 1832, 1. 1407.
(2) Rap. C. Paris, 26 mars 1855, D. P., 55, 2, 103 ; Colmar, 18 janvier 1850, D. P. 51, 2, 161 ; Rennes, 7 juillet 1851, D. P., 51, 5, 518 ; Paris, 23 juillet 1863, D. P. 63, 1, 206 ; Cass., 17 août 1840, D. P., 40, 1, 275 ; Chabot sur l'art. 875, n 54 ; Duranton, t. 6, n° 552 ; Vazeille sur l'art. 770, nos 2 et s. ; Poujol, t. 1, des success., p. 541 ; Marcadé sur l'art. 770 ; Massé et Vergé d'après Zachariæ, t. 2, § 410, p. 443, note 1.

L'envoi en possession au profit d'un successeur irrégulier a un effet rétroactif au jour de l'ouverture
de la succession ; par suite, l'Etat qui s'est fait in-
vestir de la succession est à l'abri de tout recours
de la part de l'héritier qui a laissé s'écouler, sans
accepter, plus de trente ans, à compter de l'ouverture de la succession, quand bien même le jugement
d'envoi en possession ne remonterait pas à trente
ans (1).

Art. 814. Les dispositions de la section 3 du présent chapitre sur la forme de l'inventaire, le mode
d'administration et les comptes à rendre de la part
de l'héritier bénéficiaire, sont applicables aux curateurs à successions vacantes.

CHAPITRE VI.

Des partages et des rapports.

SECTION Ire.

De l'action en partage et de sa forme.

Art. 815. On peut définir le partage une opération par laquelle chaque copropriétaire prend une
part déterminée en remplacement de sa part indé-
terminée sur des objets possédés en commun.

Nul ne peut être contraint à demeurer dans l'indivision, et le partage peut être toujours provoqué,
nonobstant prohibitions et conventions contraires. On
peut cependant convenir de suspendre le partage

(1) Rap. Cass., 15 juin 1855, D. P., 55, 1, 255.

pendant un temps limité ; cette convention ne peut être obligatoire au delà de cinq ans ; mais elle peut être renouvelée.

La loi ne voit pas avec faveur le maintien de l'indivision ; cet état de choses porte atteinte à la sûreté des transactions, il paralyse le mouvement des affaires ; souvent, c'est une source de contestations et de procès, il importe donc de ne pas le laisser perpétuer à l'infini.

Si les parties s'engagent à suspendre le partage jusqu'à l'expiration d'un délai supérieur à cinq ans, cette convention les lie, mais seulement dans les limites de la période quinquennale (1).

Mais si les héritiers conviennent de rester dans l'indivision pendant un temps illimité, quelques auteurs ne considèrent pas cette stipulation comme absolument nulle, ils pensent qu'elle peut produire de l'effet pour un laps de temps de cinq ans. Ce moyen terme ne me paraît pas admissible. En effet, la convention dont il s'agit ne renferme point des périodes successives de temps que l'on peut scinder, elle forme plutôt un tout indivisible, dans la pensée des parties qui ont manifesté le vœu d'attribuer à l'indivision non une durée momentanée, mais une situation définitive (2).

Le principe formulé par l'art. 815 est applicable

---

(1) Rap. Mourlon, répét. écrit., t. 2, p. 150 ; Demolombe sur l'art. 815, n° 501.

(2) Rap. C. Aix, 10 mai 1841, D. P., 41, 2, 245 ; Orléans, 9 août 1856, Sirey, 58, 1, 225 ; Duranton, t. 7, n° 81 ; Demante, t. 3, n° 150 bis, 3 ; Demolombe sur l'art. 815, n° 502.

à l'usufruit indivis, aussi bien qu'à la pleine propriété. Il existe quant à l'usufruit une véritable indivision entre le légataire en usufruit d'une portion d'immeuble et le nu-propriétaire investi du surplus de ce même usufruit ; par conséquent, une action en partage, ou, s'il y a lieu, en licitation, est ouverte au profit de chacun des usufruitiers (1) ; d'où il suit que l'acte qui, dans ces conditions, opère la réunion de l'usufruit à la propriété doit encourir seulement le droit fixe de 3 francs.

Art. 816. Le partage peut être demandé, même quand l'un des cohéritiers aurait joui séparément de partie des biens de la succession, s'il n'y a eu un acte de partage, ou possession suffisante pour acquérir la prescription.

Un partage verbal est valable aussi bien qu'un partage écrit ; en effet, dans la langue du droit, le mot *acte* est susceptible de deux acceptions différentes, il signifie tantôt l'écrit qui traduit la convention, et tantôt, comme dans l'espèce, la convention même ; c'est ce que l'on doit induire des termes de l'art. 819, de la discussion qui eut lieu au corps législatif, et de la nécessité de ne pas soumettre à la formalité de l'écriture des partages de successions souvent minimes. (2).

(1) Rap. Cass., 24 juin 1863, D. P., 63, 1, 285 ; Chabot, art. 815, nº 15 ; Vazeille, art. 815, nº 6 ; Duranton, t. 7, nº 85 ; Demolombe, art. 815, nº 480.

(2) Rap. Cass., 25 thermidor an 8 ; C. Bourges, 19 avril 1839, Dev., 39, 2, 423 ; Nancy, 22 février 1841 ; Bordeaux, 20 novembre 1852, D. P., 53, 2, 85 ; Agen, 25 janvier 1859, D. P., 59, 2, 186 ; Aubry et Rau sur Zachariæ, t. 5, p. 249 ; Demolombe, art. 816, nº 521.

L'art. 816 ne parle que d'un cohéritier ayant joui séparément d'une partie des biens, il ne doit pas cependant être interprété dans un sens étroit. Ainsi, un héritier possède la totalité des biens de la succession, non en qualité de gérant, pour le compte de ses cohéritiers, mais comme seul propriétaire, *animo domini*, il fait des actes ostensibles de maître exclusif, son droit privatif et séparé se montre au grand jour, il se révèle par une possession continue et non interrompue, paisible, publique, non équivoque et *surtout à titre de propriétaire*; cette possession consolide l'entière propriété sur la tête de l'héritier, par la voie de la prescription trentenaire. (1).

Art. 817. L'action en partage, à l'égard des cohéritiers mineurs ou interdits, peut être exercée par leurs tuteurs, spécialement autorisés par un conseil de famille. A l'égard des cohéritiers absents, l'action appartient aux parents envoyés en possession.

Si les faits de possession exclusive sont relatés dans des actes publics ou sous-seing privé enregistrés, ils peuvent être invoqués par l'administration qui, relativement aux droits dont le recouvrement lui est confié, doit se borner à rechercher ses preuves

(1) Art. 2262; Rap. Cass., 5 janvier 1814, D. P., 14, 1, 229; 18 juin 1818, D. P., 19, 1, 126; 25 novembre 1831, D. P., 31, 1, 375; 4 juin 1853, D. P., 53, 1, 298; C. Bordeaux, 2 juin 1831, D. P., 31, 2, 186; Duranton, t. 7, n°s 91 et s.; Delvincourt, t. 2, p. 344, note 9; Demolombe, art. 816, n° 543.

dans la sphère tracée par la législation sur l'enregistrement. (2).

L'art. 12 de la loi du 22 frimaire an 7, porte :
« La mutation d'un immeuble en propriété ou usu-
» fruit sera suffisamment établie, pour la demande
» du droit d'enregistrement et la poursuite du paye-
» ment contre le nouveau possesseur, soit par l'ins-
» cription de son nom au rôle de la contribution
» foncière, et des payements par lui faits d'après
» ce rôle, soit par des baux par lui passés, ou enfin
» par des transactions ou autres actes constatant sa
» propriété ou son usufruit. »

Cet article n'atteignait pas, d'une manière assez
directe, les mutations verbales; la loi du 27 ventôse an 9 a comblé cette lacune, elle statue, (art.
4) : « Sont soumises aux dispositions des art. 22 et
» 38 de loi du 22 frimaire, les mutations entre-vifs
» de propriété ou d'usufruit de biens immeubles,
» lors même que les nouveaux possesseurs préten-
» draient qu'il n'existe pas de conventions écrites
» entre eux et les précédents propriétaires ou usu-
» fruitiers.

» A défaut d'actes, il y sera suppléé par des dé-
» clarations détaillées et estimatives, dans les trois
» mois de l'entrée en possession, à peine d'un droit
» en sus. »

La disposition précitée de la loi de frimaire subordonne ainsi la validité de la preuve d'une mutation

(2) Rap. Cass., 29 février 1860, I, 2185, § 4.

secrète à la réalisation de deux conditions : l'inscription au rôle et le paiement de l'impôt effectué en pleine connaissance de cause ; chacune d'elles prise isolément serait insuffisante. (1).

L'acquittement des impositions cesserait d'être efficace, s'il ne comprenait point toutes celles d'une année ; il se justifie au moyen d'un certificat émané du percepteur des contributions directes.

Le rapprochement des faits indiqués par l'art. 12 établit une présomption légale de mutation qui ne le cède qu'à la preuve contraire. (2).

Il ne suffit pas, en matière de mutation secrète, de justifier que le redevable est en possession, il faut encore établir qu'il possède, en vertu de la transmission consentie par le précédent propriétaire (3).

L'inscription au rôle ne saurait échapper à l'équivoque que par la désignation claire et complète du nouveau possesseur ; aussi l'indication du seul nom de famille ne suffit-elle pas pour autoriser la demande des droits d'une mutation secrète, parce qu'elle peut s'appliquer également à toutes les personnes du même nom (4).

Les questions de mutation secrète sont dominées par les circonstances du fait que les tribunaux de

(1) Rap. Cass., 6 frimaire an 14 ; 26 novembre 1823 ; 24 août 1827 ; Dalloz, enregistrement, n⁰ˢ 2085 et s.

(2) Art. 1352 ; Rap. Cass., 19 frimaire an 14 ; 19 août 1806 ; 24 février 1807 ; 3 août 1808 ; 2 août 1809 ; 4 décembre 1830 ; 14 avril 1814 ; 22 août 1821 ; 6 février 1826 ; Dalloz, *loc. cit.*, n⁰ˢ 2085 et 2105.

(3) Cass., 10 février 1813.

(4) Cass., 30 mars 1814.

première instance ont généralement le pouvoir de juger, en dernier ressort ; il faut donc apporter beaucoup de prudence et de circonspection dans le choix des affaires à leur soumettre.

Une mutation secrète peut se produire dans une foule de cas ; elle se révèle quelquefois par des éléments d'appréciation en apparence peu importants ; il convient de grouper les différentes preuves, de s'assurer de leur valeur, et d'en former un faisceau compacte que l'on puisse opposer avec succès aux contestations de la partie adverse.

Citons deux espèces seulement :

L'aveu contenu dans un acte extrajudiciaire est une preuve très-énergique de mutation secrète, mais c'est à la condition d'être accompagné de la signature de l'acquéreur, car il n'y a point alors de désaveu possible (1). En l'absence de l'inscription au rôle et du paiement de l'impôt, la demande formée en vertu d'un exploit non signé par la partie pourrait exposer le Trésor à succomber dans une instance.

Une vente a eu lieu sous faculté de rachat pendant cinq ans, le vendeur reprend verbalement l'immeuble, même en temps utile ; ce retour en possession est plus tard attesté par l'inscription au rôle et l'acquittement des impositions ; du moment que le retrait n'est point exercé avant l'échéance du délai, dans les conditions déterminées par l'art. 69, § 2, n° 11, de la loi du 22 frimaire an 7, ou bien par la voie d'offres réelles, régulièrement notifiées à l'acquéreur,

(1) Rap. Cass., 9 juillet 1854, I. 1475, § 4.

il fait naître une présomption de mutation secrète résultant d'un retrait accompli tardivement (1).

L'action du Trésor pour la poursuite des droits simples d'une mutation secrète se prescrit par trente ans à compter soit de l'époque de l'inscription au rôle et de l'acquittement des impôts, soit du jour où un acte indicatif de la mutation a été mis sous les yeux de l'administration (2).

Le droit en sus est soumis à la prescription biennale prononcée par l'art. 14 de la loi du 16 juin 1824, et cette prescription court du jour où les préposés ont été mis à portée de *relever la demande au vu d'un acte soumis à la formalité et sans le concours de recherches ultérieures* (3).

Arrêtons-nous un instant sur une branche de convention intéressante au point de vue de la perception, je veux parler des cessions de droits successifs.

Si un frère fait à sa sœur une constitution *à valoir* sur des droits successifs ouverts, il n'en résulte point en principe une cession mais une simple avance passible du droit d'obligation. Lorsqu'une cession intervient plus tard entre les cohéritiers, l'avance

(1) Cass., 2 août 1808; Dalloz, enreg., n° 2771.

(2) Rap. Cass., 5 janvier 1825; 20 juillet 1829; 24 juillet 1835; 5 juin 1857; 17 juillet 1838; 22 avril 1839; 17 février 1840; 31 juillet 1849; 5 mars 1851; 18 août 1852; 26 avril 1855; 29 décembre 1857; 1er février 1859, I. 1180 § 6, 1505 § 10, 1446 § 7, 1562 § 21, 1577 § 15, 1601 § 7, 1618 § 6, 1844 § 10, 1885 § 11, 1946 § 3, 1982 § 3, 2118 § 7, 2160 § 3.

(3) Rap. Cass., 5 juin 1857; 17 juillet 1838; 22 avril 1839; 17 février 1840; 9 février 1842; 22 novembre 1842; 31 juillet 1849; 5 mars 1851; 24 janvier 1854; 24 décembre 1860, I. 1562 § 21, 1577 § 15, 1601 § 7, 1618 § 6, 1675 § 6, 1695 § 3, 1844 § 10, 1855 § 11, 2010 § 10, 2190 § 7.

faite par le frère à sa sœur forme généralement
un élément du prix exprimé dans le contrat, et le
Trésor prélève le droit de transmission à titre onéreux
dont il n'avait eu jusques-là que l'expectative (1).

Quelquefois, aussi, le constituant est désintéressé
mais sans qu'aucun acte le constate; il reçoit la part
héréditaire du successible doté au lieu et place duquel
il se fait inscrire au rôle et paie l'impôt; l'on rencontre encore de nos jours ce mode de procéder
chez certaines populations des campagnes où domine
toujours le prestige des anciennes coutumes, mais
cette hypothèse nous appelle sur le terrain des mutations secrètes, et l'art. 12 de loi du 22 frimaire
nous apprend que l'inscription au rôle et le paiement
de l'impôt ne sont pas le seul ordre de preuves qu'il
convienne d'invoquer, en pareille circonstance, pour
démasquer la fraude.

Je viens de prévoir le cas d'une constitution faite
depuis l'ouverture de la succession à laquelle elle
se rattache, il me reste à étudier celui où il s'agit
d'une dot promise par des père et mère mais acquittée
pendant leur vie par l'un des enfants; que résulte-
t-il de ce paiement? Une créance contre les donateurs (art. 1236-1375), et s'ils viennent à décéder
avant de l'avoir éteinte, leur succession s'ouvre
grevée de cette charge; dès lors, la cession consentie
au profit du cohéritier qui a libéré ses auteurs donne
ouverture au droit d'enregistrement sur le prix stipulé

(1) Argument d'un arrêt de la Cour de cassation du 7 novembre 1820,
1. 1209 § 2, n° 1.

dans le contrat, augmenté seulement de la quote-part du cédant dans la somme que le cessionnaire a débour-sée pour le compte des constituants (art. 870, 873).

Autre est l'hypothèse où une cession de droits succes-sifs a lieu moyennant une somme, en sus de la consti-tution dotale payée par le cohéritier cessionnaire depuis le décès du défunt donateur, il avait d'abord paru que l'acte produisait l'effet d'une cession de créance à l'égard de la constitution payée, et qu'ainsi il y avait cession de droits successifs seulement pour le surplus du prix. Cette opinion n'était point fondée. En effet, les qualités de créancier et d'héritier sont incompatibles; il n'y a plus, au jour de l'ouverture de la succession, des donataires créanciers, ce sont tout simplement des héritiers venant à partage aux-quels aucun rapport n'est imposé pour les objets qu'ils n'ont pas reçus, mais qui ne peuvent avoir, à ce sujet, aucun prélèvement à exercer; le droit de cession de droits successifs est donc exigible dans l'espèce, tant sur le montant de la constitution dotale que sur la somme payée en sus de cette constitution (1).

Si la succession de la mère consiste en reprises sur les immeubles du père, la cession des droits maternels opère le droit immobilier pourvu, bien entendu, que l'obligation d'acquitter la totalité des charges de la succession paternelle ne pèse point, par suite d'un acte, sur un seul des cohéritiers. En effet, le décès du père a eu pour résultat de rendre les enfants débiteurs de leur mère; à l'ouverture de

(1) Rap. L. 1510; Cass., 7 janvier 1850, L. 1857 § 2.

la succession de celle-ci, ils sont devenus leurs propres créanciers, la dette s'est ainsi éteinte (art. 1300); la cesssion porte nécessairement sur les droits immobiliers représentatifs de la valeur des reprises maternelles.

Art. 838. Le partage affecte deux formes, il peut être fait soit à l'amiable, soit par voie judiciaire; le premier s'applique au cas où tous les cohéritiers sont majeurs, présents, capables et d'accord entre eux; il est nécessaire de recourir au second, quand les héritiers ne remplissent pas toutes ces conditions ou que les absents n'ont pas choisi un mandataire pour les représenter.

Art. 840. Si les héritiers incapables ne se conforment pas aux formes prescrites par la loi, le partage n'a point à leur égard un caractère définitif, il ne les lie pas, il est simplement provisionnel; mais la faculté de demander un nouveau partage n'appartient pas aux héritiers majeurs, elle est personnelle aux incapables, qui ont le droit plus tard de confirmer le premier traité ou d'en provoquer un autre; c'est pour eux, en effet, que la loi a environné la procédure en partage d'un ensemble de formalités protectrices; dès lors, seuls, ils peuvent en invoquer la non-observation.

L'exécution provisoire du contrat est, aux yeux de l'administration, un titre suffisant pour la perception, et la seule éventualité d'une action en nullité, toute dans l'avenir, ne saurait en écarter le fondement;

l'application de l'impôt de l'enregistrement sollicite ainsi, à chaque pas, un principe de droit.

Art. 818. Le mari peut, sans le concours de sa femme, provoquer le partage des objets meubles ou immeubles à elle échus qui tombent dans la communauté : à l'égard des objets qui ne tombent pas en communauté, le mari ne peut en provoquer le partage sans le concours de sa femme ; il peut seulement, s'il a le droit de jouir de ses biens, demander un partage provisionnel. Les cohéritiers de la femme ne peuvent provoquer le partage définitif qu'en mettant en cause le mari et la femme.

Cet article pose une distinction fondamentale entre les biens qui tombent en pleine propriété dans le domaine de la communauté, et ceux qui n'y tombent que pour la jouissance seulement ou en demeurent totalement exclus.

Sous le régime de la communauté légale, tous les meubles possédés par les époux au jour de la célébration du mariage rentrent dans le fonds commun, le mobilier acquis depuis suit le même cours, s'il n'en a été disposé autrement à l'égard des meubles provenant de succession ou de donation (art. 1401, 1403) ; et il en est de même des immeubles qu'une clause d'ameublissement vient rattacher à l'actif social (art. 1505 et s.).

Le mari, chef de l'association conjugale, acquiert donc le droit de provoquer, dans le premier cas, le partage définitif des successions mobilières et des immeubles ameublis qui échoient à la femme ; dans le second, un partage purement provisionnel. Sous le régime d'exclusion de la communauté, ou même de la communauté d'acquêts, le mari n'acquiert point la copropriété des meubles recueillis par la femme, à titre successif (art. 1498, 1513, 1531), il en devient le simple usufruitier, il n'a donc qualité que pour provoquer un partage de jouissance (1).

La même solution régit les biens dotaux appartenant à la femme, dont le mari a uniquement l'administration et la jouissance (art. 1549); il ne saurait donc, comme le prétendent certains auteurs, avoir mission de procéder seul à un partage de la toute propriété (2).

Sous le régime de la séparation de biens où la femme conserve le droit d'administrer et de jouir de toute sa fortune (1536), et sous le régime dotal, quand il s'agit de biens paraphernaux (art. 1576), la femme peut, sans l'autorisation de son mari ni de la justice, procéder à l'amiable au partage des successions mobilières qu'elle a recueillies (3).

Elle a besoin d'être autorisée par son mari, lors-

---

(1) Rap. C. Bruxelles, 13 messidor an 13, D. P. 6, 2, 61; Duranton, t. 7, n⁰ˢ 121-122; Chabot, t. 3, p 83; Vazeille, art 818, n⁰ 2.

(2) Rap C. Toulouse, 1ᵉʳ pluviôse an 10; Agen, 21 février 1809, D. A. 10, 301; Nimes, 12 mars 1833; Sirey, 33, 2, 291; Paris, 14 juillet 1845, D. P., 45, 2, 139; Cass., 21 janvier 1846, D. P., 46, 1, 10; Chabot, art. 818, n⁰ˢ 3 et s.; Duranton, t. 7, n⁰ˢ 125 et s. et t. 15, 305, 306; Toullier, t. 14, n⁰ˢ 156 et s., 213; Demolombe sur l'art. 817, n⁰ 584.

(3) Rap. Toullier, t. 4, n⁰ 408; Duranton, t. 7, n⁰ 128; Vazeille, art. 818, n⁰ 6; Chabot, t. 3, p. 88; Favard, v⁰ partage, sect. 1, n⁰ 2; Maleville, t. 2, p. 301.

qu'il s'agit d'immeubles, mais si le partage a lieu en justice, l'autorisation maritale lui est dans tous les cas nécessaire (art. 214).

Art. 819. Si tous les héritiers sont présents et majeurs, l'apposition de scellés sur les effets de la succession n'est pas nécessaire, et le partage peut être fait dans la forme et par tel acte que les parties intéressées jugent convenable.

Les scellés doivent être apposés sur les meubles de la succession, lorsqu'il existe parmi les héritiers : 1° un mineur ou un interdit non encore pourvu d'un tuteur (Code procéd. art. 911); 2° un absent ou un non-présent.

Cette formalité est remplie soit d'office par le ministère du juge de paix, soit à la requête des héritiers ou même du procureur impérial.

Les créanciers de la succession peuvent toujours requérir l'apposition des scellés, en vertu d'un titre exécutoire, ou à défaut de ce titre d'une autorisation du président du tribunal ou du juge de paix du canton où les scellés doivent être apposés (C. pr. art. 909.) Lorsque les scellés ont été apposés, tous les créanciers, même ceux qui ne sont munis ni d'un titre exécutoire ni d'une permission du juge, ont le droit de s'opposer à ce qu'ils soient levés en leur absence.

La levée des scellés doit avoir lieu en présence des parties intéressées ou des créanciers opposants. On procède ensuite à l'inventaire des valeurs mobilières suivant la marche tracée par le Code de procédure (1).

Art. 822. L'action en partage doit être portée devant le tribunal de première instance dans l'arrondissement duquel la succession s'est ouverte.

Art. 823. Si l'un des cohéritiers refuse de consentir au partage, ou s'il s'élève des contestations soit sur le mode d'y procéder soit sur la manière de le terminer, le tribunal statue comme en matière sommaire ou commet, s'il y a lieu, un juge-commissaire sur le rapport duquel il règle les contestations.

On procède d'abord à l'estimation de tous les biens de la succession.

Art. 824. L'estimation des immeubles doit être confiée à des experts choisis par les parties intéressées ou, à leur refus, nommés d'office. La mission des experts est de présenter les bases de l'évaluation, d'indiquer si l'objet évalué peut être commodément partagé, de quelle manière il peut l'être, et, en cas de division, de dresser un plan de partage.

Art. 825. En l'absence d'un inventaire régulier, l'estimation des meubles doit être faite par des gens compétents, à juste prix et sans crue.

Art. 826. Chaque copartageant a le droit de demander sa part en nature des meubles et des immeubles; toutefois, les meubles doivent être vendus aux enchères, quand la vente est justifiée par l'existence des saisies ou oppositions émanées des créanciers ou qu'elle est exigée par la majorité des héritiers à cause des charges de la succession.

(1) Art. 928 et s., 941 et s.

Art. 827. 839. La vente aux enchères des immeubles ne doit avoir lieu qu'au cas où ils ne sont pas susceptibles d'être commodément partagés. Si tous les cohéritiers ne sont pas présents, ou s'il y a parmi eux des mineurs non émancipés ou des interdits, les étrangers sont toujours admis aux enchères. Lorsque les parties sont toutes maîtresses de leurs droits, elles peuvent convenir que la licitation aura lieu non devant le tribunal, mais par le ministère d'un notaire sur le choix duquel elles tomberont d'accord.

Art. 828. Après l'estimation et la vente des biens de la succession, les héritiers sont renvoyés devant un notaire dont ils conviennent, ou nommé d'office, s'ils ne s'accordent pas sur le choix. L'officier public procède aux comptes des copartageants les uns envers les autres, à la formation de la masse générale et à la composition des lots.

Le partage renferme deux opérations distinctes : la composition de la masse à l'aide des comptes et rapports; la formation des lots.

Art. 829. Chaque cohéritier fait rapport à la masse suivant les règles tracées à la section ci-après, des dons qui lui ont été faits et des sommes dont il est débiteur.

Bien que le Code mette les dettes sur la même ligne que les donations, il existe cependant entre les deux espèces une différence qu'il importe de signaler. En effet, tandis que l'héritier peut, en renonçant, conserver ou réclamer, dans les limites de la quotité disponible, les libéralités dont il a été l'objet, il reste, même en pareil cas, assujetti au paiement des dettes qu'il a contractées envers le défunt.

Il n'est pas moins essentiel, en matière d'enregistrement qu'au point de vue du droit, de rechercher si le défunt qui a fait une avance à son successible a voulu consentir une donation ou simplement un prêt. Il faut, pour discerner la véritable nature de l'opération, s'attacher, en l'absence d'une qualification précise dans les actes, au degré de parenté qui existe entre les parties, à leur position de fortune respective ; ainsi un proche parent de la ligne directe sera réputé donateur plutôt qu'un collatéral ayant lui-même des enfants ; même présomption de gratuité si l'avance émane d'une personne aisée, tandis que l'autre ne l'est point ; à cette circonstance surtout que l'avance n'est point productive d'intérêts et qu'elle a eu lieu *en avancement d'hoirie* (ce qui tendrait à imprimer à l'acte le caractère d'une donation plutôt que d'un prêt) ; mais, au contraire, si l'ascendant qui a fait l'avance se trouvait à cette époque débiteur de son successible, il s'agirait d'un prêt, car l'on ne saurait admettre qu'on puisse être libéral avant d'être libéré : *nemo liberalis nisi liberatus.* Enfin, dans le doute, ce serait la présomption de libéralité qui devrait prévaloir (1).

(1) Rap. Duranton, t. 7, no 361 ; Aubry et Rau sur Zacharie, t. 5, p. 311 ; Troplong, des donat., t. 2, no 961 ; Demolombe, art. 851, no 353.

Art. 830. Si le rapport n'est pas fait en nature, les cohéritiers à qui il est dû prélèvent une portion égale sur la masse de la succession.

Les prélèvements se font, autant que possible, en objets de même nature, qualité et bonté que les objets non rapportés en nature.

Si des cohéritiers procédaient au partage des successions de leurs père et mère comprenant, la première, des immeubles, la seconde, une créance due par portions égales à la mère par les enfants, il y aurait soulte au cas où la créance serait tout entière attribuée à l'un d'eux ; cette créance, en effet, n'est pas, dans l'espèce, un élément réel de la masse à partager, elle ne constitue qu'une valeur fictive, car elle s'éteint par confusion (1). Mais tout autre serait l'hypothèse d'un partage des valeurs d'une seule et même succession qui se composerait d'immeubles et d'une créance sur les copartageants équivalant aux immeubles. Rien n'empêcherait d'attribuer à l'un les immeubles et à l'autre la créance ; ce mode de procéder serait exclusif de la perception du droit de soulte.

Art. 831. Après les prélèvements, il est procédé à la composition d'autant de lots égaux qu'il y a d'héritiers copartageants, ou de souches copartageantes. Ainsi on forme seulement un lot pour chaque ligne, sauf aux héritiers de chacune à le subdiviser entre eux d'après leur nombre (2).

(1) Art. 1300. Rap. Cass., 25 mars 1833 ; I. 1907, § 7.
(2) Marcadé, art. 831, n° 3.

Art. 832. Deux conditions sont requises pour former les lots d'une manière régulière, il faut : 1° S'attacher surtout à ne pas morceler les héritages et à ne point diviser les exploitations ; 2° composer, si c'est possible, chaque lot de la même quantité de biens de chaque nature et qualité.

L'inégalité des lots en nature se compense par un retour, soit en rente, soit en argent ; c'est ce que l'on appelle une soulte ; l'on ne doit pas considérer comme une soulte la remise d'un avancement d'hoirie faite à la masse par un héritier, ni l'obligation qu'il contracte à cet égard, quand la remise ne s'accomplit pas de suite ; le terme pris pour effectuer le rapport n'est pas, en effet, une circonstance exclusive de l'égalité de partage, il n'existe dans ce cas aucune introduction dans la masse d'un élément étranger aux biens partagés (1).

Art. 834. Si tous les héritiers sont présents et capables, les lots sont faits par celui d'entre eux qu'ils choisissent et qui accepte ce mandat. En cas de désaccord, les lots sont formés par un expert que le juge-commissaire désigne.

Art. 835. Avant de procéder au tirage des lots, chaque copartageant est admis à proposer ses réclamations contre leur formation.

Art. 836. Les règles établies pour la division des masses à partager sont également observées dans la subdivision à faire entre les souches copartageantes.

Art. 837. Si, dans les opérations renvoyées de-

(1) Cass. 11 décembre 1855 et 27 avril 1858 ; L. 2137 § 10.

vant un notaire, il s'élève des contestations, le notaire dresse procès-verbal des difficultés et des dires respectifs des parties, les renvoie devant le commissaire nommé pour le partage, et, au surplus, il est procédé suivant les formes prescrites par les lois sur la procédure.

Après la fixation des lots et, s'il y a lieu, la solution des difficultés qui ont pu s'élever entre les cohéritiers, les parties doivent provoquer auprès du tribunal l'homologation du procès-verbal de partage. Cette homologation est essentielle pour la validité du partage dont elle reconnaît le caractère régulier et auquel elle imprime une sanction définitive. L'exigibilité des droits d'enregistrement doit être suspendue jusqu'à l'accomplissement de cette formalité, si plusieurs cohéritiers font défaut au partage ou que les tuteurs des mineurs n'y acquiescent pas.

Le tirage au sort des lots vient ensuite, cette opération est le dernier élément de la procédure.

Art. 842. Après le partage, il doit être fait remise aux copartageants des titres de propriété des valeurs héréditaires. Les titres d'une propriété divisée restent à l'héritier qui en a la plus forte part, à la charge de les communiquer à toute réquisition aux autres copartageants intéressés à les consulter. Les titres communs à toute l'hérédité, sous la réserve de la même obligation que ci-dessus, sont remis à celui que tous les héritiers ont choisi pour en être le dépositaire, s'ils ne s'accordent pas sur le choix, il est réglé par le juge.

Art. 841. Tous les cohéritiers collectivement ou chacun d'eux en particulier ont le droit, en lui remboursant le prix entier de la cession, d'éliminer du partage le cessionnaire des droits d'un cohéritier, même parent du défunt, mais qui n'était pas son successible. Cette faculté porte le nom de *retrait successoral*, elle a pour but de prévenir les difficultés que des tiers pourraient provoquer et qui seraient de nature à compromettre les intérêts des héritiers.

Pour qu'il y ait lieu d'exercer le retrait successoral, deux conditions sont requises, il faut : 1° que le cessionnaire n'ait pas été habile à succéder à l'époque de l'ouverture de la succession ; 2° que les héritiers n'aient fait entre eux aucun traité pouvant produire l'effet d'un partage. (1).

L'art. 69 § 2, n° 11 de la loi du 22 frimaire an 7 soumet au droit de quittance le retrait de réméré. On a reconnu que le retrait successoral devait être par analogie assujetti au même droit. Pourquoi en est-il ainsi ? Est-ce par une simple faveur ? Non ! Il y a au fond de cette perception un motif plus sérieux et plus juridique ; c'est que le retrait n'est point réellement une vente, il s'opère par le seul effet de la volonté du retrayant et, au besoin, malgré même le tiers cessionnaire.

Nos anciens auteurs entendaient ainsi la théorie du retrait successoral : « Lorsqu'un héritage est

(1) Rap. Merlin, rép., vo droits succ., no 10 ; Toullier, t. 4, no 449, Duranton, t. 7, no 263, Chabot, t. 3, p. 197 ; Vazeille, art. 841 ; Poujol, t. 2, p. 112.

» retiré par retrait lignager, disait Pothier, il
» n'y a pas deux ventes, mais une seule (1) »,
et, de nos jours, ce point de doctrine n'a jamais
été contesté. (2).

Indépendamment du prix, le retrayant est tenu
de rembourser au retrayé les frais et loyaux coûts
du contrat, ainsi que les intérêts du prix. Le droit
de quittance est exigible sur le total de ces sommes
réunies. (3).

Il est de principe, et, c'est une situation remarquable, que, si le prix de la cession n'est point
payé, le retrayé n'en demeure pas moins, sauf son
recours contre le retrayant, le débiteur du cédant qui
acquiert ainsi un nouveau débiteur. Le retrait se passe
entre deux personnes, le cessionnaire et le retrayant,
il laisse à l'écart le cédant, comment, donc pourrait-
il affecter les rapports juridiques de ce dernier ? (4).

Le retrayant contracte alors une obligation qui,
sans se produire dans les conditions d'une novation,
est cependant passible du droit proportionnel.

Il n'existe aucune indivision, aucune communauté
de titre entre l'héritier et le légataire particulier,
le retrait successoral peut dès lors être exercé contre

(1) Des retraits, n° 429 ; Rap. Foumaur, n° 228.

(2) Rap. circulaire, 17 messidor an 12; D. M. F. 11 floréal an 12 ; I.
245 § 3 ; Championnière, t. 3, n° 2160 ; Dalloz, enregistr., n° 2796.

(3) Rap. Chabot, art. 844, n° 21 ; Toullier, t. 4, n° 450 ; Vazeille,
même art., n° 29 ; Duranton, n° 202, Poujol, n° 97, Marcadé, n° 4.

(4) Rap. Cass. 7 janvier 1857; Dev. 57, 1, 369 ; C. Bordeaux, 24
juillet 1850, D. P. 55, 2, 214 ; Pothier, des retraits, n° 300 ;
Aubry et Rau sur Zacharie, t. 3, p. 528 ; Demolombe, art. 841,
n° 143.

ce dernier, s'il a acquis une quote-part de la succession, et, en effet, le légataire particulier n'a pas à intervenir au partage de la succession, tout se borne pour lui à demander la délivrance de l'objet légué (1).

Les légataires universels ou à titre universel qui sont devenus cessionnaires des droits d'un cohéritier ne peuvent être écartés de la sucession par la voie du retrait successoral, et cela se conçoit, ils ont par eux-mêmes une vocation entière ou partielle à l'hérédité, ils sont donc les cosuccessibles des héritiers (2).

Si l'enfant naturel n'est point qualifié d'héritier par le Code, il jouit d'une grande partie des prérogatives attachées à ce titre, il a une quote-part à la succession, il ne tombe pas, par conséquent, sous l'application, du retrait successoral (3).

Ici se place un point grave et controversé de jurisprudence. Lorsque, sous le régime de la communauté, le mari acquiert *seul et en son nom personnel*, les droits successifs d'un cohéritier de son épouse, l'objet de l'acquisition constitue-t-il un propre de la femme ou bien un acquêt? J'invoque ici un argument emprunté au texte même de la loi; on a beau

(1) Demolombe sur l'art. 841, n° 30.
(2) Rap. Cass. 21 avril 1830, D. P. 30, 1, 214; C. Lyon, 17 juin 1825, D. P. 25, 2, 224; Douai, 6 février 1840, D. P. 40, 2, 191; Merlin, Repert., v° Droits succ, n° 9; Chabot, art. 841, n° 6.; Duranton, t. 7, n°ˢ 189, 190; Vazeille, art. 841, n° 5; Marcadé, même art., n° 2; Demolombe, ibid., n° 19.
(3) Demolombe sur l'art. 841, n° 18.

s'insurger en pareille matière; en fussent-ils réduits à leur valeur grammaticale, que les termes de l'art. 1408 auraient encore la plus grande portée, ils disposent :

« Dans le cas où le mari deviendrait seul, et en
» son nom personnel, acquéreur ou adjudicataire
» de portion ou de la totalité d'un immeuble appar-
» tenant par indivis à la femme, celle-ci, lors de la
» dissolution de la communauté, a le choix ou d'aban-
» donner l'effet à la communauté, laquelle devient
» alors débitrice envers la femme de la portion
» appartenant à celle-ci dans le prix, ou de *retirer*
» l'immeuble, en remboursant à la communauté le
» prix de l'acquisition. »

Eh bien! je le demande, quelle signification faut-il donc attacher à ce mot, *retirer* ou *reprendre*? Peut-on croire que dans une matière aussi importante les rédacteurs du Code aient employé ce terme à la légère. A l'idée de reprendre un objet se lie forcément et intimément celle du dessaisissement de ce même objet; dès lors, je ne saurais en douter, l'être moral de la communauté devient propriétaire de l'acquisition faite par le mari dans les conditions dont il s'agit (1).

Dans l'intervalle de l'acquisition au retrait, le mari a qualité pour consentir seul des aliénations et des hypothèques, touchant les droits acquis; n'est-ce donc pas qu'on le reconnaît propriétaire sous condition

(1) Rap. Cass., 31 mars 1855, I. 1490 § 7; 25 juillet 1844, D. P. 44, 1, 128; C. Nancy, 5 juin 1851, D. P. 55, 2, 251; Caen, 31 juillet 1858, Sirey, 59, 2, 102.

résolutoire ? La jurisprudence admet la conséquence, il ne serait point sérieux de nier le principe. (1).

La solution de cette difficulté offre un grand intérêt au point de vue de la liquidation des droits de mutation par décès. En effet, si l'on décide que les parts acquises par le mari constituent un acquêt, elles devront être comprises pour moitié dans la déclaration de sa succession, au cas où la femme n'aura point opéré le *retrait d'indivision*, après la dissolution de la communauté ; mais, par l'exercice du retrait, la propriété vient reposer tout entière sur la tête de la femme qui doit à la communauté une récompense *égale au prix même de l'acquisition* (art. 1408). Les héritiers du mari sont alors tenus d'acquitter les droits de mutation à raison de la moitié de cette récompense.

La pratique ramène chaque jour l'application de ces principes ; on ne saurait donc trop s'en pénétrer.

Dans l'hypothèse précédente le mari peut-il être l'objet du retrait successoral ? Mais je viens implicitement de résoudre cette difficulté ; entre les deux questions, il existe une corrélation intime, un rapport nécessaire. En effet, même commun en biens, le mari n'est point le cosuccessible des cohéritiers de sa femme, c'est ce qui frappe les yeux ; il y a d'ailleurs une considération qui ne saurait échapper,

(1) Rap. Cass., 30 juillet 1816, D. A. 10, 197; Riom 20 mai 1839, et 29 mai 1843, D. P. 45, 2, 27; Douai, 28 avril 1851, D. P. 52, 2, 290; Grenoble, 18 août 1851, D. P. 56, 2, 61; Cass. 1er mai 1860, D. P. 60, 1, 511; Toullier, t. 12 n° 170; Duranton, t. 14, n° 209; Troplong, contr. de mar., n° 632.

il pourrait y avoir quelquefois du danger à introduire au partage un étranger qui ne serait peut-être pas animé toujours de l'esprit conciliant et modéré qu'il est plus naturel de rencontrer entre cohéritiers. Cependant je prévois une objection tirée de la faculté d'option accordée à la femme par l'art. 1408 ; mais cette objection perd sa valeur si l'on remarque que le retrait successoral prime le retrait d'indivision (1).

Il se présente une espèce encore plus délicate ; le mari acquiert, *pour le compte de sa femme*, les droits d'un ou de tous les cohéritiers de cette dernière qui demeure étrangère au contrat ; quel est le caractère de cette acquisition ; les droits acquis tombent-ils provisoirement dans la communauté ou bien n'est-ce point plutôt la femme qui en devient propriétaire, sauf à cesser de l'être si elle répudie l'acquisition ? M. Troplong (contr. de mar., n° 655) enseigne cette dernière solution en faveur de laquelle le texte de l'art. 1408 semble militer.

Le donataire ou le légataire universel de l'usufruit, cessionnaire des droits d'un cohéritier, est-il soumis au retrait successoral ? C'est encore là une question grave et controversée. Plusieurs auteurs professent

(1) Rap. Cass., 25 juillet 1844,, D. P. 44, 1, 428 ; C. Pau, 10 juin 1830, D. P. 31, 2, 27 ; Bordeaux, 28 juin 1844 ; Dev. 45, 2, 407 ; Riom, 9 mai 1846, D. P. 46, 2, 121, Agen, 8 avril 1845, D. P. 45, 2, 125 ; Toulouse, 31 décembre 1832, D. P. 34, 2, 226 ; Bordeaux, 25 mars 1857, D. P. 57, 2, 116 ; Duvergier sur Toullier, t. 2, n° 443, note 6 ; Aubry et Rau sur Zachariæ, t. 5, p. 524 ; Demolombe, art. 841, n° 32.

la négative; ils se fondent sur ce que la position du légataire universel de l'usufruit l'appelle forcément à prendre connaissance de l'état de la succession, et dès lors à s'initier aux secrets de la famille. Cette considération est juste; elle a, sans nul doute, contribué à guider le législateur dans le choix des règles relatives à cette section, mais elle ne pourrait prévaloir que si elle se rattachait au principe fondamental sur lequel repose la théorie du retrait successoral, et ce principe est celui-ci : Pour ne pas être exposé au retrait, il faut soi-même posséder un droit indivis dans la chose commune; or, il n'existe aucune indivision entre la propriété et l'usufruit, ce sont deux choses tout-à-fait distinctes; dès lors, l'usufruitier universel tombe sous l'action du retrait successoral (1).

La Cour de cassation n'admet même pas le tempérament que certains auteurs ont voulu introduire dans cette doctrine et qui consisterait à ne pas soumettre au retrait l'usufruitier à titre universel. Certainement, il existe alors une communauté d'intérêts entre l'usufruitier et le propriétaire; mais cette communauté ne porte que sur l'usufruit, elle n'a pas trait à la propriété, par suite la solution paraît devoir être la même que dans le cas précédent.

(1) Rap. Cass., 17 juillet 1843, Dev. 43, 1, 697; 24 novembre 1847, Dev. 48, 1, 21; C. Riom, 13 avril 1818, Sirey, 18, 2, 498; Dijon, 8 juillet 1826, D. P. 29, 2, 220; Pau, 10 juin 1833, Dev. 31, 2, 52; Dijon, 17 février 1854, Dev. 54, 2, 421; Duranton, t. 7, n° 192; Demante, t. 3, n° 171 bis, 1; Duvergier sur Toullier, t. 2, n° 441, note 1; Zachariæ, Aubry et Rau, t. 3, p. 524; Demolombe sur l'art. 841, n° 51.

Cependant, l'administration a partagé le sentiment des auteurs qui admettent la possibilité du retrait contre l'usufruitier universel, ou à titre universel, et cette appréciation trouve à s'appuyer sur plusieurs décisions judiciaires (1).

Le cessionnaire successible qui a renoncé avant ou depuis la cession est-il soumis au retrait? On se fonde pour la négative sur ce qu'avant de renoncer il a pu prendre connaissance des valeurs de la succession, et que, dès lors, le but de la faculté accordée par le Code ne serait point atteint; mais on peut répondre avec raison : le cessionnaire renonçant est censé n'avoir jamais été héritier, et, dans l'expectative de sa renonciation, il n'a peut-être pas songé à faire une constatation approfondie de l'actif et du passif de l'hérédité (2).

L'héritier qui a aliéné ses droits successifs et qui les a ensuite rachetés est-il exposé au retrait? La négative me paraît fondée; cependant l'on dit: l'héritier a cédé et il a perdu son droit primitif de venir au partage, il ne peut plus revendiquer que sa qualité de cessionnaire, dès lors, le retrait est possible. Ce raisonnement n'est point exact, et je tirerais de sa prémisse une conclusion tout opposée; l'héritier

(1) Rap. C. Paris, 2 août 1821, Sirey, 22, 2, 29; Nîmes, 30 mai 1830, D. P. 30, 2, 182; Bastia, 23 mai 1833, Dev. 33, 2, 330; Vazeille, art. 841, no 15; Belost-Jolimont sur Chabot, t. 2, n° 353.
(2) Rap. Cass., 2 déc. 1829, D. P. 30, 1, 46; C. Bourges, 20 janvier 1827, D. P. 29, 2, 122; Chabot, art. 841; n° 5, Poujol, t. 2, n° 418, n° 5; Marcadé, art. 841, n° 2; Demolombe sur l'art 841, n° 25.

a cédé, et c'est là précisément un acte qui a donné à son titre une consécration définitive (art. 780). Ce n'est point comme étranger qu'il a droit d'intervenir au partage ; d'un autre côté, il possède une part indivise dans la succession, il réunit ainsi les deux conditions exigées pour ne pas être passible du retrait successoral (1).

Le retrait sucessoral peut-il être exercé contre le cessionnaire de la quote-part d'un cohéritier dans un objet déterminé de la succession? Je pencherais pour la négative. Qu'est-ce donc que la succession? ce n'est point un objet isolé du patrimoine du défunt, c'est la réunion, l'ensemble des valeurs qu'il délaisse, *universam jus defuncti*, disait la loi Romaine. Or, remarquons-bien les termes de l'art. 841, il admet la faculté de retrait contre le cessionnaire *des droits* d'un cohéritier et contre ce cessionnaire seul ; mais écoutons les partisans de l'opinion contraire.

» Le retrait est possible, dit Delvincourt, t. 2, p.
» 345, note 10, toutes les fois que la vente donne
» à l'acquéreur le droit de s'immiscer dans les opéra-
» tions du partage. Or, l'acquéreur dont il s'agit
» a intérêt d'intervenir au partage, pour faire tomber
» l'objet dans le lot de l'héritier vendeur. Le cession-
» naire de la totalité des droits successifs sera généra-
» lement moins disposé à susciter des entraves. Il

(1) Rap. C. Orléans, 29 février 1852, Dev. 36, 2, 354 ; Merlin, répert., v° Droits successifs, § 14 ; Demolombe, sur l'art. 841, n° 28.

» suffit à celui-ci d'avoir une part égale à celle des
» autres héritiers, de quelque manière qu'elle soit
» composée. Mais l'acquéreur d'un objet singulier a
» un intérêt tout personnel à la composition et à
» la distribution des lots, intérêt qui le rendra d'un
» accommodement moins facile. »

Je ne saurais me ranger à cette opinion; toutes
les personnes qui ont qualité pour intervenir au partage ne sont pas, néanmoins, atteintes par le retrait,
et je citerai, comme exemple, le créancier d'un cohéritier qui a hypothèque sur la part indivise de ce
dernier, dans un ou plusieurs immeubles de la succession (art. 882). Le cessionnaire d'une fraction d'un
objet nommément désigné de l'hérédité me paraît se
trouver absolument dans le même cas (1).

Lorsqu'aux termes de l'art. 733 la succession se
divise en deux parts, le parent paternel, cessionnaire des droits d'un héritier de la ligne maternelle,
est-il soumis au retrait de la part du cohéritier de
cette ligne? La négative ne me paraît pas pouvoir
faire l'objet d'un doute. Malgré la bifurcation, il n'existe
pas, en effet, deux successions distinctes, il n'y en
a qu'une seule; jusqu'au partage, toutes les valeurs

(1) Rap. Cass., 9 septembre 1806, D. P. 6, 1, 555; 22 avril 1808;
Sirey, 1808, 1, 325; 27 juin 1832, D. P. 32, 1, 241; 14 août
1840, Dev. 40, 1, 755; C. Bourges, 12 juillet 1851, D. P. 51,
2, 71; Lyon, 17 mai 1851; D. P. 53, 2, 156; Toulouse, 3 juin
1854, D. P. 55, 2, 27; Paris, 14 juin 1854, Dev. 56, 2, 113;
Riom, 15 nov. 1846, D. P. 47, 2, 839; Agen, 2 avril 1851,
D. P. 51, 2, 151; Merlin, répert., v° dr. suc., n° 9; Zachariæ,
Aubry et Rau, t. 3, p. 227; Masse et Vergé, t. 4, p. 537; Demolombe, sur l'art. 841, n° 85.

sont confondues dans la masse ; sur chaque atome,
sur chaque molécule, si je puis dire, tout cohéritier
a un droit proportionnel à sa part héréditaire ; mais,
une fois le partage consommé entre les deux lignes,
le cessionnaire n'est plus propriétaire incommutable,
car il s'agit d'écarter le part-prenant non successible,
et c'est le cas du parent paternel vis-à-vis des héritiers de l'autre ligne (1).

Le retrait successoral est-il possible envers l'ascendant donateur appelé à exercer le retour légal, mais
exclu de la succession ordinaire ? il me suffit, à cet
égard, de rappeler les motifs que j'ai déjà développés ;
le retour légal crée un ordre successif à part ; qu'importe le droit de l'ascendant sur les objets donnés !
s'il n'a rien à recueillir des autres valeurs de la succession, c'est un étranger aux yeux des héritiers
de la succession ordinaire, il doit être traité comme
tel, il ne peut, dès lors, se soustraire à l'application
du retrait.

Le retrait successoral est spécial à la vente, il ne
se rattache point à la donation. En effet, l'art 844
parle seulement du *cessionnaire* ; or, cette expression
s'entend évidemment d'un acquéreur à titre onéreux
et non à titre gratuit.

« Il est de l'intérêt des familles, disait l'orateur
» du Tribunat dans son rapport, qu'on n'admette point

(1) Rap. C. Rouen, 21 juillet 1807, Sirey, 08, 2, 49; Pau, 14
février 1860, Dev. 61, 2, 113 ; Cass., 2 juillet 1862 ; Gazette des
Tribunaux du 3 juillet 1862 ; Toullier, t. 4., n° 444 ; Vazeille, art. 844,
n° 24 ; Chabot, art. 844, n° 18, Marcadé, art 844, n° 5 ; Demolombe, sur l'art. 844, n° 34.

» à pénétrer dans leurs secrets, et qu'on n'associe
» point à leurs affaires des étrangers que la cupidité
» ou l'envie de nuire ont pu seules déterminer à
» devenir cessionnaires, et que les lois romaines
» peignaient si énergiquement par ces mots : *alienis
» fortunis inhiantes.* »

Mais ces dispositions avides ne sont point à craindre
du donataire des droits d'un cohéritier pour qui tout
est bénéfice ; et j'ajouterai qu'à son égard la faculté
de retrait porterait atteinte à l'irrévocabilité de la
transmission, ce serait un moyen indirect de reprendre ce que l'on aurait donné. Le législateur
laisserait-il ainsi détruire l'œuvre qu'il aurait pris
tant de soin à édifier ? « Quelle somme, d'ailleurs,
» dit fort bien M. Mourlon, eût-on remboursé au
» cessionnaire dépossédé ? Cette somme devra être
» égale au profit qu'il eût retiré de la succession
» en sa qualité de cessionnaire, il aurait eu le droit
» d'intervenir au partage, afin de surveiller le rè-
» glement de l'indemnité à lui due ; on serait ainsi
» tombé dans un cercle vicieux. Répét. écrit t. 2,
» p. 170. » (1).

Quelques charges attachées à la donation ne chan-
gent point la nature du contrat ; elles ne seraient donc
pas susceptibles d'ouvrir la voie à l'exercice du retrait. (2).

(1) Rap. C. Lyon, 17 juin 1825. Dalloz, v° succ. n° 1904, Chabot, t. 3, p. 188 ; Delvincourt, t. 2, p. 346 ; Toullier, t. 4, n°
446 ; Duranton, t. 7, n° 494 ; Vazeille, n° 5 ; Poujol, t. 2, p. 107,
Marcadé, art. 841, n° 2 ; Demolombe sur l'art. 841, n° 95.

(2) Rap. Cass., 4 juin 1854 ; C. Angers, 17 décembre 1824 ; Dalloz,
n° 1905.

La faculté de retrait stipulée par l'art. 841 peut-elle s'appliquer au cas d'une communauté ou d'une société entre plusieurs personnes, de telle sorte, que si l'un des communistes ou des associés cède sa part à un étranger, les autres copartageants ou associés aient le droit d'écarter cet étranger en lui remboursant le prix de son acquisition ? Je ne le crois pas ; la disposition dont il s'agit est formellement limitative, elle n'a trait qu'aux cohéritiers ; il convient donc de ne point l'étendre au delà des limites dans lesquelles le Code a manifesté l'intention de la renfermer. (1).

Le cessionnaire, par voie d'échange, est-il soumis au retrait successoral ? Le Code parle, il est vrai, du remboursement du prix de la cession ; mais la disposition de l'art. 841 doit s'étendre à tous les cas dans lesquels un étranger se trouve substitué à titre *universel* au cohéritier d'une succession indivise, quels que soient les moyens qu'il ait pu prendre pour obtenir cette substitution ; il n'y a point lieu de s'arrêter à la nature du prix. Si l'échangiste est évincé par un cohéritier, il est tenu de recevoir en place de l'objet échangé sa valeur estimative (2).

(1) Rap. Cass. 19 août 1806, Sirey, 1807, 1, 74; 12 mars 1839, Dev. 39, 1, 281 ; C. Angers, 8 août 1808, Sirey, 1808, 2, 219 ; Metz, 17 août 1820, Sirey, 21, 2, 303 ; Paris, 2 août 1821, Sirey, 22, 2, 29 ; Colmar, 17 mai 1820 ; Dalloz, suc. n° 1870 ; Bordeaux, 19 juillet 1826 ; Bourges, 12 juillet 1831 ; Dalloz, *loc. cit.* Paris, 7 juillet 1856, ibid. Merlin, répertoire v°, Droits suc. n° 12 ; Toullier, t. 13, n°° 204 et s. Troplong, cont. de mar. n° 1682 et des sociétés, n° 1030 ; Zacharie, t. 2, p. 571 ; Demolombe, sur l'art. 841, n° 92

(2) Rap. Cass., 19 octobre 1844, Dalloz, *loc. cit.*, n° 1914 ; Duranton, t. 7, n° 197 et t. 16, n° 549 ; Delvincourt, t. 2, p. 346, note 1 ; Vazeille, art. 841, n° 29 ; Marcadé, art. 841, n° 2.

L'acte par lequel un étranger s'engage à révéler à un héritier une succession qui lui est échue, et à se livrer à toutes les démarches nécessaires pour parvenir au recouvrement de ses droits, à la condition que l'héritier lui abandonnera une partie des recouvrements, ne doit pas être considéré comme une cession de droits successifs soumise au retrait successoral (1). C'est, au point de vue du droit, un mandat salarié, et, au point de vue de la perception, un marché.

Toutefois, il convient de surveiller avec le plus grand soin les actes de l'espèce, dont les parties empruntent quelquefois la forme pour déguiser des cessions de droits successifs, et cette appréciation peut s'induire de certaines circonstances particulières, telle qu'une affectation hypothécaire donnée par l'héritier à l'étranger, le caractère d'irrévocabilité attaché à la convention, etc. (2).

Maintenant, quelles sont les personnes qui peuvent user du retrait, ce sont précisément celles qui en sont à l'abri.

Je ferai remarquer que l'héritier qui a cédé ses droits successifs ne paraît pas pouvoir être admis à exercer le retrait contre le cessionnaire des droits successifs de l'un des cohéritiers; car, n'étant pas

(1) Rap. Cass., 12 janvier 1865, D. P. 65, 1, 502; C. Paris, 2 avril 1852, D. P. 53, 2, 150.

(2) Rap. Cass., 25 novembre 1842, Dalloz, succ., n° 163; Duranton, n° 193; Vazeille, n° 14; Marcadé, art. 841, n° 4; Demolombe, sur l'art. 841, n° 117.

lui-même copartageant, il ne possède pas la qualité essentielle à l'exercice du retrait (1).

L'application de ces principes à la matière de l'enregistrement est facile. C'est dans le cas seul où le retrait est permis par la loi qu'il y a lieu, si un héritier l'exerce, de percevoir le droit de quittance ; dans le cas contraire, l'exercice du prétendu retrait produit l'effet d'une vente, le droit doit être perçu, en conséquence. Ainsi, c'est un mari qui, sous le régime de la communauté, a acquis *seul et en son nom personnel*, les droits successifs d'un cohéritier de sa femme, comme le bénéfice de l'acquisition pourrait lui être enlevé par la voie du retrait, le droit de quittance serait seulement exigible, si on lui remboursait le prix de la cession ; mais, au contraire, si le mari s'était rendu acquéreur *pour le compte de sa femme*, il ne saurait être question de retrait, car dans l'espèce l'acquisition ne constituerait pas un acquêt mais un propre de la femme qui ne pourrait en être dépouillée que par l'effet d'une cession passible du droit de 5 fr. 50 c.

SECTION II.

Des rapports.

Art. 843. Le rapport est la remise ou le maintien à la masse des biens à partager, par l'héritier venant à une succession, de tout objet que le défunt lui a donné par acte entre-vifs ou légué, directe-

<hr>

(1) Rap. C. Toulouse, 22 février 1840, Dev. 40, 2, 518 ; Demolombe, sur l'art. 841, no 49.

ment ou indirectement, sans clause de préciput, hors part, ou dispense de rapport.

Les rédacteurs du Code ont fait reposer l'obligation du rapport sur la volonté présumée du défunt et la nécessité de donner satisfaction au principe d'égalité ; le but du rapport est aussi de maintenir la concorde et l'harmonie dans les familles.

Art. 844. Dans le cas même où les dons et legs auraient été faits par préciput ou avec dispense du rapport, l'héritier venant à partage ne peut les retenir que jusqu'à concurrence de la quotité disponible ; l'excédant est sujet à rapport.

Des auteurs ont critiqué cette formule, ils ont dit que c'était ici un cas de réduction et non de rapport ; mais, cependant, la remise à la masse de ce qui excède la quotité disponible a lieu pour que cet excédant soit l'objet d'un partage entre cohéritiers, la terminologie du Code est donc exacte.

La dispense de rapport doit être expresse, mais elle n'est point assujettie à une forme sacramentelle ; ces mots, préciput, hors part, dispense de rapport, peuvent être remplacés par des termes équivalents (1).

La dispense de rapport peut aussi s'induire de la nature même de la stipulation.

L'homme qui a disposé de toute sa fortune en faveur de l'un de ses successibles a témoigné énergiquement qu'il voulait faire autre chose qu'une

(1) Rap. C. Riom, 28 janvier 1820, D. P. 1, 1325 ; Lyon, 22 juin 1825, D. P, 26, 2, 128 ; Cass., 17 mars 1825, D. P. 25, 1, 219 ; 18 mai 1846, D. P., 46, 1, 435 ; 5 avril 1854, D. P., 54, 1, 99 ; Toullier, t. 4, nº 453 ; Vazeille, art. 843, nº 5.

simple avance sur une part héréditaire ; donc, une disposition universelle emporte dispense virtuelle de rapport, car, par cela même qu'elle est exclusive de tout partage, elle l'est évidemment de tout rapport (1).

La dispense de rapport résulte implicitement aussi du don ou du legs de la quotité disponible ; alors le disposant manifeste bien la volonté de concéder à son héritier un avantage indépendant des droits que confère la simple vocation *ab intestat* (2).

D'après la Cour de Paris, le legs fait à l'un des successibles, du quart de tous les biens du testateur, pour être réuni à la part héréditaire qu'il est appelé à recueillir dans la succession, est censé fait par préciput et hors part (3).

La Cour de Turin, a jugé qu'il y avait dispense de rapport dans la disposition aux termes de laquelle le testateur, après avoir fait un legs particulier à l'un de ses héritiers, attribuait le surplus de ses biens par égales portions au légataire et à ses autres héritiers (4).

(1) Rap. C. Grenoble, 6 juillet 1811, D. P. 1, 1821; Bastia, 25 mai 1835, Dev. 54, 2, 317; Montpellier, 9 juillet 1833, D. P. 53, 2, 318; Nancy, 22 janvier 1838, D. P. 39, 3, 153; Limoges, 26 juin 1822, Sirey, 22, 2, 276; Cass., 25 août 1812, D. P. 25, 2, 19; 10 juin 1846, D. P. 46, 1, 156; 14 mars 1855, Dev. 55, 1, 267; Duranton, t. 7, n° 219; Vazeille, art. 845, n° 4; Grenier, t. 2, n° 485-488; Troplong, des donat., t. 2, n° 885; Demolombe, sur l'art. 845, n° 242.

(2) Rap. C. Paris, 28 juillet 1825, Sirey, 25, 2, 25; Caen, 16 décembre 1850, D. P., 51, 2, 246; Aubry et Rau sur Zachariæ, t. 5, p. 527.

(3) 13 pluviôse an 13, D. P., 23, 2, 19; Grenier, t. 2, n° 484.

(4) 24 mars 1806, Sirey, 1806, 2, 131; Duranton, t. 7, n° 221.

La dispense de rapport résulte-t-elle du concours des circonstances ci-après?

Le défunt a fait à l'un de ses descendants une donation sans clause de préciput, et il dispose ensuite par testament que tous les biens qui se trouveront lui appartenir au jour de son décès seront partagés entre ses descendants par égales portions; la première libéralité ne s'entend point de la quotité disponible, elle n'est point faite non plus à titre universel; d'un autre côté, le testateur n'a nullement manifesté la volonté de rompre l'égalité qui doit être un jour la loi du partage; en principe, le donataire à titre particulier semble tenu au rapport, à moins que des circonstances particulières ou le rapprochement des différentes clauses du testament n'appellent une solution contraire (1).

Le partage anticipé soit par donation entre-vifs, soit par testament, implique dispense de rapport. En effet, l'obligation de rapport se rattache intimement à l'existence d'un partage. Or, l'ascendant qui règle lui-même le sort de sa succession accomplit l'œuvre que ses descendants auraient eu à faire plus tard; il ne saurait donc y avoir matière à rapport, là où il n'y a plus de partage à effectuer. Ces faits sont essentiellement connexes; je ferai, d'ailleurs, remarquer qu'il ne faut pas confondre le

(1) Rap. Cass., 19 juillet 1856, Dev., 56, 1, 599; 10 juin 1846, Dev., 46, 1, 511.

rapport en nature avec la réunion fictive dont je parlerai plus bas (1).

L'irrévocabilité des transmissions contenues dans les partages anticipés amène une conséquence importante, en matière d'enregistrement, c'est que, si sans nécessité, c'est-à-dire sans que la quotité disponible eût été dépassée, le règlement de la succession du disposant enlevait à l'un des copartagés des biens dont le partage anticipé l'avait saisi, il s'opérerait une transmission à titre onéreux passible du droit proportionnel.

La charge imposée à l'un des héritiers d'acquitter une portion de legs supérieure à sa part héréditaire, constitue en faveur de ses cohéritiers, quant à la différence, un avantage à titre de préciput (2).

Il importe de signaler les différences qui existent entre le rapport et la réduction.

Le rapport n'est dû que par l'héritier, la réduction n'atteint pas seulement l'héritier, elle frappe encore le donataire ou le légataire étranger à la succession. On peut être dispensé de la première obligation, on ne saurait l'être de la seconde, elle est d'ordre public. Tout héritier a le droit d'exiger le rapport, le droit d'invoquer la réduction n'appartient qu'aux seuls héritiers à réserve. Enfin, la renon-

---

(1) Rap. C. Limoges, 24 décembre 1835, D. P., 36, 1, 297; Angers, 16 juillet 1847, D. P., 47, 2, 180; Caen, 2 décembre 1847, D. P., 49, 2, 84; Delvincourt, t. 2, p. 39, note 10; Chabot, art. 843, no 9; Duranton, t. 9, no 655; Zachariæ, Aubry et Rau, t. 5, p. 527; Demolombe sur l'art. 843, no 248.

(2) Rap. Delvincourt, t. 2, p. 39, note 10; Duranton, t. 7, no 200.

ciation à la succession dispense du rapport, mais elle n'empêche pas, s'il y a lieu, la réduction de s'accomplir.

L'obligation du rapport est générale et absolue ; elle s'applique à l'héritier qui a cédé ses droits successifs comme à tout autre ; elle est imposée à l'héritier en ligne collatérale aussi bien qu'à l'héritier en ligne directe descendante ou ascendante (1), à l'héritier qui a accepté la succession sous bénéfice d'inventaire de même qu'à celui qui conserve la qualité d'héritier pur et simple (2).

Art. 846. Le donataire qui n'était pas héritier présomptif, lors de la donation, mais qui se trouve successible au jour de l'ouverture de la succession, doit le rapport, à moins que le donateur ne l'en ait dispensé. Il est juste qu'il en soit ainsi. Il faut se reporter à l'époque du décès pour régler les droits de chaque cohéritier ; c'est donc alors seulement que l'exigibilité du rapport peut prendre naissance, le donateur a d'ailleurs le moyen de conserver à la disposition qu'il a faite la faveur particulière dont il veut l'environner, il n'a qu'à lui attribuer une dispense de rapport, par acte ultérieur (art. 919).

Art. 848. Une règle générale doit au surplus servir de guide dans cette matière, c'est celle-ci : pour qu'il y ait lieu à rapport, il faut que la qualité

(1) Rap. C. Bruxelles, 30 mai 1812, Sirey, 13, 2, 46 ; Cass., 5 mai 1812, D. A., 12, 406, 1.

(2) Rap. C. Paris, 26 décembre 1815, Sirey, 16, 2, 41 ; Metz, 22 mai 1817 ; Duranton, t. 7, nos 45 et 226 ; Toullier, t. 4, nos 452, 454.

— 220 —

d'héritier et celle de donataire ou de légataire se réunissent dans la même personne. Aussi, l'héritier qui succède de son chef n'est pas tenu de rapporter le don fait à son père, même quand il aurait accepté la succession de celui-ci; mais l'héritier venant par représentation de son auteur, bien qu'il ait renoncé à sa succession, est soumis aux mêmes obligations que ce dernier dont il revêt la personnalité, il doit donc rapporter non-seulement ce qui a été donné ou légué à son père, mais encore les sommes dues par le père à l'aïeul (1).

Le représentant est-il assujetti à rapporter ce qu'il a reçu *personnellement* du *de cujus* ? Tel est le cas où le petit-fils donataire vient à la succession d'un aïeul par représentation de son père.

Vainement, un auteur dont le Droit n'a point oublié la perte, M. Marcadé sur l'art. 848, n° 2, a-t-il soutenu la négative ; son opinion est restée isolée. Examinons, cependant, la base sur laquelle elle repose : le représenté, dit cet auteur, est légalement l'héritier, c'est lui qui fictivement survit dans la personne de ses héritiers ; tel est le fondement du rapport des avantages qu'il a reçus ; mais si le représenté succédait en réalité, il ne serait pas soumis au rapport des dons faits à son fils (art. 847) ; donc, ce dernier n'est pas non plus tenu de rapporter ce qu'il a reçu. Cette argumentation est habile, j'en

(1) Rap. C. Grenoble, 27 décembre 1832, D. P., 32, 2, 100 ; Paris, 27 juillet 1850, D. P., 54, 2, 650.

conviens, elle séduit par une certaine couleur spécieuse, mais elle cesse de se soutenir, si on supprime
la fiction qui lui sert de point d'appui. Dans l'espèce,
en effet, l'héritier réel n'est point le représenté,
c'est le représentant. Or, chaque héritier appelé à
recueillir une succession doit rapporter à ses cohéritiers tout ce qu'il a reçu du défunt (art. 843) : le
Code ne distingue pas les dons faits personnellement
au représentant de ceux que le représenté a reçus ;
il a donc voulu les envelopper dans une règle commune. Exiger, dans l'espèce, le rapport, ce n'est point
méconnaître le vœu du père de famille ; l'ascendant
pouvait effectivement accorder la dispense de rapport,
après qu'un événement imprévu a douloureusement
trompé ses calculs ; s'il a gardé le silence à cet
égard, c'est qu'il a voulu pour l'avenir ne point
rompre l'égalité du partage (1).

Art. 847. Les dons et les legs faits au fils de
celui qui se trouve successible à l'époque de l'ouverture de la succession sont toujours réputés faits
avec dispense du rapport ; le père recueillant la succession du donateur n'est point tenu de les rapporter.

Au contraire, si le petit-fils donataire ou légataire de son aïeul recueillait sa succession par l'effet
de la renonciation ou de l'indignité de son père, il
serait tenu de rapporter les dons ou les legs dont

(1) Rap. Demante, t. 3, n° 184 bis; Chabot, art. 760, n° 4;
Duranton, t. 7, n° 230; Aubry et Rau sur Zachariæ, t. 5, p. 631,
note 4; Demolombe, art. 848, n° 209.

il aurait été personnellement gratifié par son aïeul (Art. 843 et 846).

Art. 849. Les dons et legs faits au conjoint d'un époux successible sont réputés faits avec dispense de rapport ; si les avantages sont faits conjointement à deux époux dont l'un seulement est héritier, celui-ci en rapporte la moitié ; si l'époux bénéficiaire des dons et legs est successible, il les rapporte en totalité.

Certaines coutumes d'autrefois prohibaient d'une manière absolue toutes sortes d'avantages préciputaires, et, pour imprimer à cette prohibition une sanction efficace, elles réputaient faites au successible lui-même les libéralités en faveur du fils ou du conjoint du successible.

Nos articles ne présument pas une interposition de personnes ; les art. 911 et 1100 par lesquels on voudrait le prouver prévoient l'hypothèse bien différente d'avantages faits en fraude de la loi. Dans l'espèce, en effet, le disposant n'a point à éluder une incapacité légale, pourquoi donc prendrait-il une voie détournée, lorsqu'une simple dispense de rapport le conduit droit au but. Les rédacteurs du Code ont tout simplement voulu dire qu'ils proclamaient l'abolition de l'ancienne théorie des *rapports pour autrui* (1).

Art. 845. La loi accorde à l'héritier qui renonce

____

(1) Rap. Duranton, t. 7, n° 253 ; Demolombe, art. 847, n° 189, et 849, n°° 206 et s.

la faculté de conserver la donation ou de réclamer le legs à lui fait jusqu'à concurrence de la quotité disponible.

La succession se compose de deux éléments, la réserve et la quotité disponible ; la réserve est tout entière la propriété de l'héritier acceptant ; partant, cette portion du patrimoine doit échapper à l'héritier renonçant admis à se désintéresser de la donation ou du legs sur la seule quotité disponible. Cette conclusion découle naturellement de l'enchaînement logique des principes du droit, elle se présente d'elle-même et sans effort à l'esprit.

Long-temps la Cour de cassation a placé la question sur un autre terrain, sous l'influence des principes de l'ancien droit qui, dans le cas de renonciation, laissait à l'enfant donataire la quotité disponible et la légitime, elle attribuait à l'héritier renonçant le droit de retenir le don émané du défunt, en l'imputant d'abord sur la réserve, puis subsidiairement sur la quotité disponible. Ce système était connu dans la pratique sous le nom de *cumul*.

On invoquait aussi, à l'appui, le texte de l'art. 866 ainsi conçu : « Lorsque le don d'un immeuble » fait à un successible avec dispense de rapport » excède la portion disponible, le rapport de l'excé- » dant se fait en nature, si le retranchement de » cet excédant peut s'opérer commodément. Dans le » cas contraire, si l'excédant est de plus de la moitié » de la valeur de l'immeuble, le donataire doit rap- » porter l'immeuble en totalité, sauf à prélever sur

» la masse la valeur de la portion disponible ; si
» cette portion excède la moitié de la valeur de
» l'immeuble, le donataire peut retenir l'immeuble
» en totalité, sauf à moins prendre et à récompenser
» ses cohéritiers en argent ou autrement. »

Mais cet article, uniquement relatif au don d'un
immeuble, dans un cas particulier, suppose une
opération inverse, puisqu'avec le cumul, l'imputation
doit se faire sur la réserve avant d'avoir lieu sur la
quotité disponible. D'ailleurs, la section du Code à
laquelle l'article précité appartient, se place surtout
dans cette section, la nature de l'opération qu'il a
pour objet, tout semble indiquer qu'il s'agit d'un cas
d'acceptation et non de renonciation.

On se fondait, ai-je dit, sur la nature de la légitime sous l'ancien droit ; mais il y avait alors deux
sortes de légitime, l'une de droit, l'autre coutumière.
Le droit de rétention de la donation sur la réserve
compatible avec la première ne l'était pas avec la
seconde.

Pothier nous l'apprend lorsqu'il dit :

« Cette légitime coutumière des quatre quints des
» propres diffère de la légitime de droit.

» Celle-ci est due aux enfants en leur qualité
» d'enfants, lesquels en conséquence, peuvent l'avoir
» au moins *jure retentionis*, quoiqu'ils aient renoncé
» à la succession.

» Au contraire, la légitime coutumière est due
» aux héritiers uniquement en leur qualité d'héritiers ;
» *c'est pourquoi, entre plusieurs qui sont appelés*

» *à une succession, ceux qui y renoncent, pour se*
» *tenir à leur legs, ne peuvent avoir aucune part*
» *dans les quatre quints des propres, que la coutume*
» *réserve aux héritiers* » (1).

La rédaction de l'art. 913 porte à supposer que le Code a voulu reproduire les règles de la réserve coutumière. En effet, et c'est la grande différence entre les deux systèmes, la réserve appartient aux héritiers à titre collectif et non à titre individuel; c'est une formule *conjonctive* et non *disjonctive*; jusqu'à partage, chacun des héritiers respectivement est propriétaire universel de la réserve; s'il n'exerce pas son droit en entier, cela tient à la coexistence d'autres droits de même nature et parallèles, si j'osais dire; mais l'obstacle venant à s'évanouir, il y a investiture de la possession tout entière. (Art. 745, 785, 786 et 913 combinés).

Sur cette question la plus considérable peut-être qu'ait soulevée le commentaire du Code, la tendance générale des Cours impériales était une résistance énergique et persévérante à la doctrine de la Cour de cassation, que combattait également la majorité des auteurs. Contre la regrettable hérésie du cumul, bien des protestations habiles s'étaient déjà fait entendre, lorsque venait apparaître une nouvelle réfutation empreinte d'une logique rigoureuse, je veux parler des pages écrites sur ce point par M. Demolombe avec cette précision sévère dont il possède si

(1) Introduct. au tit. XVI de la cout. d'Orléans, n° 55.

bien le secret ; il lui appartenait de rajeunir cette thèse.

Une révision de la jurisprudence était impérieusement réclamée par de graves intérêts.

A la suite d'un nouvel examen, la Cour de cassation, entraînée par les remarquables conclusions de M. Dupin, procureur-général, a répudié la doctrine du cumul ; elle a jugé, aux termes d'un arrêt rendu en audience solennelle, le 27 novembre 1863, que le donataire en avancement d'hoirie qui renonce à une succession peut retenir le montant de la donation jusqu'à concurrence, seulement, de la quotité disponible. Ce retour sérieux et réfléchi de la Cour suprême aux vrais principes du droit met un terme aux fluctuations de la jurisprudence (1).

Il eût été long de récapituler les nombreux arrêts des Cours impériales, qui, venus se grouper autour du célèbre arrêt de 1818, ont provoqué la manifestation décisive des chambres réunies de la Cour de cassation.

Le cadre de cet ouvrage ne me permet pas non plus de reproduire le réquisitoire que M. le Procureur-général a prononcé dans cette grande cause, et qui brille par l'éclat de la forme, non moins

(1) Rap. Cass., 18 février 1818, Sirey, 18, 1, 98 ; C. Montpellier, 8 mars 1864 ; Paris, 9 juin 1864 ; Grenoble, 30 juin 1864, D. P., 64, 2, 256 ; Toullier, t. 5, n° 110 ; Duranton, t. 7, n°* 251, 259, et t. 8, n°* 298, 299 ; Vazeille, art. 843, n° 4 ; Poujol, art. 843, n° 4 ; Grenier, t. 2, n° 566 bis ; Massé et Vergé sur Zacharie, t. 2, p. 240 ; Saintespes-Lescot, art. 913 ; Marcadé, art. 843, n° 2 et 914 n° 3 ; Coin-Delisle, limite du droit de rétention ; Demolombe, art. 913, n°* 40 et s.

que par la solidité de la pensée et la clarté des déductions.

Pour compléter cette étude, je dois me reporter aux lignes écrites par M. Marcadé, à propos des art. 845 et 919, n° 4. L'avancement d'hoirie, disait en substance cet auteur, commence par attribuer les biens au bénéficiaire, à titre d'héritier et non de donataire, c'est seulement après le *décès du de cujus* que l'héritier peut par sa renonciation transformer cette avance en une véritable donation ; mais, alors, la libéralité dont la date est ainsi déplacée prenant rang, seulement, à partir du décès, se trouve primée par les libéralités subséquentes. Cette doctrine était contraire aux vrais principes du droit. En effet, les termes de l'art. 894, suivant lequel la donation est un contrat qui opère le dessaisissement actuel et irrévocable, ne distinguent pas entre l'avancement d'hoirie et les autres donations ; d'autre part, l'art. 923 dispose formellement que les libéralités par actes entre-vifs doivent être réduites, par ordre de dates, en commençant par les dernières.

Dans l'espèce de l'arrêt du 27 novembre 1863, la donation avait été faite sans clause de préciput ; mais le contraire eût-il existé, que la solution aurait dû être nécessairement la même, les termes de la loi étant trop généraux pour qu'il soit permis d'y introduire une exception.

Art. 850. Le rapport a pour but de maintenir entre les cohéritiers l'égalité qui est l'âme du partage ; il s'effectue dès lors à la succession du donateur.

Si le mari a doté seul pour droits paternels et maternels l'enfant commun, il est seul donateur ; c'est donc à sa succession que l'enfant doit pour le tout le rapport (art. 1544 2ᵉ alinéa). Mais, sous le régime de la communauté, lorsqu'une dot est constituée par le mari seul à l'enfant commun, en effets de la communauté, cette dot est à la charge de la communauté (art. 1439) ; en conséquence, elle doit être rapportée pour moitié à la succession de chacun des époux, si la femme accepte la communauté ; intégralement à la succession du mari, si la femme renonce. Si le mari donateur survit, la question de savoir comment se fera le rapport est également subordonnée au parti que prendront les héritiers de la femme ; la dot sera rapportée par moitié aux successions des deux époux, si les héritiers acceptent la communauté, et, s'ils la répudient, le rapport se fera pour le tout à la succession du père (1).

En cas d'insolvabilité du mari, à l'époque du mariage ou depuis, la femme est tenue de rapporter à la succession de l'ascendant donateur, dans le premier cas, son action contre la succession du mari tendant au remboursement de la dot, et, dans le second, la dot elle-même (art. 1573).

Cette disposition est placée au titre du régime dotal ; l'exception qu'elle consacre implique une dérogation aux principes fondamentaux du rapport, elle ne

---

(1) Rap. Chabot, t. 3, p. 380 ; Delvincourt, t. 2, p. 38, note 3. Duranton, t. 7, nº 244, Toullier, t. 4, nº 464 ; Vazeille, art. 850, nº 5.

saurait être invoquée sous tout autre régime, car
les exceptions sont de droit strict (1).

Si deux époux ont doté conjointement l'enfant
commun, sans exprimer la portion pour laquelle ils
entendaient y contribuer, ils sont censés avoir doté
chacun pour moitié, soit que la dot ait été fournie ou
promise en effets de la communauté, soit qu'elle l'ait
été en biens personnels à l'un des époux, sauf, dans
ce dernier cas, au profit de l'époux propriétaire de
la valeur donnée, une reprise sur les biens de son
conjoint pour la moitié de la dot, reprise qu'il n'y
aurait point lieu de déduire, pour la perception du
droit de mutation par décès, des biens de la succession de l'époux débiteur (2) ; c'est assez dire que
le rapport doit être fait à la succession de chacun
des constituants (3).

Si la femme a doté conjointement avec le mari
et qu'elle renonce à la communauté, elle ne devrait
pas moins récompense pour la moitié de la dot qui
aurait été tout entière payée par la communauté.

Sous l'empire de la communauté conventionnelle,
si la femme était associée pour une part inférieure
à la moitié, elle serait présumée avoir contribué à
la dot, suivant la proportion indiquée par son contrat
de mariage (4).

(1) Rap. Chabot, art. 843, n° 12 ; Grenier, des donat. et test.,
t. 3, n° 530 ; Duranton, t. 7, n°ˢ 416, 430 ; Aubry et Rau sur
Zachariæ, t. 3, p. 610 ; Demolombe, art. 849, n° 210.
(2) Loi 22 frimaire an 7, art. 14, n° 8 et 15, n° 7.
(3) Art. 1438 ; Rap. Chabot, t. 3, p. 381 ; Toullier, t. 4, n° 464 ;
Duranton, t. 7, n° 243 ; Vazeille, art. 850, n° 4 ; C. Bordeaux, 6
décembre 1833, D. P., 34, 2, 124.
(4) Chabot, p. 381 ; Delvincourt, *loc. cit.* ; Grenier, n° 214.

Quand les époux ont déterminé leurs parts respectives dans la constitution dotale, chacun est donataire dans les proportions indiquées par la constitution, et le rapport est dû à la succession de chacun des donateurs, suivant les mêmes proportions.

Lorsque les héritiers procèdent simultanément à la liquidation des communauté et successions de deux époux, le rapport des avancements d'hoirie doit s'effectuer à chacune de ces successions prises isolément, et non à la communauté, de telle sorte que si, par l'effet de la liquidation, l'un des héritiers demeure créancier de l'une des successions et débiteur de l'autre, il a droit à son supplément de part dans la première succession, sans qu'il y ait lieu de le compenser avec sa dette envers la seconde (1).

Deux époux font parfois, conjointement, un avancement d'hoirie à leur enfant, et ils déclarent que la constitution sera imputée, en totalité, sur la succession du prémourant. Cette clause est assez souvent usitée dans les contrats de mariage. On pourrait croire que le rapport de la dot devrait se faire par moitié à la succession de chacun des époux ; mais cette opinion serait erronée. Pour faire une juste application des principes sur la matière, il convient de s'en tenir aux termes mêmes de la constitution ; le rapport doit s'effectuer pour le tout à la succession de l'époux prémourant (2). Tel était également sur ce point

(1) Cass., 31 mars 1846, D. P., 46, 1, 133.
(2) Rap. Cass., 11 juillet 1814, Sirey, 14, 1, 279 ; C. Paris, 16 mars 1850, Dev., 50, 2, 351 ; Delvincourt, t. 2, p. 58, note 1 ; Toullier, t. 12, nº 340 ; Vazeille, art. 850, nº 1 ; Duranton, t. 7, nº 243 et t. 15, nº 566 ; Demolombe sur l'art. 850, nº 271.

l'avis de Pothier, qui s'exprimait ainsi : « Lorsqu'il
» est porté par la donation que la dot s'imputera
» en entier sur la succession du prédécédé, le
» prédécédé est censé avoir seul donné le total et
» le rapport ne s'en fera qu'à sa succession » (1).

Un père a constitué, depuis le décès de son épouse, à valoir sur sa propre succession, une dot à
à l'un de ses enfants; vient ensuite un partage de
la communauté où il est stipulé que l'avancement
d'hoirie s'imputera sur la succession maternelle, au
lieu d'être plus tard rapporté à la succession du
constituant. Quelle est, au point de vue de la perception de l'enregistrement, la portée de cette clause
insolite ? Le rapport doit se faire à la succession du
donateur (art. 850); dans l'espèce, le donateur
n'était point le conjoint prédécédé, il n'y avait donc
lieu d'effectuer aucun rapport à cette succession ;
il est, en effet, évident que l'on ne saurait remettre
dans une hérédité une valeur qui n'en a pas été
tirée. La qualification erronée de rapport a pour but
de masquer une véritable soulte, et la perception
doit être établie d'après cette appréciation.

Art. 857. Le rapport n'est dû que par le cohéritier à son cohéritier, il ne peut pas être exigé
par les légataires et les créanciers de la succession
qui n'ont même point le droit d'en profiter. Tel
est le cas de l'héritier renonçant (2).

(1) Introd. au tit. 17 de la cout. d'Orléans, n° 86.
(2) Chabot, t. 5, p. 451.

Cette disposition de la loi est conforme aux principes de l'équité comme de la raison.

Les légataires ! ils viennent en dernière ligne ; quel droit auraient-ils donc sur des valeurs dont le défunt, maître de sa fortune, a régulièrement disposé (1) ? Les créanciers ! Mais ils ne peuvent avoir aucune action à l'égard des libéralités faites antérieurement à leur titre, cela est évident, et sur quel fondement s'appuieraient-ils pour réclamer quoi que ce soit, aux donataires postérieurs sauvegardés par la prérogative de l'irrévocabilité ? la faculté de requérir hypothèque leur appartenait ; s'ils ne l'ont pas exercée, n'ont-ils point à se reprocher de n'avoir pas pris les précautions nécessaires ? Les héritiers n'échappent cependant à la loi du rapport qu'à la faveur d'une acceptation sous bénéfice d'inventaire ; sans cette mesure, il s'opère dans le patrimoine des héritiers une confusion de biens qui donne ouverture à l'action des créanciers (2).

Le rapport n'a point lieu entre donataires ou légataires, soit universels, soit à titre universel ; quand l'homme a substitué, par une institution contractuelle ou testamentaire, sa volonté à la disposition de la loi, les règles de la dévolution *ab intestat* ne peuvent point recevoir leur application (3). Il en

(1) Rap. C. Agen, 28 décembre 1808, D. P., 10, 2, 12 ; Cass., 5 novembre 1823, D. P., 2, 1320 ; Vazeille, art. 857, n° 5.
(2) Rap. Chabot, t. 3, p. 443 ; Delvincourt, t. 2, p. 30, note 4 ; Duranton, t. 7, n° 266 ; Toullier, t. 4, n° 469 ; Vazeille, art. 850, n° 4.
(3) Rap. C. Liège, 11 juin 1806, D. A., 12, 410.

serait ainsi, lors même que les donataires ou légataires universels ou à titre universel seraient précisément les héritiers présomptifs du disposant (1).

Art. 851. Quels avantages sont sujets à rapport? Il faut dégager la règle générale qui gouverne les espèces particulières et que les exemples fournis par le Code lui-même tendent à indiquer.

Le rapport pèse sur les frais qui sont présumés avoir attaqué le capital, la substance de la fortune (art. 851); mais il n'atteint pas ceux dont les revenus des biens du *de cujus* sont censés avoir été la source, l'origine (art. 852).

Art. 851. Le rapport est dû de ce qui a été employé pour l'établissement d'un cohéritier ou pour le paiement de ses dettes.

Nul doute que le mot établissement n'embrasse aussi bien qu'une constitution dotale un office tel qu'une charge de notaire, d'avoué, etc., un fonds de commerce, une part dans une association, même les instruments nécessaires à l'exercice d'une profession (2).

C'est la valeur de l'office à l'époque de la libéralité qui constitue la mesure du rapport, et cela est juste, puisque le rapport est dû de tout ce dont le patrimoine de la succession s'est appauvri; la charge peut

(1) Rap. Lebrun, liv. 3, chap. 6, n° 20; Chabot, art. 843, n° 11; Duranton, t. 7, n°ˢ 227, 228; Guilhon, des donat., t. 3, n° 1165; Vazeille, art. 857, n° 2; Marcadé, art. 857, n° 4; Demolombe, art. 843, n° 173.

(2) Rap. Merlin, v° rapport à succ., § 3, n° 18; Chabot, t. 3, p. 386; Duranton, t. 7, n°ˢ 311, 414, 415; Delvincourt, t. 2, p. 542, note 7; Vazeille, art. 851, n° 1.

se déprécier entre les mains du donataire, il ne faut pas que ses cohéritiers en soient victimes (1).

Les sommes payées pour la dot d'une religieuse ou l'entrée dans le ministère sacré sont sujettes au rapport, car dans l'un et l'autre cas il s'agit d'un établissement.

Les donations rémunératoires sont-elles soumises au rapport? Il faut, dès à présent, poser les bases d'une distinction sur laquelle je reviendrai plus tard au chapitre des donations. Le rapport n'est point dû si les dons réunissent une triple condition, il faut : 1° que les services soient réellement prouvés ; 2° qu'ils soient appréciables en argent et équivalents à l'objet du don ; 3° qu'ils ouvrent une action en justice (2).

Art. 852. Les frais de nourriture, d'entretien, d'éducation, d'apprentissage, les frais ordinaires d'équipement, ceux de noces et présents d'usage, ne doivent pas être rapportés.

Dans les frais d'éducation sont compris les livres nécessaires aux études, mais un corps de bibliothèque important en serait excepté (3).

Pareillement, la dispense de rapport s'applique

(1) Rap. Pothier, des succ., chap. 4, § 7 ; Merlin, v° rapport, § 7 ; Delvincourt, t. 2, p. 542, note 7 ; Duranton, t. 7, n°° 415, 416 ; Cass., 5 juillet 1814, D. P., 14, 1, 412 ; C. Bordeaux, 6 janvier 1834, D. P., 34, 2, 146.

(2) Rap. Grenier, t. 1, n° 188 et t. 2, n° 555 ; Chabot, art. 843, n° 13 ; Duranton, t. 7, n° 514 ; Troplong, des donat., n° 1075, Demolombe sur l'art. 843, n° 519.

(3) Rap. Chabot, t. 3, p. 596 ; Duranton, t. 7, n° 360 ; Delvincourt, t. 2, p. 527, note 9 ; Vazeille, art. 852, n° 4 ; Toullier, t. 4, n° 482.

aux frais faits pour obtenir des grades, soit dans l'université, soit dans une faculté de droit ou de médecine. Est-ce que l'obtention de ces grades ne constitue pas le couronnement d'une belle éducation poursuivie avec persévérance ? je ne pense pas, malgré le dissentiment de Delvincourt (*loc. cit.*), qu'il y ait lieu de se préoccuper de la durée plus longue des études imposées pour le diplôme de docteur en médecine (1).

Un trousseau est soumis à rapport s'il fait partie de la dot aux termes de la mention consignée dans le contrat de libéralité (2).

La Cour de Douai a jugé le 8 février 1845, D. P., 45, 4, 444, que les déboursés et honoraires d'un contrat de mariage acquittés par les père et mère du futur sont assujettis à rapport.

Les frais de remplacement militaire sont soumis au rapport, et cette règle est juridique. En effet, d'après l'art. 851, le rapport est dû de tout ce qui a été employé pour l'acquittement des dettes d'un cohéritier ; or, l'obligation du service militaire est une dette personnelle du fils ; donc, quand des père et mère paient l'indemnité du remplacement militaire de leur enfant, c'est sa propre dette qu'ils acquittent (3).

(1) Rap. Toullier, t. 4, n° 481 ; Duranton, t. 7, n° 360 ; Chabot, t. 5, n° 396 ; Vazeille, art. 852, n° 5 ; Demolombe sur l'art. 852, n° 424.

(2) Rap. Cass., 11 juillet 1844, D. P., 44, 1, 394 ; C. Paris, 18 janvier 1825, D. P., 26, 2, 8 ; Grenoble, 20 août 1846, D. P., 47, 2, 174 ; Paris, 15 janvier 1855, D. P., 55, 5, 392.

(3) Rap. Cass., 21 décembre 1855, D. P., 54, 1, 458 ; 21 août

Mais le principe de l'exigibilité du rapport reçoit exception, quand le remplacement a eu lieu dans l'intérêt du défunt donateur ou de la famille (1).

La dispense du rapport d'un prix de remplacement militaire accordée par un père à son fils est passible du droit proportionnel de transmission à titre gratuit.

Art. 853. Sont affranchis du rapport les profits que l'héritier a pu retirer de conventions passées avec le défunt, si ces conventions ne présentaient aucun avantage indirect lorsqu'elles ont eu lieu.

L'on doit évidemment considérer, comme avantage indirect soumis à rapport, l'acquisition d'un immeuble faite de ses deniers personnels par un père pour le compte de son fils; la preuve de l'avantage se tire de la position du donataire, s'il se trouve dépourvu de fortune personnelle, d'état ou de profession (2).

La démission donnée par un maître de poste en faveur de son fils admis sur sa présentation, forme

1800, D. P., 60, 1, 168; C. Caen, 5 janvier 1811, Sirey, 13, 2, 387; Grenoble, 12 février 1816, 25 juillet 1816, 8 et 13 mars 1817, Sirey, 22, 2, 206; Bourges, 21 février 1825, D. P., 25, 2, 331; Bourges, 22 février 1829, D. P., 30, 2, 178; Riom, 19 août 1829, Dalloz, juris. gén., n° 1175; Amiens, 18 avril 1839, Dalloz n° 1183; Amiens, 17 mars 1853, Dev., 55, 2, 97; Merlin, v° répert., rapport, § 3, n° 21; Chabot, art. 851, n° 4; Duranton, t. 7, n° 262; Grenier, t. 2, n° 541 bis; Poujol, art. 851, n° 6; Toullier, t. 4, n° 483; Demolombe sur l'art. 851, n° 350.

(1) Rap. C. Toulouse, 9 janvier 1835, D. P., 35, 2, 177; Douai, 30 janvier et 20 février 1838, D. P., 38, 2, 217; Riom, 13 février 1844, Dev., 44, 2, 633; Chabot, Duranton, Poujol, Demolombe, loc. cit.

(2) Rap. Chabot, t. 5, p. 201; Delvincourt, t. 2, p. 53, note 2; Grenier, n° 519; Duranton, t. 7, n° 344; Vazeille, art. 843, n° 12.

aussi une libéralité indirecte passible de rapport, et le montant de la libéralité doit être apprécié d'après la valeur du relais au moment de la démission (1).

Art. 854. Il n'est pas dû de rapport pour les associations faites sans fraude entre le défunt et l'un de ses héritiers, lorsque les conditions en ont été réglées par un acte authentique.

Mais à quels signes reconnaître la sincérité de l'association? il faut consulter les clauses constitutives du contrat de société : l'héritier ne doit pas être soustrait aux chances de perte, ni être appelé au partage de profits déjà réalisés; en effet, l'une ou l'autre de ces circonstances est destructive des éventualités qui sont de l'essence du pacte social (2).

Le Code exige, d'autre part, que l'association soit réglée par un acte authentique. Cette condition me paraît être d'absolue rigueur; je ne crois pas, malgré l'opinion contraire de quelques auteurs, que l'on puisse suppléer à l'authenticité de l'acte par l'enregistrement d'un acte sous-seing privé publié et affiché conformément aux prescriptions des art. 42-44 du Code de commerce. Le concours de toutes ces formalités est sans nul doute insuffisant; ce que le législateur a voulu prévenir, c'est l'inconvénient de la perte de l'acte lui-même, et dans ce cas, l'enregistrement, tout en faisant foi de la date, ne servirait

(1) Rap. Cass., 25 juin 1851, D. P., 51, 1, 161; 12 juin 1851, Dev., 54, 1, 556.
(2) Rap. Chabot, t. 5, p. 404; Toullier, t. 4, n° 477; Duranton, t. 7, n° 339; Vazeille, art. 854, n° 2.

même pas de commencement de preuve. La jurisprudence de la Cour de cassation est formelle à cet égard (1).

Puisque les associations entre successibles, non constatées par acte authentique, font naître, aux yeux de la loi, une présomption de libéralité, l'attribution sous dispense de rapport par un père à son fils des profits provenant d'une société verbalement contractée entre eux devrait être assujettie au droit proportionnel de donation d'après le taux établi pour la ligne directe (2).

Les dons manuels sont présumés faits avec dispense de rapport, mais seulement lorsque cette dispense paraît conforme à l'intention du donateur (3).

Les libéralités indirectes comme celles, par exemple, qui sont déguisées sous la forme d'un contrat à titre onéreux, sont-elles sujettes à rapport ?

Quelques auteurs enseignent l'affirmative, mais d'autres professent sans réserve l'opinion contraire. La jurisprudence de la Cour de cassation est une

(1) Rap. 26 janvier 1842, D. P., 42, 1, 121; 31 juillet 1855, Dev., 55, 1, 751; 31 décembre 1855, Dev., 57, 1, 200; 28 décembre 1858, Dev., 59, 1, 600; 10 novembre 1861, Dev., 62, 1, 145; C. Paris, 28 décembre 1854, Dev., 55, 2, 544; Delvincourt, t. 2, p. 326, note 8; Aubry et Rau sur Zachariæ, t. 5, p. 320; Massé et Vergé, t. 2, p. 407, note 21; Demolombe sur l'art. 854, n° 370.

(2) Rap. Cass., 31 juillet 1855, 1. 2054 § 2.

(3) Rap. Cass., 12 août 1844, D. P., 44, 1, 305; 30 décembre 1846, D. P., 47, 1, 409; 19 novembre 1861, D. P., 62, 1, 130; 18 août 1862, D. P., 63, 1, 144; 3 mai 1864, D. P., 64, 1, 175; C. Rouen, 12 mars 1845, D. P., 45, 2, 139; Rouen, 24 juillet 1845, D. P., 46, 2, 89; Bastia, 26 décembre 1855, D. P., 56, 2, 149; Lyon, 18 mars 1859, D. P., 61, 5, 463.

sorte de compromis entre ces deux opinions extrêmes.
La Cour trouve un juste milieu, là où il y aurait
eu également des inconvénients dans une obligation
ou une dispense absolue de rapport. Voici comment
M. Troplong, t. 2, des donat., n° 863, s'exprime
sur ce point : « La jurisprudence est faite, elle
» examine les cas, elle pèse les circonstances ; elle
» se prononce pour ou contre la dispense du rap-
» port suivant l'impression produite par les faits sur
» la conscience des magistrats. » (1)

D'après cette doctrine, le montant des donations
indirectes ne doit pas être rapporté, lorsque la dispense
de rapport résulte suffisamment des circonstances de
la libéralité.

Le rapport du prix d'une vente frauduleuse, du
montant d'une donation indirecte, ne donne pas
ouverture au droit de mutation par décès, parce que
le titre du rapport se trouve dans la loi qui s'attache
au fait même de l'acte déjà frappé du droit proportionnel (2).

La solution n'est point identique, si le rapport
s'applique à un prix de remplacement militaire ou
à toute autre créance qui n'a encore subi aucun droit

(1) Rap., Cass., 3 août 1841, D. P., 41, 1, 534; 20 mars 1843,
D. P., 43, 1, 145; 20 décembre 1843, Dev., 44, 1, 13; 10 novembre 1852, Dev., 53, 1, 289; 16 juillet 1855 et 6 novembre 1855,
D. P., 55, 1, 419-435; 31 décembre 1855, Dev., 57, 1, 200; 8 mars
1858, D. P., 58, 1, 97; C. Nancy, 26 novembre 1834, D. P., 35,
2, 105; Nancy, 4 juin 1859, Dev., 59, 2, 477.

(2) Cass., 8 septembre 1808, 2 mai 1826, D. P., 26, 1, 241; 5
juillet 1829, D. P., 21, 1, 84.

de transmission ; dans ce cas, les règles de perception suivent leur cours ordinaire.

La dispense de rapport accordée par des cohéritiers à leur cosuccessible est-elle passible d'un droit particulier ? On ne peut, avons-nous dit, fonder une dispense de rapport que sur la volonté du disposant formulée en termes exprès ; cette volonté, disait Jaubert, dans son rapport au Tribunat, doit se lire *dans la disposition elle-même.* L'effet du rapport est de résoudre la donation *ab initio*, les valeurs données rentrent dans la succession, comme si elles n'en étaient jamais sorties, elles constituent des valeurs communes et indivises entre tous les cohéritiers ; il s'ensuit que l'héritier ne peut retenir sur l'objet qui lui avait été donné une part supérieure à ses droits, sans que les autres successibles soient réputés lui consentir une libéralité.

Art. 858. Il y a deux modes de rapport : le rapport en nature et le rapport en moins prenant : le premier s'effectue par la remise à la succession de l'objet même de la donation, le second s'opère par le prélèvement que font les autres cohéritiers d'une valeur égale à celle que le donataire conserve.

Art. 868, 859, 860. Le rapport des meubles a toujours lieu, en moins prenant ; celui des immeubles se fait, en cas d'aliénation, de la même manière et sur le pied de la valeur de l'immeuble *à l'époque de l'ouverture de la succession* (1) ; il s'accomplit en

____

(1) C. Grenoble, 2 juin 1818, D. P., 1, 1520.

nature quand les biens n'ont pas été vendus avant le décès ou qu'il n'existe pas dans la succession d'autres immeubles de même valeur et qualité dont on peut former des lots à peu près égaux pour les autres héritiers.

Si l'aliénation de l'immeuble a eu lieu, depuis l'ouverture de la succession, le rapport est exigible en nature, car le donataire n'avait point le droit de vendre un objet indivis sans le concours de ses cohéritiers (1).

L'héritier qui, depuis l'ouverture d'une succession et avant le partage, échange un immeuble dont il était donataire contre un objet de même nature, est tenu de faire le rapport en nature du bien reçu en échange, il n'est point fondé à en rapporter seulement le prix (2) ; et s'il le fait, le droit de soulte me paraît exigible sur ce qui excède le montant de son attribution dans la valeur représentative de l'immeuble. Que devait, en effet, l'héritier ? un rapport en nature, l'on n'en peut douter en présence des termes impératifs de l'art. 859 ; mais s'il s'affranchit de ce rapport par une somme acquittée de ses deniers personnels, cette introduction dans la masse d'un élément étranger aux valeurs héréditaires tombe nécessairement sous la perception du droit de soulte.

Art. 855. L'immeuble qui a péri par cas fortuit et sans la faute du donataire n'est pas sujet à rapport.

---

(1) Rap. Chabot, t. 3, p. 469 ; Delvincourt, t. 2, p. 335, note 4 ; Vazeille sur l'art. 860 ; Duranton, t. 7, n° 382.

(2) C. Bastia, 5 novembre 1844, D. P., 45, 2, 6.

Sur quoi est fondée cette règle ? Sur la nature même du titre conféré au donataire qui est propriétaire sous condition résolutoire. Arrivant l'évènement, les choses sont remises au même état que si la donation n'eût jamais existé, mais le donataire resté possesseur d'un corps certain se trouve libéré, puisque la chose a péri sans sa faute (art. 1302).

Supposons maintenant que l'immeuble aliéné par le donataire, avant l'ouverture de la succession, ait péri, par cas fortuit, entre les mains de l'acquéreur; pour savoir si l'héritier peut être soumis au rapport du prix, il faut se reporter à l'époque où la perte de l'immeuble a eu lieu; est-elle survenue avant le décès du *de cujus*, il n'y a point alors matière à rapport, car, aux termes de l'art. 860, le rapport n'est dû que de la valeur de l'immeuble au jour de l'ouverture de la succession; mais, tout autre serait la solution, si l'immeuble avait péri, par cas fortuit, depuis le décès du *de cujus*, parce que, dans cette hypothèse, l'héritier serait devenu débiteur, en vertu de l'article précité, d'une somme d'argent représentative de la valeur du bien, c'est-à-dire d'une prestation invariable (1).

Art. 868. Le rapport du mobilier se fait sur le pied de la valeur du mobilier lors de la donation, d'après l'état estimatif annexé à l'acte, et, à défaut de cet état, d'après une estimation par experts, à

____

(1) Rap. Delvincourt, t. 2, p. 341, note 3; Toullier, t. 4, n° 498; Duranton, t. 7, n° 391; Marcadé, art. 855, n° 2; Zachariæ, Aubry et Rau, t. 5, p. 635, note 55; Demolombe, art. 869, n°s 518, 519.

juste prix et sans crue. Grande est la différence entre le rapport de l'immeuble non aliéné et celui des meubles. En effet, tandis que la perte de l'immeuble pèse sur la succession, celle des meubles doit être supportée par l'héritier, et c'est ce qui se justifie parfaitement; l'héritier acquiert la propriété du mobilier par le fait de l'estimation, il en doit la valeur appréciée à l'époque de la donation; dès lors, c'est sur lui que retombe la perte (1).

Les mêmes principes paraissent devoir régir le rapport des meubles incorporels (2).

Le rapport d'une dot constituée en numéraire doit être fait en argent, bien que la femme venant à la succession de ses auteurs ait reçu un immeuble en paiement (3).

Art. 869. Le rapport de l'argent donné a lieu en moins prenant dans le numéraire de la succession; en cas d'insuffisance, le donataire peut se dispenser de rapporter du numéraire, en abandonnant, jusqu'à due concurrence, du mobilier, et, faute de mobilier, des immeubles de la succession.

Art. 856. Les fruits et intérêts des valeurs soumises à rapport ne sont exigibles qu'à partir du jour du décès de l'auteur de la succession.

(1) Toullier, *loc. cit.* et n° 490; Chabot, t. 3, p. 440; Vazeille, art. 855, n° 7.

(2) Rap. C. Nîmes, 24 janvier 1828, D. P. 30, 2, 174; Chabot, t. 3, p. 520; Toullier, t. 4, n° 491; Vazeille sur l'art. 868, n° 3; Demolombe, même art., n° 517.

(3) C. Bordeaux, 24 ventôse an 10, Sirey, 7, 2, 918; Cass., 4 août 1852, D. P. 52, 1, 195.

Il se présente la question de savoir si l'affranchissement du rapport est applicable, quand ce sont des fruits qui ont été l'objet direct, unique, de la libéralité. L'affirmative peut déjà se justifier par la considération qu'il s'agit de revenus donnés par le défunt pour être chaque jour consommés, et, pour affermir d'autant mieux cette solution, qu'il me suffise de signaler les singulières conséquences auxquelles la doctrine contraire aboutirait. Quoi ! un père a donné à l'un de ses enfants la propriété d'un immeuble, et, en vertu de notre article, les revenus échapperaient au rapport ; tandis qu'au contraire s'il a fait donation à un autre enfant de la simple jouissance d'un autre immeuble, ou bien d'une rente, les revenus ou les arrérages devraient être rapportés ! résoudre ainsi la question, ce serait méconnaître tout à la fois le vœu du disposant et les vues du législateur qui s'est attaché à maintenir, autant que possible, l'égalité entre les cohéritiers (1).

Mais tout autre serait l'hypothèse, par exemple, d'une dot pécuniaire acquittée avec les fruits des biens ; ici, l'objet de la libéralité, c'est *un capital* à l'acquittement duquel les fruits perçus ont été employés ; par conséquent, le rapport de la dot est dû (2).

Les fruits des biens d'une succession perçus depuis

(1) Rap. C. Bordeaux, 10 février 1851, D. P., 51, 2, 81 ; 17 janvier 1854, D. P., 55, 2, 215 ; Chabot, t. 3, p. 424 ; Toullier, t. 4, n° 485 ; Grenier, des donat., n° 540 ; Vazeille, art. 856, n° 5 ; Marcadé, art. 856, n° 2 ; Demolombe, art. 856, n° 458.

(2) Rap. C. Toulouse, 20 novembre 1865, D. P., 64, 2, 215.

le décès du *de cujus* par l'un de ses héritiers lui
sont attribués en totalité dans le partage ; cette attribution peut-elle donner ouverture à la perception du
droit de soulte sur ce qui excède la part de l'héritier
dans l'apportionnement ? Les fruits perçus sur l'ensemble des biens sont un élément de la masse
indivise dont ils naissent et à laquelle il faut les
faire retourner, lors du partage. C'est l'application
de l'ancienne maxime : *fructus augent hæredita-*
tem, et rien ne porte à croire que le Code ait
entendu y déroger. Tout au contraire, l'art. 829
conçu dans les termes les plus généraux soumet
chaque cohéritier au rapport des sommes dont il est
débiteur, et l'art. 830, statuant pour le cas où le rapport *des dettes* ne serait pas fait en nature par l'héritier, autorise ses cohéritiers à exercer sur la masse
de la succession le prélèvement d'une valeur équivalente au montant de ces dettes. D'autre part, si
dans cette circonstance, une dette ordinaire rempla-
çait l'obligation du rapport, il pourrait en résulter
un inconvénient. En effet, tandis que l'héritier, détenteur des fruits, se trouverait par le fait avoir
prélevé sa part, sans préjudice d'autres droits à
prétendre, ses copartageants n'auraient à exercer
contre lui qu'une simple créance exposée à être perdue
s'il devenait dans la suite moins solvable (1). Il n'y

(1) Rap. Cass., 21 août 1821 ; 24 février 1829, D. P., 29, 1, 138 ;
11 août 1830, D. P., 30, 1, 382 ; 18 décembre 1839 ; 9 novembre
1841 ; C. Toulouse, 10 mars 1821, D. P., 24, 2, 80 ; 21 août 1822,
D. P., 2, 1545 ; 2 mai 1825, D. P., 25, 2, 196 ; Riom, 14 février
1828, D. P., 28, 2, 222 ; Pau, 9 décembre 1844, Sirey, 45, 2, 449 ;

a point lieu, dans l'espèce, de percevoir le droit de soulte, et il en serait de même au cas d'un partage où un lot composé de restitutions de fruits, de meubles et d'immeubles, s'élèverait à un chiffre supérieur à la part héréditaire du copartageant apportionné, le paiement que ferait ce copartageant des fruits perçus en trop rétablirait l'égalité entre les cohéritiers, sans la prestation d'une valeur étrangère à la masse partageable (1).

Art. 863. Lorsque le rapport se fait en nature, les biens se réunissent à la masse de la succession, francs et quittes de toutes charges créées par le donataire (art. 2125); mais les créanciers ayant hypothèque peuvent intervenir au partage, pour s'opposer à ce que le rapport se fasse en fraude de leurs droits.

Art. 861. Dans tous les cas, il doit être tenu compte au donataire, des impenses qui ont amélioré la chose, eu égard à ce dont sa valeur se trouve augmentée au temps du partage.

Art. 862. Il doit être pareillement tenu compte au donataire, des impenses nécessaires qu'il a faites pour la conservation de la chose, encore qu'elles n'aient point amélioré le fonds.

Grenoble, 10 mars 1861, D. P., 64, 5, 510; Lebrun, liv. 1, chap. 1, n° 20; Pothier, de la propriété, nos 400, 416; Chabot, art. 829, n° 2; Balost-Jolimont, art. 820; Troplong, des hypoth., t. 1, n° 259, 4; Zachariæ, Aubry et Rau, t. 5, p. 260; Demolombe, art. 855, nos 446, 475.

(1) Rap. les motifs des arrêts de la Cour de cassation des 11 décembre 1855 et 27 avril 1858, J. 2157, § 40.

La loi distingue ici entre les dépenses *nécessaires* et les dépenses *utiles* ; les premières sont liées à la conservation même du fonds, aussi la succession doit le remboursement intégral de ce qu'elles ont coûté ; les secondes tendent à accroître la valeur de l'immeuble, mais elles n'ont point un caractère obligatoire, elles sont dues à concurrence de la plus-value au temps du partage.

Quant aux dépenses *voluptuaires* ou de pur agrément, elles tombent à la charge de celui qui les a faites, il a seulement le droit d'enlever l'objet de ces dépenses, s'il peut le faire sans rien dégrader (1).

En matière de droits de mutation par décès, c'est surtout lorsqu'il s'agit de liquider une communauté qu'il importe de faire une juste application de ces principes ; un exemple va le prouver. Une dépense voluptuaire de 20,000 fr. a été faite sur un fonds propre à l'un des époux qui vient à décéder. La communauté se compose d'un actif de 20,000 fr., si la dépense conférait indemnité, le résultat de la communauté serait négatif, au point de vue de l'assiette de l'impôt ; mais la dépense ne donnant lieu à aucune récompense, le droit de mutation doit être perçu sur 10,000 fr.

Art 863. Le donataire, de son côté, doit tenir compte des dégradations et détériorations qui ont diminué la valeur de l'immeuble, par son fait ou par sa faute et négligence.

(1) Rap. Chabot, t. 3, p. 182; Delvincourt, t. 2, p. 337, note 6; Toullier, t. 4, no 500; Vazeille, art. 862; Marcadé, art. 861, 862, no 1.

864 Dans le cas où l'immeuble a été aliéné par le donataire, les améliorations et détériorations faites par l'acquéreur doivent être imputées conformément aux trois articles précédents.

Art. 867. Le cohéritier qui fait le rapport en nature d'un immeuble, peut en retenir la possession jusqu'au remboursement effectif des sommes qui lui sont dues pour impenses ou améliorations.

SECTION III.

Du paiement des dettes.

Art. 870. La nécessité des opérations du partage n'apparaît que pour les valeurs corporelles; comme les valeurs incorporelles, les dettes se divisent entre les héritiers, d'elles-mêmes et par la seule nature des choses, dès le jour de l'ouverture de la succession.

Les cohéritiers contribuent entre eux au paiement des dettes de la succession, chacun dans la proportion de ce qu'il y prend.

Cette formule manque d'exactitude. Les termes du Code, *part qu'il prend*, sont évidemment synonymes de ceux-ci : *part héréditaire*; mais, pris à la lettre, ils n'expriment pas la même idée. Ainsi je suppose que par l'effet d'un partage un cohéritier soit tenu d'acquitter une quotité de dettes plus élevée que sa part héréditaire, cette circonstance ne saurait porter atteinte à l'action des créanciers, si du moins ils n'ont pas accepté cet héritier pour débiteur personnel, s'il ne s'est pas opéré novation relativement à leur titre (1).

Un autre cas peut se présenter : l'un des héritiers est gratifié d'un legs *particulier*, le voilà saisi d'une part de biens plus considérable que ses cohéritiers, et cependant, la contribution aux dettes est la même pour chacun d'eux (2).

Art. 873. Les héritiers sont tenus des dettes et charges de la succession, personnellement pour leur part et portion virile.

Je signalerai encore dans cet article une inexactitude de rédaction ; interprétée littéralement, cette expression, *part virile*, conduirait à penser que si, par exemple, un père et un neveu recueillaient une succession, ils devraient contribuer aux dettes, chacun pour la moitié, mais on n'a jamais songé sérieusement à le prétendre ; le père est tenu d'acquitter les dettes jusqu'à concurrence du quart, et le neveu, pour les trois quarts. Quelle est donc l'origine de cette locution ? C'est dans l'ancien droit qu'il faut la rechercher, mais elle y avait une raison d'être exacte et logique ; l'on sait que la nature et l'origine des biens jouaient alors un grand rôle dans la transmission héréditaire, et, comme la part contributive

<hr>

(1) Rap. Delvincourt, t. 2, p. 373, no 4 ; Toullier, t. 4, nos 529, 530 ; Duranton, no 430 ; Vazeille, art. 870, no 2 ; Poujol, t. 2, p. 253, 256 ; Demolombe sur l'art. 870, no 18.

(2) Rap. Delvincourt, t. 2, p. 374, note 4 ; Duranton, t. 7, no 425 ; Chabot, t. 3, p. 550 ; Vazeille, art. 870, no 1 ; Demolombe, *loc supra cit.*

de chaque héritier dépendait souvent du résultat d'une ventilation compliquée, on avait jugé nécessaire, dans l'intérêt d'une prompte solution des affaires, de poser le principe d'une égale répartition des charges de la succession entre les divers ordres d'héritiers ; cette répartition se compensait d'ailleurs par un règlement ultérieur entre les ayant-droit ; mais, aujourd'hui que la proximité de la parenté est la seule cause légitime de préférence pour les successions légales, il faut restituer aux mots leur valeur grammaticale (1).

Le principe de la divisibilité des dettes reçoit exception dans certains cas, par exemple, quand un cohéritier est attributaire d'un immeuble affecté par hypothèque à la sûreté d'une dette ; sauf son recours soit contre ses cohéritiers, soit contre les légataires universel, ou à titre universel, à raison de leur part contributoire, il est soumis au paiement intégral de la dette. Dans l'action hypothécaire se trouve précisément le fondement du droit *de poursuite* accordé aux créanciers, droit qu'il ne faut point confondre avec l'obligation ou la contribution aux dettes. Quand la dette est divisible, l'insolvabilité d'un ou de plusieurs des cohéritiers ne retombe pas sur les autres parts-prenant à la succession ; c'est aux créanciers à en supporter les conséquences (2).

(1) Rap. Delvincourt, t. 2, p. 377, note 5; Chabot, t. 3, p. 556; Duranton, n° 426; Poujol, t. 2, p. 276; Demolombe sur l'art. 870, n° 24.
(2) Rap. C. Colmar, 23 novembre 1810, Sirey, 11. 2. 77; Pau, 21 mars 1861, D. P. 61, 2, 95; Toullier, t. 4, n° 352; Duranton, t. 7, n° 444; Chabot, art. 875, n° 6; Demolombe sur l'art. 870, n° 22.

Art. 871. Le légataire universel ou à titre universel contribue avec les héritiers au paiement des dettes, au prorata de son émolument.

L'interprétation de ce mot, *émolument*, provoque une sérieuse controverse. S'agit-il de la part réelle, effective du légataire, du profit matériel ou bien de sa part héréditaire ?

Un exemple fera saisir toute l'importance pratique d'une solution exacte de cette difficulté.

Une personne décède laissant trois héritiers et après avoir institué un légataire universel grevé d'une somme léguée à titre particulier.

L'actif de la succession est de 80,000 fr., son passif de 40,000 fr.; le mot, émolument, veut-il dire part réelle, effective, le légataire universel ne doit contribuer aux dettes que déduction faite du legs particulier, et c'est dans ce sens que se sont prononcés MM. Toullier, t. 4, n° 520 ; Duranton, t. 7, n° 433, Troplong, des don. et test. t. 4, n° 1858. Mais si l'on pense que la contribution aux dettes se mesure, pour le légataire universel, comme pour l'héritier, sur la part héréditaire, le premier est tenu, dans l'espèce, de supporter le quart du passif de la succession, soit 10,000 fr. On doit composer la masse des biens, puis en déduire les dettes; le surplus se partage entre les héritiers et le légataire universel ou à titre universel, suivant le droit de chacun, et lors même que le legs universel se trouverait affecté d'un legs particulier. Un mode de procéder

différent aboutirait à porter indirectement atteinte
à la réserve (1).

Ecoutons aussi sur ce point la parole accréditée
d'un éminent magistrat, M. Nicias-Gaillard : « Ces
» mots : *au prorata de son émolument*, dans l'art.
» 871, dit-il, veulent seulement dire que le légataire
» à titre universel a, dans les dettes et charges de
» la succession, une part proportionnelle à celle
» qu'il a dans les biens et droits de la succession,
» absolument comme les héritiers légitimes, de qui
» la loi vient de dire dans l'art. 870, qu'ils contri-
» buent au payement des dettes et charges de la
» succession, *chacun dans la proportion de ce qu'il
» y prend*; mais si c'est là la mesure de l'obliga-
» tion des uns et des autres, quant à la quote-part
» dont ils sont débiteurs, ce n'est nullement, pas
» plus pour les uns que pour les autres, la détermi-
» nation de la nature et des limites de cette obliga-
» tion, quant à savoir sur quels biens et jusqu'à
» concurrence de quels biens ils en peuvent être
» tenus. » (2).

Si un légataire universel ou à titre universel était
tenu, par l'effet d'un partage, de payer une quotité
de dettes moins élevée que ne le comporterait sa
part héréditaire, le droit de soulte serait dû par
l'héritier sur la différence entre le chiffre réel et
la part contributive.

(1) Rap. C. Bastia, 8 février 1857, D. P., 37, 2, 404.
(2) Revue critique de jurisprudence, 1852, p. 345.

— 253 —

En présence d'un légataire universel ou à titre universel revêtu de la saisine, l'héritier peut-il être néanmoins seul mis en cause par les créanciers de la succession?

Les explications dans lesquelles je suis entré plus haut répondent à cette question, mais j'ajouterai que ce recours pourrait offrir des inconvénients, et je ne vois pas sur quel motif on ferait reposer un privilège semblable au détriment de l'héritier. Si les créanciers de la succession voulaient éviter un circuit d'actions dans l'avenir, il leur appartenait d'exiger une garantie hypothécaire ; en cas d'omission, à eux de courir les conséquences de leur manque de précaution.

Je crois, malgré le dissentiment de M. Duranton, t. 7, n° 432, que le légataire soit de tous les meubles, soit de tous les immeubles ou d'une quotité fixe de tous les meubles ou de tous les immeubles, serait tenu de contribuer aux dettes dans la proportion de sa part héréditaire, lors même que le passif excéderait l'actif. En effet, il s'agirait ici d'un legs à titre universel (art. 1010), et tout legs à titre universel emporte obligation d'acquitter une quotité de l'universalité des dettes, ce sont là deux termes qui correspondent toujours l'un à l'autre. (1).

Le légataire particulier n'est pas tenu des dettes et charges, sauf toutefois l'action hypothécaire sur l'immeuble légué.

(1) Demolombe sur l'art. 871, no 33.

Quel est le motif de cette immunité ? Les dettes n'affectent pas les différents objets d'une succession pris isolément, elles frappent sur l'universalité du patrimoine; or, le légataire particulier ne recueille qu'un objet déterminé, il n'est point le continuateur de la personnalité civile du défunt; donc, il ne doit supporter aucune portion du passif ; cela paraît, d'ailleurs, s'accorder avec le vœu du testateur qui est présumé n'avoir pas entendu diminuer l'avantage attaché au legs particulier.

Par conséquent, si, à défaut de stipulation contraire émanée du défunt, le légataire particulier se trouve, par le fait d'un contrat, tenu d'acquitter des dettes, cette disposition implique, à titre d'équivalent, transmission d'une part égale de biens; elle donne ouverture au droit proportionnel liquidé suivant la nature des biens transmis.

Art. 874. Le légataire particulier qui a acquitté la dette dont l'immeuble légué était grevé est subrogé aux droits du créancier contre les héritiers et successeurs universels ou à titre universel.

Art. 872. Lorsque les immeubles d'une succession sont grevés de rentes par hypothèque spéciale, chacun des cohéritiers peut exiger que les rentes soient remboursées et les immeubles rendus libres avant qu'il soit procédé à la formation des lots. Si les héritiers partagent la succession dans l'état où elle se trouve, l'immeuble grevé doit être estimé au même taux que les autres immeubles; il est fait déduction du capital de la rente sur le prix total ; l'héritier dans

le lot duquel tombe cet immeuble demeure seul chargé
du service de la rente et il doit en garantir ses cohéritiers.

Cet article trace une alternative, si les héritiers
optent pour le second terme qu'elle pose, l'héritier
qui reçoit l'immeuble grevé doit acquitter le droit
de soulte sur l'excédant de sa part contributive dans
le capital de la rente, car c'est en compensation
d'une valeur de biens correspondante qu'il est seul
chargé du service de la rente.

Il en est, d'ailleurs, ainsi sous le rapport de l'exigibilité du droit de soulte, quelle que soit la nature
de la charge, lors même qu'il s'agit d'un usufruit
préexistant imposé exclusivement à l'un des cohéritiers.

Art. 875. Le cohéritier ou successeur soit universel, soit à titre universel, qui, par l'effet de l'hypothèque, a payé au delà de sa part de la dette
commune, n'a de recours contre les autres cohéritiers ou successeurs à titre universel, que pour la
part que chacun d'eux doit personnellement en supporter, même dans le cas où le cohéritier qui a payé la
dette se serait fait subroger aux droits des créanciers ;
sans préjudice néanmoins des droits d'un cohéritier
qui par l'effet du bénéfice d'inventaire aurait conservé
la faculté de réclamer le paiement de sa créance
personnelle, comme tout autre créancier.

Art. 876. En cas d'insolvabilité d'un des héritiers
ou successeurs soit universels soit à titre universel,
sa part dans la dette hypothécaire est répartie sur
tous les autres au marc le franc.

La nécessité d'éviter une foule d'actions récursoires et dispendieuses, la crainte d'altérer les bons rapports qu'il est essentiel de maintenir entre les héritiers, et surtout l'obligation de garantie qui les unit respectivement les uns envers les autres, ont fait introduire la règle de la division de l'action hypothécaire. Il n'est point douteux d'ailleurs que l'héritier qui a payé la dette commune ne soit subrogé légalement aux droits du créancier.

Art. 877. Les titres exécutoires contre le défunt sont pareillement exécutoires contre l'héritier personnellement ; et néanmoins les créanciers ne peuvent en poursuivre l'exécution que huit jours après la signification de ces titres à la personne ou au domicile de l'héritier.

L'héritier est le représentant juridique du défunt, tel est le motif pour lequel le droit préexistant d'exécution est transmis contre lui, et non seulement les créanciers peuvent agir par voie de signification à l'égard de l'héritier, mais encore ils doivent le faire sous peine de frais frustatoires.

Un commandement pourrait-il être utilement fait à l'héritier dans les huit jours qui accompagnent la notification des titres ?

Malgré la controverse qui s'agite au sujet de cette question, la négative me paraît la doctrine la plus juridique et la plus sûre à suivre. En effet, les termes du Code sont généraux et absolus ; ils portent que les créanciers ne pourront poursuivre l'exécution des titres que huit jours après leur signification ; or,

un commandement est certainement un acte de poursuite ; donc il semble convenable de s'abstenir d'agir
pendant le délai prescrit (1).

La contrainte par corps ne peut pas être pratiquée
contre l'héritier du débiteur, elle s'arrête à la personne de ce dernier ; c'est une voie d'action rigoureuse et sévère, dont il convient de ne pas étendre
les effets. (2)

L'hypothèque judiciaire grevant les biens présents
et à venir d'un débiteur passe-t-elle de plein droit
sur les biens de son héritier pur et simple ? Quelques auteurs l'ont pensé, mais la négative paraît
certaine. Sans doute, l'hypothèque judiciaire est in-
déterminée, et, à ce titre, elle affecte tous les accrois-
sements du patrimoine, mais son développement doit
cesser lorsque le patrimoine du débiteur vient s'absorber dans celui de l'héritier. (3)

Il n'est point douteux que, sauf acceptation bénéficiaire ou séparation des patrimoines, les hypothèques
résultant de jugements obtenus par les créanciers
du *de cujus* contre ses héritiers ne grèvent les
biens de la succession comme tous les biens présents et à venir des héritiers. En effet, l'acceptation

(1) Rap. Cass., 31 août 1825, Sirey, 25, 1, 357 ; C. Pau, 3 septembre
1829 ; D. P., 30, 2, 289 ; Bastia, 12 février 1835, D. P., 35, 2, 140 ;
Bourges, 14 mars 1844, Dev., 45, 2, 527 ; Chabot, art. 877, n° 2 ; Duranton, t. 7, n° 457 ; Demolombe, sur l'art. 877, n° 57.

(2) Art. 2017, art. 2 de la loi du 17 avril 1832.

(3) Rap. Cass., 3 décembre 1816, Sirey, 1817, 1, 189 ; C. Caen, 4 février 1822, J. du P., nouv. édit., 24, p. 189 ; Delaporte, Pandect. franç.,
t. 3, p. 581 ; Duranton, t. 7, n° 461 ; Vazeille, art. 877, n° 5 ; Troplong,
des hypoth., t. 2, n° 390 ; Demolombe, sur l'art. 877, n° 62.

pure et simple a pour résultat d'unir étroitement les biens de la succession aux biens personnels de l'héritier et de n'en faire ainsi qu'un seul patrimoine; d'où il suit qu'aucune partie de ce patrimoine ne peut être soustraite à l'action d'une hypothèque générale (1).

Art. 878, 879, 880. Les créanciers de la succession qui craignent de ne pas être payés, ont le droit, quant aux meubles pendant trois ans, et quant aux immeubles tant qu'ils existent entre les mains de l'héritier, de demander la séparation des patrimoines, c'est-à-dire d'empêcher que les biens de la succession ne se confondent avec ceux des héritiers; ils perdent néanmoins ce droit lorsqu'il s'est opéré novation dans leur créance par l'acceptation des héritiers pour débiteurs personnels.

La séparation des patrimoines est, si je puis dire, la résurrection fictive du défunt, ou du moins la personnification de sa succession désormais séparée de la personne des héritiers, à l'effet que les créanciers héréditaires soient payés comme ils l'auraient été si le défunt existait encore.

Art. 881. La loi n'accorde pas aux créanciers personnels de l'héritier le privilège de demander la séparation des patrimoines contre les créanciers de la succession, parce qu'on ne peut pas empêcher un débiteur de contracter de nouvelles dettes, et que

(1) Rap. Cass. 9 décembre 1825, D. P. 25, 1, 500; 18 décembre 1833, D. P. 33, 1, 333; Delvincourt, t. 3, p. 158, note 7; Troplong, des hypoth., t. 2, n° 439 bis; Demolombe sur l'art. 877, n° 65.

d'ailleurs, ils ont eu tort de ne pas s'assurer dès le principe de sa solvabilité.

Art. 882. Les créanciers d'un copartageant qui craignent qu'un partage ne soit fait en fraude de leurs droits, peuvent s'opposer à ce qu'il soit fait hors de leur présence, ils ont le droit d'y intervenir; mais il ne leur appartient pas d'attaquer un partage consommé, à moins qu'il n'ait eu lieu en leur absence et malgré une opposition régulièrement notifiée.

SECTION IV.

Des effets du partage et de la garantie des lots.

Art. 883. Sous l'empire du droit Romain, le partage était translatif de propriété, il produisait l'effet d'un échange; d'après les principes proclamés par le droit Français, le partage n'est que déclaratif de propriété.

Chose digne de remarque! c'est grâce à la lutte soutenue avec une si persévérante énergie par les légistes contre les prétentions de la féodalité, que la théorie du partage déclaratif, qui avait été cependant pressentie par le génie d'intuition d'un jurisconsulte Romain, fût appliquée à la matière du droit fiscal, d'où elle passa dans la législation civile.

Si le partage était un acte d'aliénation, chaque héritier serait considéré vis-à-vis de ses cohéritiers comme un tiers-acquéreur tenu de prendre leurs parts grevées des charges qu'ils auraient pu consentir; mais, d'un autre côté, si le partage est purement déclaratif, ne risque-t-on pas de compromettre les droits des tiers qui pendant l'état d'indivision ont contracté avec les héritiers? Tout bien considéré, l'intérêt des successibles a paru devoir l'emporter sur celui des tiers auxquels l'absence de partage commande beaucoup de réserve dans leurs rapports civils à l'égard des héritiers; d'ailleurs, une grande partie du danger d'éviction disparaît, en présence de la faculté accordée aux créanciers d'intervenir au partage pour sauvegarder leurs droits.

La rétroactivité du partage remonte au jour même du décès, elle relie sans solution de continuité les héritiers à la personne du défunt, en vertu de la règle : *le mort saisit le vif*; l'art. 883 du Code traduit cette fiction en ces termes : chaque cohéritier est censé avoir succédé seul et immédiatement à tous les effets compris dans son lot, et n'avoir jamais eu la propriété des autres effets de la succession. Par suite de cette fiction, les hypothèques consenties par un cohéritier autre que celui auquel sont échus les immeubles grevés s'évanouissent de plein droit, les ventes qui se trouvent dans le même cas sont réputées n'avoir jamais eu d'existence légale. C'est ce qui fait que les partages et les licitations proprement dits échappent à la formalité de la transcription.

L'administration, usant du bénéfice de la jurisprudence civile, impose à l'héritier l'obligation de prendre le partage de la succession pour règle de la déclaration de mutation par décès à intervenir ; lorsque cet acte vient à se produire ultérieurement, l'héritier qui doit acquitter un supplément de droit est tenu, sous peine du demi-droit en sus, de faire une déclaration complémentaire dans les six mois à compter du jour du partage (1).

La rétroactivité du partage exclut même, dans le dernier cas, un tempérament qui serait contraire à la rigueur des principes.

La Cour de cassation vient de faire une remarquable application de l'effet rétroactif du partage, en décidant le 4 janvier 1865, D. P. 65. 1, 35, que lorsqu'un usufruit donné a été converti, dans l'acte de partage passé entre l'héritier et le donataire contractuel d'un quart en propriété et d'un quart en usufruit, en une pleine propriété de la même valeur, cet usufruit est censé n'avoir jamais existé, et que par conséquent le droit de mutation par décès doit être liquidé comme s'il s'agissait d'un don de la pleine propriété.

Mais si un partage comprend une soulte à la charge de l'un des cohéritiers, il ne saurait servir de base à la déclaration de succession. En effet, chaque copartageant est censé avoir succédé seul et immédiatement à tous les objets compris dans son lot et n'avoir jamais eu la propriété des autres objets de la succession; mais la soulte ne se trouvait point dans le patrimoine du *de cujus*; donc, la

(1) Rap. Cass., 16 juillet 1825, D. P. 25, 1, 513; 11 mars 1851, D. P. 51, 1, 129.

fiction du partage déclaratif ne peut pas faire supposer l'héritier investi de cette valeur du chef de l'auteur de la succession ; car, suivant *le point de vue spécial de la loi sur l'enregistrement*, la soulte représente le prix d'une transmission opérée depuis le décès entre les cohéritiers (1). Dans l'espèce, les droits de mutation par décès doivent être liquidés sur la part héréditaire des copartageants, abstraction faite de l'existence de la soulte. Les mêmes règles régissent le partage d'une communauté (2).

Il est très-essentiel de saisir la nuance et de fixer la ligne de démarcation qui sépare le partage ou la licitation de la vente ordinaire. C'est un vaste champ de discussion, et la matière a long-temps prêté à la controverse ; mais la jurisprudence fournit aujourd'hui des éléments sûrs d'appréciation pour reconnaître les signes caractéristiques de la licitation ; voici son critérium : Il n'y a pas licitation : 1° si tous les copartageants ne possèdent point en vertu d'un titre commun de propriété ; 2° si l'indivision ne cesse pas complètement entre les cohéritiers ou les copropriétaires de l'objet licité (3).

(1) Cass. 11 décembre 1850, D. P. 51, 1, 287.
(2) Rap. I. 1482 § 7 et 1745 § 7.
(3) Rap. pour le 1er cas, Cass., 16 janvier 1827, 24 août 1829, 27 décembre 1830, 31 janvier 1832, 16 mai 1832, 6 novembre 1832, 9 mai 1837, 21 janvier 1840, 15 juin 1840, 5 mai 1841, 15 novembre 1841 ; 17 janvier 1842 ; 24 janvier 1844, 19 novembre et 19 décembre 1845 (chambres réunies) ; 15 avril 1847 ; 21 juin et 12 juillet 1848 ; 29 novembre 1848 ; 7 novembre 1849 ; 16 avril, 10 juin et 26 août 1850 ; 2 décembre 1850 ; 26 février 1851 ; 2 décembre 1851 ; 7 juillet 1852 ; 22 et 25 novembre 1855 ; 7 août 1855 ; 18 mai 1858 ; 13 août 1862 ; I. 1229 § 12, 1505 § 12, 1554 § 10, 1401 § 7, 1449 § 11.

On comprend pour quel motif l'assimilation n'est pas possible dans le premier cas; le tiers cessionnaire acquiert les droits de l'héritier, mais sans emprunter sa personnalité qui ne peut s'aliéner; aussi, il est toujours exposé à l'action du retrait successoral de la part des cohéritiers du cédant; d'un autre côté, si la fiction civile sur laquelle le partage repose a pour effet de rattacher immédiatement les héritiers au défunt, elle ne peut pas créer une situation analogue, lorsque le lien a été rompu par le fait de la première vente qui a mis le tiers cessionnaire au lieu et place de l'un des héritiers. L'étranger, acquéreur des droits successifs, a donc la qualité d'un tiers détenteur admis à purger.

Dans le second cas, et, en supposant même l'existence d'un titre commun de propriété, les principes du droit commun règnent également avec toute leur énergie; le maintien de l'indivision empêchant les hypothèques constituées de s'éteindre d'elles-mêmes, la formalité de la transcription est nécessaire pour les purger, l'acte n'a de licitation que le nom, c'est une vente pure et simple.

1422 § 12, 1562 § 31, 1618 § 16, 1650 § 9, 1664 § 13, 1668 § 8, 1675 § 12, 1713 § 5, 1755 § 11-13, 1796 § 30, 1825 § 7, 1837 § 3, 1857 § 3, 1875 § 5, 1885 § 5 et 6, 1912 § 2, 1946 § 1, 1999 § 5 et 6, 2054 § 1, 2157 § 7, 2259 § 4.

Et pour le 2me cas, Cass., 30 mars 1826; 22 février et 6 novembre 1827; 19 décembre 1845; 11 février 1846; 16 juin 1847, 9 novembre 1847 et 26 janvier 1848, 18 décembre 1848 et 11 février 1849, 9 janvier 1851; 2 mars et 21 juillet 1858; I. 1205 § 9, 1236 § 3, 1735 § 15, 1767 § 12, 1796 § 25, 1814 § 10, 1857 § 15, 2010 § 6, 2157 § 6 et 15; 5 janvier 1865, D. P., 65, 2, 31.

Il y a plus, c'est que si le prix d'une cession se décompose en deux fractions dont l'une s'applique à des droits successifs pour lesquels l'indivision cesse, et l'autre à des droits restant encore indivis, l'acte n'en est pas moins, aux yeux du droit civil et de la perception, une vente ordinaire, le droit de transcription est exigible sur l'intégralité du prix. La Cour de cassation a fait, dans cette espèce, une application toute particulière du principe de l'indivisibilité de la transcription (1).

Les partages qui renferment des lots indivis grevés de soultes paraissent devoir obéir aux mêmes règles de jurisprudence, le maintien de l'indivision repousse aussi, dans cette circonstance, la fiction de l'art. 883 du Code.

Cette fiction est spéciale au partage et à la licitation, elle ne saurait s'appliquer au cas où il s'agit d'une donation faite par un copropriétaire à l'autre de sa part dans l'immeuble indivis. L'art. 939, en effet, soumet, sans aucune distinction, tous les contrats de donation à la formalité de la transcription, et cela se conçoit, car la loi n'accorde point aux tiers, en matière de donation, les mêmes garanties qu'en matière de partage. (2).

L'adjudication consentie au profit d'un héritier bénéficiaire est passible du droit de transcription ; la loi du 23 mars 1855 n'a point apporté d'innovation à cette règle de perception. La nécessité de la trans-

(1) 7 juillet 1852, t. 1916 § 1.
(2) Rap. Cass., 5 mai 1841, t. 1661 § 9.

cription découle de la situation légale faite à l'héritier sous bénéfice d'inventaire, c'est absolument un tiers détenteur appelé à purger et comme tel soumis aux formalités prescrites par les art. 2181 et s. du C. N.; sous la condition seule de l'accomplissement de ces formalités, il n'est tenu d'acquitter les dettes que jusqu'à concurrence du prix (1).

De la qualité d'héritier bénéficiaire imprimée par la loi au mineur, il résulte que l'adjudication tranchée en sa faveur est assujettie à la taxe particulière du droit de transcription (2).

Si la transcription donne ouverture à un droit dont le prix entier exprimé dans l'acte est la mesure immuable, la base indivisible, c'est qu'elle participe de l'indivisibilité de l'hypothèque qu'elle a pour objet d'éteindre (3).

Le principe de l'indivisibilité de la perception dont il s'agit est tellement absolu que si l'on suppose une adjudication faite au profit d'un héritier bénéficiaire et d'un héritier pur et simple, le droit de transcription n'en est pas moins exigible sur l'intégralité du prix (4). Il en serait de même au cas où le droit

(1) Cass., 12 novembre 1825 ; 26 décembre 1831 ; 13 janvier 1834 ; I. 1151, 1591 § 1, 1458 § 1 ; 21 janvier 1839, I. 1506 § 1 ; 12 août 1839 ; 15 avril 1840, I. 1601 § 1, 1650 § 1 ; 16 février et 17 janvier 1842 ; I. 1675 § 1, n° 12 ; 17 novembre 1847, I. 1814 § 1 ; 28 juillet 1862, I. 2259 § 7.

(2) Rap. Cass., 10 mai 1841, I. 1661 § 1 ; 16 février 1842, I. 1675 § 1, n° 1 ; 10 avril 1848, I. 1825 § 1 ; 26 février 1862, I. 2225 § 1.

(3) Rap. les arrêts de cassation qui portent que les actes de vente ne faisant pas cesser l'indivision sont de nature à être transcrits et Cass., 15 août 1862, I. 2259, § 4.

(4) Rap. Cass., 17 janvier 1842, I. 1675, § 1, n° 2.

de transcription ayant déjà été acquitté sur le prix d'une cession partielle, la nouvelle adjudication intervenue entre les cohéritiers, et qui engloberait la part précédemment acquise, se trouverait encore dans les conditions voulues pour être transcrite ; il n'y aurait point ici de double emploi à invoquer contre cette perception.

L'on doit se demander si l'existence d'un titre commun de propriété est un élément aussi constitutif de la licitation en droit civil qu'au point de vue de la perception de l'enregistrement. La Cour de Douai s'est formellement prononcée en faveur de l'affirmative (2 mai 1848, D. P., 49, 2, 184) ; je ne vois nulle raison pour s'écarter de la jurisprudence de cet arrêt.

La fiction de l'art. 883 est étrangère à la cession de droits successifs faite entre tous les cohéritiers, sous la réserve au profit du cédant *du privilège du vendeur et de l'action résolutoire* ; l'application à la licitation des stipulations propres à la vente a pour effet de convertir l'acte en une vente pure et simple (1).

Le partage ne constituant pas un titre d'acquisition échappe à la perception du droit proportionnel de transmission à titre onéreux, l'art. 68, § 3, n° 2 de la loi du 22 frimaire an 7 le soumet au droit fixe de 3 francs, élevé à 5 francs par l'art. 45, n° 3 de la loi du 28 avril 1816, quel que soit le

____

(1) Rap. Cass., 25 juin 1845, D. P. 45, 1, 376; 29 juillet 1857, I. 2114, § 3.

titre de la copropriété, qu'il a pour effet de dissoudre, *pourvu qu'il en soit justifié*.

J'ai déjà dit que l'inégalité des lots se compensait dans les partages par des soultes. L'inégalité des attributions d'un partage peut aussi disparaître sous l'obligation imposée à l'un des copartageants d'acquitter une quotité de dettes plus élevée que celle à laquelle il est légalement assujetti. L'effet rétroactif du partage, en ce qui concerne la *transmission*, se trouve écarté dans ce cas par l'économie particulière de la loi du 22 frimaire an 7; l'art. 4 de cette loi soumet au droit proportionnel tous les mouvements de valeurs d'une personne à une autre; comme chaque copartageant doit recevoir une part de biens égale à ses droits, tout excédant qui lui est attribué implique l'existence d'un fait translatif de propriété corrélatif de la perception du droit de soulte (1). Cette théorie puise son origine dans la jurisprudence du centième denier (2).

Lorsque, dans un partage, un lot grevé de soulte comprend des biens de différentes espèces, la soulte doit s'imputer d'abord sur le montant des rentes sur l'État, puis sur les créances, ensuite sur les capitaux de rentes et les meubles, enfin sur les immeubles; la liquidation des droits doit être établie, conformément à ce mode d'imputation (3).

(1) Loi du 22 frimaire an 7, art. 68, § 3, nos 2 et 69; § 5, no 7 et § 7, no 5.
(2) Bosquet, vo partage, § 5; Cass., 6 thermidor an 12; 20 décembre 1843; 2 juillet 1844; 15 août 1850, t. 1710, § 5; 1752, § 5; 1875, § 7; Dalloz, enreg., no 2687; Championnière, no 2684.
(3) D. M. F. 22 septembre 1807, t. 342.

L'imputation de la soulte sur le montant des rentes sur l'Etat conduit à une exemption de l'impôt, puisque les transmissions à titre onéreux des inscriptions sur le grand-livre de la dette publique échappent à la perception du droit d'enregistrement (1).

Il arrive quelquefois que, par un vice de rédaction, l'on fait figurer dans un partage parmi les meubles des objets qui sont en réalité des immeubles par destination. Les immeubles par destination font corps avec le fonds auquel ils sont attachés; ils en constituent un accessoire utile et nécessaire, il convient de les distraire des effets mobiliers, afin de percevoir sur le surplus le droit à 2 p. 0/0. Pour la réduction à ce taux, la disposition de l'art. 9 de la loi du 22 frimaire an 7, qui a été reconnue applicable aux cessions de droits successifs aussi bien qu'aux ventes ordinaires, exige une double condition, savoir : 1° la désignation et l'estimation, article par article, des effets mobiliers ; 2° la stipulation d'un prix particulier pour ces effets, et il en serait ainsi, lors même qu'une créance ferait partie des valeurs cédées (2).

Il peut aussi se rencontrer qu'aux termes d'un partage anticipé un corps de domaine pourvu d'ustensiles aratoires, d'animaux attachés à la culture, soit démembré pour venir *le même jour* se concentrer en grande partie, avec les immeubles par destination, sur la tête de l'un des copartagés. Est-ce que ces

(1) Loi du 22 frimaire an 7, art. 70.
(2) Rap. les considérants d'un arrêt de la Cour de cassation du 2 août 1855, J. 1986, § 13.

objets sont susceptibles de changer ainsi instantanément de nature? je ne saurais admettre cette fiction
invraisemblable. Dans l'imperceptible espace de temps
qui s'est écoulé entre le partage et les ventes, les
immeubles par destination n'ont pas cessé d'appartenir au fonds, on n'a pas modifié l'usage auquel
ils étaient affectés, ils ont donc conservé leur caractère
primitif (art. 524); leur transmission contemporaine
de celle de l'immeuble par nature doit supporter le
même droit (1).

La fraude se glisse dans les contrats sous une
infinité de formes, elle rompt avec toutes les règles,
il appartient aux préposés dans leurs appréciations
pour appliquer le tarif de soulever le voile qui recouvre
les conventions, c'est un travail délicat d'analyse,
parfois même de subtil rapprochement, qui touche
souvent à des difficultés ardues.

L'introduction dans le partage de biens dont l'origine de la propriété n'est point justifiée est un genre
assez fréquent de fraude sur lequel il convient de
porter une grande attention; il n'y a pas lieu de
reconnaître à la simple déclaration des parties qui
ne s'appuie sur aucun fait la force probante que la
loi réclame en pareil cas. (Loi du 22 frimaire an 7,
art. 68 § 3, n° 2). Peu de temps après le décès,
des héritiers mettent au lot de l'un d'eux des valeurs
en numéraire omises dans la déclaration de succes-

<hr>

(1) Rap. les motifs des arrêts de la Cour de cassation des 25 février
1824, 1. 1132, § 13; 15 avril 1846, 1. 1767, § 13; 4 août 1846,
D. P. 46, 4, 260.

sion, c'est une contradiction que l'on est fondé à leur opposer pour exiger le droit de soulte (1).

Voici un cas particulier qui paraît devoir donner prise à la perception du droit de soulte : un père fait le partage anticipé de valeurs importantes entre ses enfants, il attribue à chacun d'eux une part égale *en apparence* ; par acte passé le même jour, il charge l'un des donataires de lui servir seul, à titre d'aliments, une rente viagère ; ces deux actes n'ont été passés séparément que pour éluder le paiement du droit de soulte, ils se combinent et se lient entre eux d'une manière intime ; le rôle de la perception est de saisir ce rapport et de faire le rapprochement qu'il provoque ; à ce point de vue, le droit de soulte est exigible sur tout ce qui excède la part réelle du débiteur dans la rente dont il est chargé ; il y a d'ailleurs une circonstance qui me paraît décisive en faveur de la perception, si l'obligation d'acquitter la rente résultait de l'acte de partage, aucun doute ne saurait s'élever au sujet de l'exigibilité du droit de soulte, je ne vois nulle raison plausible de suivre un mode différent de percevoir, par le motif que la constitution procède du second acte évidemment frauduleux (2).

L'examen des principes relatifs aux partages partiels exige quelque développement.

(1) Rap., pour le principe, un arrêt de la Cour de cassation du 15 mai 1862, I. 2230, § 8.

(2) Rap., par analogie, un arrêt de la Cour de cassation du 24 décembre 1856, I. 2096, § 2.

Il est de jurisprudence que le partage partiel des biens d'une succession doit être considéré isolément pour la perception des droits d'enregistrement. En cas de répartition inégale des biens entre les parts-prenant, le droit de soulte est exigible sur tout ce qui dépasse les droits des cohéritiers dans les lots dont ils sont nantis (1).

Il importe de ne point confondre cette situation avec une autre espèce qui peut se rencontrer. EXEMPLE. — Des cohéritiers procèdent à un règlement au sujet des biens d'une succession ; trois d'entre eux reçoivent par voie de lotissement *provisoire* des immeubles nommément indiqués, le surplus des valeurs de la succession est attribué, en bloc et sans désignation spéciale, à un autre cohéritier, il est à remarquer que, dans cette attribution, sont confondus les droits d'un cohéritier absent dont le mandataire n'intervient pas à l'acte. Y a-t-il lieu d'exiger l'évaluation des biens particuliers attribués aux trois premiers cohéritiers, de manière à percevoir le droit de soulte sur ce qui excède leur part héréditaire dans ces mêmes biens ? Ce serait supposer à tort qu'ils conservent un droit indivis sur les autres valeurs de la succession. Aux termes des décisions sus-visées, la Cour de cassation a statué dans des cas où l'inégalité matérielle des lots résultait des évaluations du partage lui-même, il

(1) Cass., 25 mai 1841; 12 novembre 1844; 29 avril 1845; 18 août 1845; 22 avril 1850, 1. 1661, § 9; 1732, § 7; 1745, § 9; 1755, § 11; 1875, § 9.

s'agissait d'attributions partielles ; dans l'espèce qui nous occupe, l'universalité des valeurs de la succession est soumise au partage ; d'un autre côté, il n'est point établi que les biens soient répartis dans des proportions inégales entre les ayant-droit ; l'absent ne s'est pas fait représenter par un mandataire, cette circonstance rend le partage absolument sans effet vis-à-vis de lui, la possession de ses copropriétaires est essentiellement précaire et transitoire ; elle ne se rattache qu'à la jouissance et encore à charge de rendre compte des fruits ; aucune soulte n'est due à l'absent par ses cohéritiers, puisqu'il ne leur a cédé nulle portion de ses droits. L'acte paraît simplement passible du droit fixe.

Lorsque des cohéritiers procèdent au partage d'une succession composée de biens situés en France et en pays étranger, il ne faut avoir égard pour la perception qu'aux biens situés en France ; l'attribution de la totalité de ces dernières valeurs à l'un des cohéritiers, le fait assujettir à une soulte calculée d'après l'importance des parts de ses copartageants dans les mêmes valeurs. EXEMPLE. — Une succession dévolue à trois héritiers comprend des immeubles d'une valeur de 60,000 fr., situés moitié dans le territoire français et moitié en pays étranger ; les premiers sont attribués exclusivement à deux cohéritiers ; au point de vue de la perception, ils constituent la succession tout entière, et, tandis que dans le cas ordinaire, l'autre lot serait grevé d'une soulte de 10,000 fr., c'est lui, au contraire qui, dans l'espèce, est censé en être le créancier. L'impôt est un statut réel, il s'applique aux immeubles même possédés en France par des étrangers (art. 3) ; mais, par contre, sa juridiction purement territoriale expire à la frontière. Il est donc juste que, dans la même succession, le Trésor retrouve sur les immeubles situés en France les droits qu'il perd sur ceux qui ont leur siège en pays étranger. Cette règle de perception reçoit même son application, lorsque les immeubles situés hors du territoire Français ont été vendus. L'origine des valeurs subsiste, malgré leur transformation, elle s'imprime à la créance du prix (1).

Une personne de nationalité étrangère domiciliée en France, y décède, laissant des héritiers de divers ordres ; sa succession se compose de meubles et d'immeubles situés en France ; on se demande d'après quelle loi la dévolution des biens doit avoir lieu. Pour les immeubles, il ne peut y avoir de doute, il convient d'appliquer la règle de l'art. 3 du Code qui soumet à la loi française les immeubles possédés en France même par des étrangers. La souveraineté rayonne sur toutes les parties du territoire français ; son indivisibilité ne comporte pas la plus légère atteinte ; ce principe serait cependant violé, si dans

(1) Rap. Cass., 11 novembre 1838 ; 8 décembre 1840 ; 12 décembre 1843 ; 3 avril 1844 ; 11 novembre 1844 (chambres réunies) ; 17 juin 1847 ; 28 août 1848. L. 1651, § 10 ; 1694, § 11 ; 1710, § 5 ; 1725, § 5 ; 1752, § 6 ; 1796, § 20 ; 1825, § 10.

l'espèce la loi étrangère devait régler les droits des héritiers sur les immeubles. (1)

Par quelle loi sera régie, dans l'espèce, la transmission des meubles ?

Il s'élève tout d'abord la question délicate de savoir si l'étranger peut avoir un domicile en France, sans même avoir été autorisé par le chef de l'Etat à s'y établir. Pour résoudre cette difficulté, ne nous reportons pas à la loi révolutionnaire du 10 juin 1793 qui se borne à définir la commune politique; la solution du litige est ailleurs, et ne faut-il pas croire que le législateur du Code, répudiant des vues exclusives en opposition avec l'esprit de la société moderne, a voulu faire tomber les barrières que l'ancien droit s'était plu à élever contre l'étranger? Comme le domicile est au lieu du principal établissement d'une personne, au centre de ses affaires et de ses relations sociales, l'étranger peut vouloir faire de la France sa patrie d'adoption. il lui est facultatif de s'y créer un établissement durable, permanent, il ne faut pas lui supposer toujours la pensée du retour dans son pays natal. L'art 102, en parlant du Français, a statué sur le cas le plus général, il s'est d'ailleurs proposé de distinguer le domicile civil du domicile politique, distinction uniquement applicable

(1) Rap. Cass., 14 mars 1857, Sirey, 57, 1, 103 ; 9 juin 1852, Sirey, 52, 1, 733 ; Merlin, rép., v° loi, § 6, n° 2; Toullier, t. 1, n° 119; Delvincourt, t. 1, p. 187; Duranton, t. 1, n° 84; Marcadé sur l'art. 3 ; Demolombe, même article, n°s 90 et s.

aux Français (1). D'autre part les meubles n'ont
point une assiette fixe et déterminée; ambulatoires,
soumis à mille déplacements rapides, ils sont réputés
suivre la personne qui les possède : *mobilia ossibus
personæ inhærent*, disait-on autrefois avec une concise
énergie. L'élection de domicile rend justiciable des
Tribunaux français, la succession s'ouvre au lieu où
la personne était domiciliée (art. 110). N'est-il
point naturel de soumettre le partage des diverses
valeurs mobilières d'une succession à la loi du
domicile, puisque le défunt s'est ainsi rattaché par
un lien plus direct au pays où il a résidé (2).

M. Marcadé, sur l'art. 3, n° 6, se place à un
point de vue plus général, il conclut, dans tous les
cas, à l'application de la loi française; voici, en
quels termes, cet auteur motive son opinion : « Les
» meubles sont ambulatoires, nous dit-on, et dès lors
» réputés n'avoir pas de situation particulière. Mais
» pourquoi donc, *réputés n'avoir pas de situation*,
» quand par le fait ils en ont une? C'est, nous
» répond-t-on, parce qu'il sont ambulatoires, parce

(1) Rap. Merlin, t. 16, v° domicile, § 13; Valette sur Proudhon,
t. 1, p. 257, note A; Cass., 24 avril 1827, Sirey, 28, 1, 212; 17 juillet
1833, D. P. 33, 1, 203; conclusions de M. l'avocat-général de Raynal
devant la Cour de cassation le 31 décembre 1863, D. P. 63, 1, 11;
C. Paris, 15 mars 1831, D. P. 31, 2, 12; Riom, 7 avril 1835, D.
P. 36, 2, 57.

(2) Rap. Cass., 7 novembre 1826, D. P. 27, 1, 49; C. Riom, 7 avril
1835; Toulouse, 7 décembre 1863, D. P. 64, 2, 41; Merlin, répert., v° loi,
§ 6, n° 3; Duranton, t. 1, n° 90; Rodière, revue de législat., t. 1,
1850, p. 185 et s.

» qu'aujourd'hui en France, il peuvent être demain
» en Angleterre. Mais le domicile par la loi duquel
» vous voulez les régler, n'est-il pas ambulatoire lui-
» même?.... Comment donc rejeter la réalité pour
» admettre une fiction, alors que cette fiction ne se
» fonde sur rien, et de plus ne sert à rien, et
» non seulement elle ne sert à rien, mais elle est
» même plus incommode que la réalité même,
» et elle jette dans des impossibilités qui forcent
» souvent ses partisans, de reculer devant elle. En
» effet, comment le souverain du pays du domicile
» fera-t-il respecter ses lois sur des meubles qui se
» trouvent hors des pays soumis à sa puissance? Est-
» ce que, logiquement, un législateur peut commander
» ce qu'il sait n'avoir pas le pouvoir de faire exé-
» cuter? Puisque la soumission des meubles à telle
» ou telle loi ne peut jamais être que précaire et ins-
» tantanée, on doit reconnaître la soumission instable
» à la loi du pays où ils sont, plutôt que la sou-
» mission, instable également, à la loi du domicile.
» C'est avec le souverain du pays où ils se trouvent
» qu'ils sont réellement en relation; c'est à sa puis-
» sance que réellement et par le fait ils sont soumis;
» on ne peut donc pas, à moins de règles formelles
» posées à cet égard par les divers législateurs, les
» déclarer soumis par fiction, à l'autorité d'un autre. »

Le droit au retour légal créé au profit de l'ascendant donateur est-il une loi réelle? L'affirmative me
paraît devoir être soutenue; il s'agit, en effet, principa-
lement et directement des biens, c'est leur dévolution,

c'est leur transmission suivant l'ordre légal qu'il convient de régler ; dès lors, on ne pourrait , dans le cas dont il s'agit , en ce qui concerne la succession d'un étranger , déroger au statut de la loi française , sans méconnaître le principe général posé par l'art. 3, (1).

Je considère également comme réelle la loi qui règle le droit de l'enfant naturel aux successions de ses père et mère. En effet , cette loi a uniquement pour objet de conserver les biens dans la famille légitime , elle ne peut donc être éludée quand il s'agit de la succession d'un étranger (2).

Même solution en ce qui a trait aux lois qui déterminent le chiffre de la réserve et de la quotité disponible.

Les libéralités qu'un étranger a pu faire par rapport aux biens situés en France , doivent être réduites aux limites fixées par la loi française. C'est encore là un statut réel , les biens sont directement en jeu, l'intérêt politique se mêle à l'intérêt privé , il ne saurait en permettre la prédominance : il exige que la dévolution des biens se fasse conformément au mode tracé par les lois qui nous régissent (3).

Voici un cas où le statut personnel paraît devoir

(1) Rap. Demolombe sur l'art. 3, n° 2.

(2) Rap. Delvincourt, t. 1, p. 11, note 4 ; Duranton, t. 1, n° 87 ; Demolombe sur l'art. 3, n° 8.

(3) Rap. Merlin, rép., v° loi, § 6 ; Duranton, t. 1, n 84 ; Demolombe sur l'art. 3, n° 80 ; Marcadé, même art.

être appliqué : des étrangers mariés dans leur pays natal ont acquis des immeubles en France ; le régime dotal forme, à défaut de contrat de mariage, le droit commun de la loi étrangère, comme en Sardaigne, art. 1573-1574, Code Sarde ; en Bavière, art. 13 et 32 du Code Bavarois. Lors du décès de l'un des époux, la transmission des immeubles acquis depuis le mariage serait-elle cependant régie par les règles de la communauté légale ? Les époux sont censés avoir voulu se marier sous l'empire de la loi de leur domicile matrimonial, il s'est formé entre eux, au moment de leur union, une convention tacite qui a la force d'une stipulation expresse ; l'adoption du régime de la communauté légale suppose implicitement entre les parties un accord volontaire ; c'est une présomption que la loi érige en réalité, mais qui n'est point admissible, quand la célébration du mariage a eu lieu en pays étranger. Donc, la loi étrangère doit régir ici la dévolution des biens (1).

Le droit de mutation par décès doit être assis, non seulement sur toutes les valeurs composant une succession au moment de son ouverture, mais encore sur celles qui y retournent par suite d'un événement ultérieur. Exemple : Une vente immobilière est résolue judiciairement pour *cause de nullité radicale* après

(1) Rap. Cass., 29 décembre 1856, D. P. 57, 1, 95 ; 30 janvier 1854, 1. 2010, § 8 ; Merlin, rép., v° loi, 1. 10, § 6, n° 2 ; Demolombe sur l'art. 3, n° 87.

le décès de celui qui l'a consentie ; l'immeuble rentre dans la succession dont il est censé n'être jamais sorti ; il y a lieu d'exiger, à titre de supplément à la première déclaration, un droit de mutation calculé d'après le taux en vigueur à l'époque de l'ouverture de l'hérédité. Cette règle est fondée sur le caractère des décisions judiciaires ; elles ne constituent point un titre nouveau pour les parties qui les obtiennent, elles impliquent, en leur faveur, la reconnaissance d'un titre ancien ; dans l'espèce, l'effet du jugement remonte au jour du décès. Les héritiers jouissent d'un délai de six mois, à compter du jugement, pour passer une déclaration de succession complémentaire exemptée de la peine du demi-droit en sus (1).

Si la résolution de la vente est obtenue par la voie judiciaire, en dehors des cas de nullité prévus par la loi, elle dépouille l'acquéreur de ses droits, et les fait passer dans le patrimoine des héritiers, mais là s'arrêtent ses effets, ils ne vont pas jusqu'à rétroagir au jour de l'ouverture de la succession. Par suite, la résolution donne lieu à un droit proportionnel de transmission à titre onéreux, exclusif de celui de mutation par décès.

Des héritiers ont acquitté les droits de succession suivant le taux applicable au degré de leur parenté avec le défunt ; plus tard, un jugement déclare qu'une partie de la succession appartient à des héritiers d'un degré plus éloigné, des biens viennent se fixer sur

(1) Cass., 30 janvier 1809 ; 24 août 1841.

leur tête. Nous retrouvons ici une nouvelle application de la force rétroactive des jugements. Les héritiers qui ont reçu l'investiture de la justice sont réputés avoir été propriétaires depuis le jour de l'ouverture de la succession ; la possession précaire des premiers s'évanouissant, les seconds doivent acquitter dans les six mois, à compter du jugement, sous peine du demi-droit en sus, les droits de mutation par décès en rapport avec leurs liens de parenté ; toutefois, il convient de tenir compte des droits primitivement acquittés par les héritiers d'un degré plus rapproché. La juste perception de l'impôt trace ce mode de procéder, la même mutation ne peut jamais supporter deux droits proportionnels d'enregistrement (1).

Nul acte n'est susceptible de renfermer des conventions plus variées que le partage ; terminons cette étude, en nous arrêtant sur des difficultés que l'on rencontre parfois dans la pratique.

Lorsqu'après un partage définitivement consommé, des cohéritiers procèdent, sous prétexte de nullité radicale, à de nouvelles attributions des mêmes biens, le second acte constitue un échange, et, en effet, il n'appartient pas aux copartageants de faire que l'accord de leurs volontés légalement exprimées n'ait point réglé leur situation, ils étaient bien et dûment saisis de leurs lots respectifs, ils ne peuvent plus s'en dessaisir que par suite d'une convention insé-

(1) Cass., 11 février 1807, Dalloz, enreg., n° 4007.

parable d'une transmission de propriété. Le droit proportionnel ne cesserait point d'être exigible, en présence même d'une rescision prononcée par jugement rendu *sur consentement des parties* ou par *sentence arbitrale* (1). Cette espèce offre la plus grande affinité avec celle dont je m'occuperai à la section suivante.

Il faut s'appesantir avec soin sur l'origine de propriété des divers éléments de la masse partagée ; il peut arriver que dans un partage cumulatif de communauté et de succession, l'époux survivant reçoive, en remplacement d'une quotité de biens communs, des valeurs propres à la succession du conjoint prédécédé, cette disposition se résout en un échange ou une dation en paiement, suivant la nature des objets transmis.

Si, dans un partage de valeurs indivises, l'enfant donataire prélève une somme équivalente au chiffre de la dot promise par l'époux survivant et qui ne lui a pas été comptée, cette attribution constitue une dation en paiement. (2).

Art. 884. Les cohéritiers sont réciproquement garants des évictions et troubles dus à une cause antérieure au partage, ils ne le sont pas de ceux qui proviennent d'une cause postérieure.

La loi veut que la plus stricte égalité préside aux

---

(1) Rap. Cass., 24 avril 1832 ; 11 novembre 1855, 1. 1451, § 2 ; 20 août 1859, 1. 2165, § 5 ; 17 décembre 1811.
(2) Rap. Cass., 25 mars 1853, 1. 1907, § 5.

19

partages; mais une fois que les cohéritiers sont respectivement saisis de leur quote-part dans les biens de la succession, la garantie conduirait à un résultat contraire à l'équité, chaque copartageant doit personnellement veiller à la conservation de ses intérêts, et il doit être seul responsable des pertes auxquelles sa négligence peut l'exposer.

Il est permis aux cohéritiers de déroger à la garantie par une clause formelle et pour des cas particuliers, ce qui exclut implicitement la dispense de garantie conçue en termes généraux.

L'obligation de garantir n'existe plus, si l'éviction dont un cohéritier souffre a eu lieu par sa faute.

Art. 885. Chacun des cohéritiers est personnellement obligé en proportion de sa part héréditaire, d'indemniser son cohéritier de la perte que lui a causée l'éviction. Si l'un des cohéritiers se trouve insolvable, la portion dont il est tenu doit être également répartie entre le garanti et tous les cohéritiers solvables.

Art. 386. La garantie de la solvabilité du débiteur d'une rente ne peut être exercée que dans les cinq ans qui suivent le partage. Il n'y a pas lieu à garantie à raison de l'insolvabilité du débiteur, quand elle n'est survenue que depuis le partage consommé.

SECTION V.

De la rescision en matière de partage.

Art. 887. L'action en rescision est admise, en

matière de partage, pour cause de violence, de dol, ou de lésion de plus du quart; l'omission dans le partage d'un objet de la succession ne donne pas lieu à cette action, mais seulement à un partage supplémentaire.

Art. 888. Le premier acte, quelle que soit sa dénomination, qui intervient entre cohéritiers pour faire cesser l'indivision, peut être l'objet d'une demande en rescision; mais, une fois le partage consommé, il n'en est plus ainsi à l'égard de la transaction faite sur les difficultés réelles que présente le premier acte, même quand il n'y aurait pas eu, à ce sujet, un commencement de procès.

Art. 889. La vente de droits successifs faite *sans fraude* à l'un des cohéritiers, à ses risques et périls, par ses autres cohéritiers ou par l'un d'eux, est inattaquable pour cause de lésion. La circonstance qu'une cession faisant cesser l'indivision a eu lieu sans garantie, ne suffit pas pour faire perdre à l'acte le caractère d'une licitation et lui imprimer celui d'une vente pure et simple; la garantie est, en effet, de l'essence de la vente, aussi bien que du partage (1).

Art. 891. Le défendeur à la rescision peut en arrêter le cours et empêcher un nouveau partage, en fournissant au cohéritier lésé le supplément de sa part héréditaire en nature ou en argent.

(1) Cass., 5 novembre 1822, D. A. 7, 501; 30 mai 1834, D. P. 34, 1, 327.

Ce partage supplémentaire envisagé dans ses rapports avec la perception de l'impôt a-t-il le même caractère qu'en droit civil? Il semble difficile de l'admettre. La loi sur l'enregistrement a son texte particulier et ses règles spéciales qu'il convient de consulter pour résoudre cette question. L'art. 68, § 3, n° 7, de la loi du 22 frimaire an 7, ne soumet au droit fixe que les *jugements* portant résolution de contrats pour cause de *nullité radicale*. Il s'agit, dans l'espèce, d'une résolution *volontaire*; l'article précité n'est donc pas applicable, et l'on rentre sous l'empire du principe général posé par l'art. 4 de la même loi, qui soumet au droit proportionnel toutes les transmissions de propriété. Il est à remarquer, d'ailleurs, que, dans le cas dont il s'agit, le partage n'est pas radicalement nul, mais seulement annulable; en serait-il même ainsi, que j'inclinerais encore vers l'exigibilité du droit proportionnel. En effet, la loi ne reconnaît pas de nullités de *plein droit*, fussent-elles absolues, les actes qu'elles vicient n'en produisent pas moins tous leurs effets tant qu'ils n'ont pas été annulés, soit sur la demande des parties intéressées, soit par les tribunaux prononçant d'office ou sur les réquisitions des fonctionnaires compétents (1).

La résolution d'un contrat pour cause de nullité radicale, intervenue après l'expiration du délai fixé pour l'exercice de l'action civile, est passible du

(1) Cass., 15 février 1854, I. 2013, § 7; 10 octobre 1810, D. P. 10, 1, 475.

droit proportionnel. En effet, le titre est devenu inattaquable par l'échéance de la prescription; dès lors, s'il vient à être rescindé; c'est par suite d'un acquiescement volontaire transmissif de propriété (1).

La résolution judiciaire d'une vente pour cause de lésion produit-elle l'effet d'une transmission à titre onéreux passible du droit proportionnel? je ne viens point chercher à raviver la controverse sur cette question qui a donné lieu à un développement important de perception ; la Cour de cassation s'est prononcée ; mais pour se rendre un juste compte de sa doctrine, il convient ici de se dégager des errements de l'ancienne jurisprudence sous laquelle on considérait la lésion comme un vice substantiel de la convention.

Remarquons la puissance destructive de la nullité radicale. Il ne s'agit rien moins que d'effacer le passé, nul vestige de la convention ne peut rester debout, la résolution ne constate pas que l'objet a changé de mains, elle est la négation même de la transmission de la propriété; par conséquent, il n'y a point de prise à la perception du droit proportionnel.

« Les nullités radicales, porte un arrêt de la Cour
» de cassation du 13 vendémiaire an 10, D. P. 2,
» 28 et 23, 1, 143, sont celles qui donnent lieu
» de supposer qu'il n'y a pas eu de contrat entre
» les parties, telles que l'erreur, le dol, la violence,
» l'incapacité des parties et autres semblables. »

(1) Rap. Championnière, t. 1, n° 459; Dalloz, enregist., n° 2503.

S'attacher à l'emploi du terme, rescinder, pour démontrer que la lésion ne saurait être une cause de nullité radicale, c'est uniquement jouer sur les mots ; ce n'est point là le nœud, le point précis de la difficulté, le véritable siége du débat.

Aux termes de l'art. 1118, la lésion ne vicie les conventions que dans certains contrats ou à l'égard de certaines personnes. D'autre part, dans le cas où l'action en lésion est admise, la loi accorde à l'acquéreur le choix ou de rendre la chose en retirant le prix qu'il en a payé ou de garder le fonds en payant le supplément du prix (art. 1681).

Est-ce que cette alternative n'est point le meilleur argument que l'on puisse invoquer contre la nullité radicale dont certains auteurs voudraient attribuer les effets à la lésion. La conclusion est ainsi trouvée ; la lésion ne porte pas sur le fond, sur la substance même de la convention, elle y touche, si je puis dire, seulement à la surface, ce n'est donc point une cause de nullité radicale, mais un pur moyen de rescision. Tel était le sentiment de Merlin (Répert., v° enregistr., § 2), la jurisprudence s'y est ralliée ; je ferai cependant remarquer que les conclusions de ce grand jurisconsulte n'ont pas été, dans cette circonstance, aussi nettes, aussi fermes qu'habituellement (1).

(1) Rap. Cass., 5 germinal an 13, D. P. 5, 2, 101 ; 1er et 17 decembre 1811, D. P. 12, 1, 179 et 193 ; 11 novembre 1833, 1. 1431, § 2 ; D. M. P., 25 septembre 1830, 1. 1347, § 4.

Art. 890. Pour juger s'il y a eu lésion, on estime les objets suivant leur valeur à l'époque du partage.

Art. 892. Le cohéritier qui a aliéné son lot en tout ou en partie, n'est plus recevable à intenter l'action en rescision pour dol ou violence, si l'aliénation qu'il a faite est postérieure à la découverte du dol, ou à la cessation de la violence.

FIN DU PREMIER VOLUME.

ERRATA ET RECTIFICATIONS.

Page	Ligne	Au lieu de	Lisez
1	4	718	Art. 718
1	8	720	Art. 720
2	6	721	Art. 721
2	15	722	Art. 722
2	24	720.721.722	Art. 720.721.722
4	12	723	Art. 723
4	21	724	Art. 724
88	24-25	possible	positive
96	13	s'élevera	s'élèvera

TABLE DES MATIÈRES.

A.

B.

C.

D.

E.

G.

H.

I.

L.

M.

N.

O.

P.

R.

S.

T.

U.

PAU, IMPRIMERIE É. VIGNANCOUR.